项目资助

2017年教育部高校示范马克思主义学院和优秀教学科研团队建设项目（17JDSZK115）：双主体"问题+"复合教学模式的建构

2018年度江苏高校哲学社会研究重点项目（2018SJZDI026）：基于生态哲学的高质量发展"江苏方案"研究

2018年南京林业大学教学成果培育工程一期项目

2019年江苏省研究生教育教学改革课题(JGZZ19_040)：新时代马克思主义理论学科研究生"五位一体"培养模式研究

曹顺仙 / 著

中国传统环境政治研究

中国社会科学出版社

图书在版编目(CIP)数据

中国传统环境政治研究/曹顺仙著.—北京：中国社会科学出版社，2019.11
ISBN 978-7-5203-5271-0

Ⅰ.①中… Ⅱ.①曹… Ⅲ.①生态环境—政治学—研究—中国 Ⅳ.①D0-05

中国版本图书馆 CIP 数据核字(2019)第 216053 号

出版人	赵剑英
责任编辑	赵 丽
责任校对	石春梅
责任印制	王 超

出　版	中国社会科学出版社
社　址	北京鼓楼西大街甲 158 号
邮　编	100720
网　址	http://www.csspw.cn
发 行 部	010-84083685
门 市 部	010-84029450
经　销	新华书店及其他书店

印　刷	北京明恒达印务有限公司
装　订	廊坊市广阳区广增装订厂
版　次	2019 年 11 月第 1 版
印　次	2019 年 11 月第 1 次印刷

开　本	710×1000　1/16
印　张	20.25
插　页	2
字　数	301 千字
定　价	96.00 元

凡购买中国社会科学出版社图书，如有质量问题请与本社营销中心联系调换
电话：010-84083683
版权所有　侵权必究

开辟中国环境政治研究的新境界

郇庆治（北京大学）

当代环境政治作为一个社会科学理论流派或政治学学科分支，无疑是在欧美自由民主政治的语境下萌生与发展起来的。更具体地说，20世纪60年代中后期逐渐兴起的环境新社会运动与绿党在其中发挥了一种不可或缺的促动和形塑作用——如果说前者在更大程度上是弥合了生态环境议题回应上所出现的国家与社会之间的裂隙，那么，后者则重新搭建了新时代反体制力量与既存民主体制之间的桥梁。因而，环境政治或生态政治的迅速扩展及其大众化、主流化，构成了欧美社会后现代变迁进程中一道十分亮丽的风景。相应地，"地球话语""绿色国家""生态民主""环境公民社会""环境公民""生态新人"等基础性概念，共同构筑了一个可称之为环境政治学或生态政治学的理论话语体系——其核心理念是相信自由民主政治体制或社会条件可以相对有效地应对生态环境挑战或危机。而从过去近半个世纪的现实实践来看，这种看似逻辑上自洽的环境政治学认知或学科架构至少存在着两个层面上的突出问题。其一，环境政治（学）从术语解析的角度来说显然包含着"政治"与"环境"两个维度或方面，但"政治"的维度或方面往往是更为重要的决定性元素。换言之，即便面对同样的生态环境议题，不同政治实体特别是国家中的环境政治可以是十分多样化的，比如欧洲国家和北美国家中的绿党政治或者英国与欧洲大陆国家中的环境社会运动。而从"环境"的维度或方面来看，我们其实很难断定某一国家或地区生态环境质量的局部性改善与其特定的环境政治形态之间的因果性关联，比如认为联邦德国现实政治影响较大的绿党政治是其生态环境质量相对较短时间内较大幅度改善的主要原因。其二，国内和国际层面上环境政治的理念构建（阐释）与制度化落实之间存在着一种令人难以置信的巨大落差，而这方面的典型实例则是近30年之后依然步履维艰的全球气候变化应对政治。事实一再证明，无论是"全球环境治理（合作）""全球环境公民社会""共同但有区别的责任"的学术理念或话语理论，还是"人类只有一个地球""同一个星球、同一个梦想"的文学性政治隐喻，都很难实质性提升全球性环境议题应对的全球无政府状态，无论这些议题已经得到何种程度上的科学性描述与阐释。甚至可以说，即便像《阿凡达》《流浪地球》这样的人类生态灾难电影的政治启蒙或警示效应也在迅速衰减。

毫无疑问，上述环境政治认知和学科框架在面对中国环境政治时就会显得尤为尴尬或无奈。一方面，我们究竟应该如何理解当代中国的环境政治和环境政治学学科。这其中既包括作为一个当代中国政治学分支学科的环境政治学的形成与发展问题，也涉及学理性分析新中国以来尤其是改革开放以来中国的环境政治现实实践的问题。对此，笔者总的看法是，经过近30年的努力，中国的环境政治学正在成长为一个相对独立的政治学分支学科，而它的形成与发展过程归根结底是依托于中国特色社会主义现代化发展实践中生态环境议题的政治化及其政治回应进程的。需要特别强调的是，这其中包含两个不可分割的层面，一是对于欧美国家环境政治话语理论和学科建设成果的学习借鉴，二是以一种主体性的学术立场对中国自身的环境政治实践所做出的独立理论分析。应该说，中国环境政治学界过去的工作主要侧重于前一个方面，而后一个方面显然更为重要，也有大量的基础性工作等待我们去做［参见拙文《鄱阳湖学刊》2010年第2期和《南京工业大学学报》（社科版）2018年第1期］。也就是说，目前以欧美国家为主导的环境政治学知识版本确实是中国环境政治学学科构建的重要理论资源，这是无可否认的，但却不能由此认为，它的研究方法与研究内容也必须成为我们环境政治理论分析的固定范式或模板。更不能进一步认定，在那之前我国将不会有自己的环境政治学。事实上，包括笔者在内的改革开放时期成长起来的学者或多或少受制于如下这种并不正确的观念：缺乏环境社会运动和绿党政治的环境政治很难说是一种完整的甚或真正的环境政治，而这种观念的最深层基础恐怕就是欧美版本的环境政治学概念或学科框架。

另一方面，我们究竟应该如何理解中国古代社会的环境政治及其相关理论研究。可以说，这一问题正因为如下两个方面的原因而显得日益迫切和重要。其一，中国当代社会中所面临着的诸多生态环境问题，其实都有着或长或短的历史渊源，尤其是生态系统的持续性退化或衰败问题，比如黄河流域生态环境的恶化和江淮地区森林覆盖率的大面积缩减等。尤其是改革开放以来大规模的持续性经济社会现代化所导致的大面积生态环境状况的迅速改变，使得我们更愿意用一种历史的视野来加以观察——我们目前这种人与自然关系、社会与自然关系构型在何种程度上可以经受得住历史的检验，而我们的先人又是如何制度化地处理他们与自然之间的关系的。其二，一个日渐形成的广泛共识是，至少与当代社会相比，长达数千年的中国古代社会有着更为稳定、也更合乎生态可持续性法则的人与自然、社会与自然关系，至于是否应该称之为"古代生态文明"则另当别论。一个已经在相当程度上实现了工业（城市）现代化的当代中国，已不可能回到以农业产业和农村生活为主体的传统农业文明社会，但我们必须要阐释清楚的是，传统经济、传统社会、传统文化与相对稳定的生态环境之间如何形成了一种内在契合度较高的整体，而传统政治又在其中扮演了一个什么样的角色。而它的当代启迪意义就在于，现代生态环境问题的较深层次应对与解决必须依赖于一种经济、社会、文化与生态环境治理之间的内在契合，而这也就是我们今天讨论的生态文明建设的本质性意涵。

因而，历史维度的引入，或中国传统环境政治研究，不仅可以解决中国环境政治学理论构建与学科建设的根基问题，而且可以为我们提供一种突破欧美主流环境政治学知识（实践）版本的新视野。而值得关注与钦佩的是，南京林业大学曹顺仙教授在2010年前后就已经选择这样一个学术议题作为博士论文选题，并且取得了一系列重要学术成果，如今又在进一步润色加工的基础上形成目前的学术专著。在笔者看来，这一专著的学术贡献至少有如下三点：一是敏锐地注意到了传统环境政治研究对于中国环境政治学理论话语与学科建设的重要性，倡导依此来丰富中国环境政治学的历史与文化意涵；二是将中国传统环境政治初步概括为两大类型（"君侯分治型环境政治"和"君主专制型环境政治"）、五个发展阶段（"传统环境政治的萌芽""君侯分治型环境政治的形成""君侯分治型环境政治的转型""君主专制型环境政治的形成和发展""传统环境政治的终结"），从而为中国传统环境政治的数千年嬗变做了一种历史性形象勾勒；三是较详尽地分析了中国传统环境政治的三个主要层面，即环境理论（思想）流派、环境政治原则与运行机制、环境保护法规，从而提供了一个较为系统的中国传统环境政治内容分析框架。因此，它不仅是对中国传统环境政治研究方法论及其基本内容的完整归纳，同时也对于我们思考构建当代中国的环境政治学理论与学科体系具有重要的启发意义。当然，作为一种开拓性专题论著，该书也存在一些可以进一步拓展与深化之处。比如，无论是对于某一个朝代还是某一种制度的环境政治实践，都可以做出个例及其比较意义上的更细致分析，而书中的一些个别性判断也可以表述得更为周全一些。

笔者多年来一直在关注曹顺仙教授的环境政治研究，2015年至今更是在"中国社会主义生态文明研究小组"的框架下与她有着密切的联系和合作，从中深切地感受到了她的丰富学识、学术勤奋与豁达心态。因而，在这一学术新作即将付梓出版之际，笔者很高兴地接受曹顺仙教授的邀约并撰写上述文字，既是为了分享自己从事（中国）环境政治学研究的些许心得，但更主要是为了表达对她由衷的祝贺之意。是为序。

郇庆治

2019 年 3 月 15 日于北大燕园

前　言

20世纪后半期以来，和平与发展时代主题的演进勾勒出了一条由环境保护、绿色变革、可持续发展、全球生态环境问题合作治理、生态文明建设等构成的绿色发展主线，生态、环保、绿色、低碳、循环、可持续成为世界各国推进变革和创新发展的重要内容。为了破解生态环境问题、寻求人类文明的永续发展，作为世界四大古文明中唯一持续至今而没有中断的中华文明再度成为吸引世界眼球的人类文明，成为众多学者和政要探究可持续发展之道和绿色发展智慧的精神资源。对此，基于新的理论框架，探究中华文明回应生态环境问题的政治智慧，使中华文明永续发展的生态政治智慧重新闪耀于全球生态环境治理和生态文明建设的时代进程中。这是本书选题的基本出发点。

在中国，中华人民共和国成立特别是改革开放以来，一方面经济政治社会的发展取得了举世瞩目的成就，另一方面多年快速发展积累的生态环境问题已成为影响经济社会可持续发展、关系国计民生的重大社会问题和政治问题。根据2018年1月，人民网发布的中央环保督察组自2015年启动河北环保督察试点以来两年时间里督察的结果，31个省（自治区、直辖市）的山水林田湖草都不同程度地存在着被污染、被圈占或被违法违规开发建设等情况，人民群众反映强烈的水、土、气问题总体缓解但部分省（自治区、直辖市）不进反退。如黑龙江省的阿什河在流经哈尔滨后成为松花江一级支流中唯一劣Ⅴ类水体，大庆市万亩湿地被毁。2013—2016年河南郑州空气质量从倒数第 10 下降至倒数第 3，成为全国空气污染最严重的省会城市之一。2012 年 1 月 15 日，广西龙江河发生镉污染事件，导致部分河段水质的重金属超标 80 倍，鱼苗死亡 133 万尾，成鱼死亡 4 万多公斤，涉及养殖户 237 户，引起媒体和公众的广泛关注。① 但在中央环保督察中发现，广西在此次事件处理后，产业转型升级的推进前紧后松，落后炼铅工艺淘汰等目标均未完成。② 因此，中国生态环境保护任重道远，生态文明建设则更是关系"中华民族永续发展的千年大计"③ 和"根本大计"。④ 优秀传统生态政治智慧的挖掘和弘扬不仅有利于构建关照民族心理和持久推进环境治理的生态文明建设方案，更有利于提升绿色发展和复兴中华民族的文化自觉。

在国际社会，兴起于 20 世纪 60 年代的环境政治学不仅关注绿色运动、绿色政党和绿色思潮，而且更注重由浅入深的环境治理、生态保护、绿色变革、可持续发展、生态正义、社会正义、和平、非暴力、公民参与、基层民主等一系列理论和实践问题的研究，涉及对人与自然、人与社会、人与人等关系的再思考和再认识，为我们反思现实和探究几千来中华文明治国理政的生态政治智慧提供了一种可资借鉴的理论框架。由此，本书秉持历史唯物主义的立场和方法，基于环境政治学的基本知识、基本理论和基本方法，坚持以问题为导向，把夏商周至清末民初中国传统社会政治子系统遭遇的生态环境问题依据成因划分为三类：一是由自然因素引发的生态环境灾难，它归属于传统社会所谓"天灾"；二是由人为因素导致的生态环境祸害，它归属于传统社会所谓"人祸"；三是由自然因素

---

① 《广西镉污染至致 133 万鱼苗死亡，政府承诺帮助索赔》（http://www.chinanews.com/gn/2012/02-02/3640970.shtml）。
② 《图解：中央环保督察组晒 31 省份问题清单各地一把手这样表态（上、下）》（http://politics.people.com.cn/n1/2018/0105/c1001-29748201.html#）。
③ 习近平：《决胜全面建成小康社会夺取新时代中国特色社会主义伟大胜利》，人民出版社 2017 年版，第 23 页。
④ 参见习近平《推动我国生态文明建设迈上新台阶》，《求是》2019 年第 3 期。

和人为因素复合而成的生态环境问题,即复合生态环境问题。如被称为"中华之痛"的黄河水患。通过对传统社会响应三类生态环境问题而形成的政治思想和制度成就等展开研究,尝试揭示环境与政治良性互动的生态政治智慧及其与文明永续的内在关联。

传统环境政治的研究表明,中国传统社会不仅自然生态环境问题持续不断,而且人为环境问题也早在先秦时期就已经出现;不仅自然生态环境问题的治理是立国立威的政治基础,而且由自然和人为等因素复合而成的生态环境问题始终是巩固政权、实现国家长治久安面临的最严峻挑战之一。由此激发的"立德""立言""立功"等"三不朽"成就,破除了"以邻为壑"的政治关系格局,塑造了同舟共济、和合共生、以和为贵、和而不同的"和"文化精神,造就了"仁民爱物""鸟兽虫鱼莫不爱"的生态政治品格,形成了"以民为本""民胞物与""善利万物""有容乃大"的生态政治格局,建构了讲"天道""天理""天道""地道"和"人道"合一的思维逻辑。"天生、地养、人成""天公、地公、人亦公""天正、地正、人亦正""天时、地利、人和"成为贯穿传统环境政治的生态逻辑和政治逻辑。传统社会跪天、跪地、跪祖先、跪衣食父母的政治伦理虽然其跪拜形式必须摒弃、以跪拜禁锢灵魂的目的必须消除,但被跪拜遮蔽的生态情怀和文化自觉必须释放。因为这种敬畏天地造化、尊重跨世代创造、遵循自然规律和人文规律的生态情怀和文化自觉正是支撑中华文明永续发展的精神之基,也是我们今天大力推进生态文明建设不可或缺的文化资源。

在环境政治视域中,中华文明的永续既得益于大江、大河、大山、大水、大平原的生态支撑,得益于在应对大江、大河、大山、大水、大平原等生态挑战中形成的独特的思想文化、制度成就和实践智慧,更得益于在大灾大难和血与火的反复洗礼中历练而成的生态政治信仰。三皇五帝时期"绝地通天"的改革使中国先民初步摆脱了原始宗教的束缚,转向了人神分离的英雄时代;"敬德保民"的变革维新,使夏商周三代转向了"郁郁乎文哉""以人文化天下"的封建时代；春秋战国长达500年左右的天灾人祸和战火洗礼，铸就了炎黄子孙对"天时、地利、人和"的文化信仰以及对民为本、法自然、大一统、和为贵的执着与坚守。因此，在东汉末年外来宗教进入中国疆域之前，天灾人祸及血与火的洗礼已使中华儿女拥有了信天信地信人的文化基因，对人造神的崇拜不过取决于现实政治对参赞天地、以人文化天下的实际需要，乱世造寺、盛世造佛则与世俗政治的内在精神高度相关。

传统环境政治演进的历史告诉我们，中国人不但不缺信仰，更具有世界独一无二的"天人合一"信仰。如今的环境保护和生态文明建设不是要借助外来神的力量，而是要在"以人为本"的基础上重构"天人合一"与"人天合一"辩证统一的理想信念，塑造人与人、人与自然和谐统一的价值体系，以便引领经济、政治、社会、文化和生态等领域的发展能与其生态基础相协调和平衡，以确保文明发展的可持续。

传统环境政治的实践经验表明，任何时代合理的、与时俱进的思想观念、制度成就和生产生活经验等都是一种巨大的政治文化资源。这种资源如果得到恰当的开发，就能适当兼顾不同阶级、阶层、集团、群体的基本利益，化解社会矛盾，宣泄对立情绪，起到转化消极因素，增进社会文明，实现价值进化，保护社会生产力的作用。

当今世界和中国的发展成就前所未有，面临的生态环境挑战也史无前例。全球生态合作治理和构建人类命运共同体迫切需要"和而不同""有容乃大"的生态政治智慧。为了使融入了世界的中国和包容了中国的世界都能和谐可持续发展，我们在把握传统与现代、中国与世界的关系时，既需要继承古人究天人之际、通古今之变的文化传统，又要有近代仁人志士汇通中西的勇气和文化自觉，更要有走向世界和引领世界发展的理论自信、道路自信、制度自信和文化自信；在融合创新中塑造一种以人的主体精神自觉为前提的"人天合一"的生态价值体系，以稳定、和谐、平衡的心态，建构和推进人类协同共生的生态政治格局。

从传统到现代,从"天人合一"到"人天合一",发展是硬道理,平衡、和谐是生生不息之道。稳定、平衡、和谐既是自然生态系统演替的顶级状态和自然变化的基本形态,也是人类社会发展和价值进化的基本取向。在谋求永续发展中,确定一个更恰当的生态价值标准。这也是本书立足于研究中国传统环境政治,拓展现代环境政治学研究领域的真正价值追求。

本书的章节内容如下:

第一部分,对环境政治、传统环境政治等概念进行新概括和界定,并以此为逻辑起点对中国传统环境政治的产生、发展进行系统探究,初次把传统环境政治分成了两种类型并加以研究。

第二部分,分别就儒家、道家、法家和佛教的环境政治思想进行重点研析,提出并指证了不同环境政治思想在交流和交锋中包容互鉴、交融创新的取向,以及伴随的一定程度的思想异化,揭示并论证了多元思想的并流并不排斥主导思想的生成和发展的史实。事实上,不同的社会历史发展阶段都有属于自己那个时代的主导思想。

第三部分,关于环境管理机制的研究。中国是世界上最早设立环境管理机构的国家。在传统环境政治发展进程中形成的制度成就不仅体现在虞衡机构的设立和持续运行中,还反映在缓解人地矛盾的土地制度、应对人水危机的申贴水册制度、响应环境问题的皇帝诏令制度、大臣和官员的朝议奏疏制度、环境法律制度等多个方面。

第四部分,关于环境保护制度的研究。古代环境政治体制运行所依据的法律规章以天理、人情、国法的一体化为理念,主要有四种形式:规约、禁令、法律、诏令。先秦时期主要以礼规、禁令为主,秦汉以后以法律、诏令为主要依据,宋以后随着契约关系的发育,乡规民约在环境保护中的地位和作用逐渐上升,推动了自上而下的单向度环境治理模式向上下互动的双向型治理模式的渐变。

第五部分，传统环境政治的特点、意义和启示。基于自给自足的自然经济体系的传统环境政治具有政府主导、家国一体的基本特征，实施的是高度集权的全能型环境管理。其发展与王朝兴衰、政权更替高度相关。不过，人与自然和谐共生始终是主张"天人合一""道洽政治"的传统环境政治的理想追求。传统环境政治的思想、制度和实践成就是我们大力推进生态文明政治建设的重要文化资源。

本书在写作过程中得到了教育部高校示范马克思主义学院和优秀教学科研团队建设项目、江苏高校哲学社会研究重点项目、南京林业大学教学成果培育工程一期项目和南京林业大学中国特色生态文明建设与林业发展研究院的资助，得到了王国聘、郇庆治等教授的指点，得到了中国社会科学出版社赵剑英社长、张林主任和责任编辑赵丽老师的大力支持，在此表示诚挚感谢。

曹顺仙

2019 年 3 月于南京林业大学

目 录

导 论 …………………………………………………………（1）

第一章　传统环境政治的产生和发展 ………………………（17）
　第一节　传统环境政治的基本内涵和类型 …………………（17）
　第二节　传统环境政治的形成和发展 ………………………（47）

第二章　传统环境政治思想 …………………………………（77）
　第一节　儒家天人合一、有为而治的环境政治思想 ………（79）
　第二节　道家法自然、无为而治的自然主义政治观 ………（102）
　第三节　法家法天重刑的环境法治主义 ……………………（121）
　第四节　佛教利乐有情、庄严佛土的环境政治取向 ………（128）

第三章　传统环境政治的原则和运行机制 …………………（136）
　第一节　传统环境政治的主要原则 …………………………（136）
　第二节　传统环境政治的运行机制 …………………………（153）
　第三节　重大环境问题的制度响应 …………………………（194）

第四章　传统环境保护法规 …………………………………（220）
　第一节　传统环境保护法规的形成和发展 …………………（220）
　第二节　传统环境法规的主要内容 …………………………（231）
　第三节　传统环境保护法规的特点和作用 …………………（249）

第五章 传统环境政治的特点、意义和启示……………（256）
　　第一节　传统环境政治的特点 ……………………（257）
　　第二节　传统环境政治的历史意义和当代启示 …………（264）

结语：传统环境政治的传承与发展 ……………………（288）

参考文献 ………………………………………………（292）

后　记 …………………………………………………（308）

导　　论

一　传统环境政治研究的基础理论

传统环境政治的研究主要依据20世纪六七十年代以来由环境运动、绿色思潮催生的环境政治学及多年来环境政治学研究所取得的理论成果。

（一）环境政治学的产生

环境政治学产生于20世纪中后期对传统工业化和现代化所引发的生态环境问题的强烈反思。随着现代化的深入和工业化的全球扩张，资本主义对人、生命与自然界的双重剥削和掠夺日益严重和深化，导致了人与人之间社会关系的极度异化和人与自然关系的高度紧张。20世纪上半期的世界性的战争和无产阶级的革命遮掩了人与自然的关系问题。但战争与革命打击了资本主义，教育了资产阶级，促进了资本主义世界的社会变革。这些变革调和了劳资关系，缓和了人的异化，使"二战"后发达资本主义国家的社会关系得到改善，无产阶级政治革命得以消解。同时，与人们生产和生活密不可分的、更具有普遍意义和基础性地位的环境问题日益暴露出来，进入社会关注的视域中心，成为继社会政治革命后被思想家和老百姓共同关心的"显问题"。世界迎来了破解人与自然关系问题的绿色革命时代。

第一是环境意识的觉醒。在世界舞台上，20世纪30—70年代发生的"八大公害事件"震惊了世界。1962年美国生物学家蕾切尔·卡逊出版的《寂静的春天》，犹如旷野中的一声呐喊，敲响了人类将因为破坏环境而受到大自然惩罚的警世之钟，促发了人类环境意识的觉醒，引发了轰轰烈烈的环境运动。1970年4月22日，美国哈佛大学法学院的一位刚满25岁的学生——丹尼斯·海斯（现号称世界"地球日之父"）发起并组织了由全美2000多万人，约1万所中学，2000所高等院校和全国各大团体参加的、人类有史以来第一次规模宏大的群众性环境保护运动，它有力地推动了世界绿色运动和绿色政治的发展，到20世纪70年代末80年代初，生态政治运动已成为集环保、和平、女权运动等政治诉求于一身的多元化的全球群众政治运动。[1]

第二是科学技术的进步。科技的进步使人类在1969年实现登月梦想的同时，激发了新科技革命时代的到来。美国宇航员尼尔·阿姆斯特朗踩上月球的脚，踩碎了基于自然和地球可以满足人类无限发展欲望的梦想。宇航员从太空拍回的地球照片，让人们惊讶地意识到了地球的渺小和脆弱，地球只不过是茫茫宇宙中如同一艘宇宙飞船般渺小、有限而又脆弱的星球。人们在震惊中反思，在反思中行动。1968年4月，来自10个国家的30位科学家齐集罗马山猫科学院开始了对现在与未来人类困境的研究，他们的两大研究报告《增长的极限》《人类处于转折点》以及生态主义杂志编辑的《为了生存的蓝图》等，对这一时期环境政治的发展产生了巨大影响。生存学派的代表罗伯特·希伯朗在所著《人类希望探讨》中认为，人类不可能主动放弃现行的生活方式，环境破坏将会继续。他在著作中表达了对人类前景的怀疑和对环境问题能否解决的悲观态度，提出了一个生态政治的极权化解决方案，即"个人的反抗精神要让位于为维持生存而承受任何负担的坚毅精神，权力则应由目前的民族国家让位于一个集权的权威民族的服从联盟"[2]。威廉姆·奥福尔斯则认为，人总是享乐主义并寻求最

---

[1] 参见孙正甲《生态政治学》，黑龙江人民出版社2005年版，第7页。
[2] 郇庆治：《欧洲绿党研究》，山东人民出版社2000年版，第205页。

大个人利益的,主张通过"相互强制、互相同意"的立法,节制和强烈干预人们的行为,以减少人们对公共领域或周围环境的暴虐统治。震惊、反思和行动终于让智慧的人们决心开启另一扇通往环境、经济、政治和社会全面协调可持续发展的大门。1970年第一个地球日的确定,20世纪60年代末至70年代初第一批环境法的出现和大规模的研究项目的增加,1972年人类环境会议的成功召开等都是其标志。

第三是环境政治的思潮、组织、政党等兴起和发展。绿色思潮(生态政治理论)、绿色运动(环境运动组织或团体)与绿党(绿色政治或政策)的发展,既是环境问题政治化的重要组成部分,又是环境政治学研究的主要领域,它们共同催生了新兴的环境政治学。随着环境政治的纵深化发展,20世纪80—90年代的环境政治学由浅入深并初步构建起了相对独立的理论体系。其代表性成果有:1984年美国学者弗·卡普拉和查·斯普雷纳克的《绿色政治》;1990年安德鲁·多布森(Andrew Dobson)的《绿色政治思想》;1992年古丁的《绿色政治理论》,罗宾·艾克斯利(Robyn Eckersley)的《环境主义与政治理论:对生态中心主义的探讨》等。关于绿党的书籍和研究成果也日益增多。如1988年英国学者赫尔斯勃格的《德国绿党:社会政治概览》、1989年英国学者克林斯基的《联邦德国绿党:组织与决策》、1993年美国学者丹尼尔·A.科尔曼的《生态政治——建设一个绿色社会》等。这些著作从不同角度探讨了环境政治的内涵、原则、思想理念和价值追求,提出了化解环境问题的绿色主张,形成了对绿色运动、绿色政治、绿色思潮以及绿党进行理论研究的基本框架,标志着环境政治学成为一个较为完善的新的政治学科体系。[①] 此外,《环境政治学》杂志(*Environmental Politics*)于1992年由罗特里奇出版社创刊,《全球环境政治》(*Global Environmental Politics*)也于2001年由麻

---

① 参见孙正甲《生态政治学》,黑龙江人民出版社2005年版,第60页。

省理工学院出版社正式创刊。它们既为环境政治学提供了国际化的学术交流平台,也促进了环境政治学在全球的传播和发展。中国环境政治学研究正是在这样的背景下起步的。

(二)环境政治学的理论内核和政治影响

人与自然关系的政治化、人与人政治关系的生态化,这是环境政治学一体两面的基本问题。由此,环境政治学区别于传统政治学的理论内核包括"五个基本原则"即生态学、社会责任感、基层民主、非暴力和女权主义,以及在环境政治国际化进程中凝聚而成的可持续发展和全球责任等。①生态学原则。强调生态整体论世界观,把维护生态平衡看作重要的政治问题。例如,绿党在其政治纲领中声明反对破坏生态系统的稳定性,反对掠夺自然资源,倡导生态优先。① ②社会责任原则。环境政治学认为社会责任感等同于社会正义,生态环境问题和政治问题紧密相连;生态和社会领域共属于一个不可分割的领域,自然界的组织无论如何都是与人类的组织相联系。因此,生态平衡原则必须影响社会平衡原则。社会责任原则就是要求维护人与自然、人与人之间的平等、和谐关系,并以此来实现社会正义。③基层民主原则。环境政治学主张的基层民主实行直接民主,让公民直接参与环境决策和公共环境事务的管理;政治权力分散化、基层化;建立新型政党结构,党内权力实行分散化;提倡政治轮换,反对官员任期过长等。④非暴力原则。这既是环境政治学的重要目标,也是环境政治推进的方式。主张通过和平的政治行动来完成和实现绿色革命,反对国家暴力,反对战争,维护世界和平,进而把人与人之间、人与自然之间的粗暴关系变成一种平衡和尊重的关系。⑤女权主义原则。女权主义作为环境政治学的重要内容,女权主义有自由主义女权主义和激进主义女权主义之分,但它们都强调女性解放,反对对妇女进行压迫、剥削和施暴,

---

① 参见[美]弗·卡普拉、查·斯普雷纳克《绿色政治——全球的希望》,石音译,东方出版社1988年版,第58—59页。李泊言:《绿色政治——环境问题对传统观念的挑战》,中国国际广播出版社2000年版,第144页。

主张女性自由平等的权利。①

环境政治学对当代政治的影响主要表现在：①对传统政治体制提出了破与立的政治新问题，要求将环境保护、生态治理纳入权力变革和机制创新中。②强调环保合作。根据不完全统计，目前世界上有700多个多边环境协定和1000多个双边条约、公约、协定书以及修正案等。它们涉及全球环境问题所有的议题领域，正在发挥重要的积极作用。② ③影响政党政治，一方面环境政治融入了政党的施政纲领，另一方面绿党的形成推动了多党合作新局面的形成。④全球环境治理的主体日益多元化，显现"建立超越国家的更广泛、联系更紧密，以及更负责任的治理形式——真正的全球治理体系——的必要性、有利条件和可行性"③；政府干预逐渐由补救性干预转为预防性干预；生态安全成为影响国际关系的非传统安全类型。⑤对参与政治影响广泛。环境政治涉及各阶层既有的政治关系格局，环境权成为公众参与的核心问题。主要包括四方面内容：一是优良环境享有权，即公民有要求享受优良（即健康、安全和舒适）环境的权利；二是恶化环境拒绝权，即公民有拒绝恶化环境（即水气污染、噪声、自然景观受损等）的权利；三是环境知情权，即公民有知晓环境资源生态状况的权利；四是环境参与权，即公民有参与环境保护的权利。1972年，联合国在瑞典首都斯德哥尔摩召开"人类环境会议"，通过《联合国人类环境会议宣言》。该宣言提出："人人有在良好的环境里享受自由、平等和适当生活条件的基本权利"，并强调所有政府与人民都应该为维护和增进人类环境、为全人类和其子孙的福祉而共同努力，国家"负有责任去

---

① 姚大志：《自由主义的女权主义探析》，《社会科学辑刊》2016年第5期；姚大志：《激进主义的女权主义评析》，《世界哲学》2017年第3期。

② 参见 Ronald B. Mitchell, "International Environmental Agreements: A Survey of Their Features, Formation and Effects", *Annual Review of Environment and Resources*, Vol. 28, No. 1, August 2003。

③ ［英］托尼·麦克格鲁、陈家刚：《走向真正的全球治理》，《马克思主义与现实》2002年第1期。

保证在它们管辖或控制范围内的活动不会对其他国家或不在其管辖范围内区域的环境造成侵害"。之后,《关于共有自然资源的环境行为之原则》(1978)重申:"每个国家必须尽量避免和减少因利用共有资源而在其管辖范围以外引起不良的环境影响。"(第3条)十年后,联合国《世界自然宪章》(1982)再次指出:"人人都应当有机会按照本国法律个别地或集体地参加拟订与其环境直接有关的决定;遇到此种环境受损或退化时应有办法诉请补救。"1992年,联合国在里约热内卢召开环境与发展会议,通过了《里约环境与发展宣言》。宣言指出,人类处于普遍受到关注的可持续发展问题的中心,应该享有以与自然和谐相处的方式过健康而富有生气的生活的权利。环境权是实体环境权和程序环境权的有机统一。一方面,公民享有法定环境权;另一方面,公民享有参与有关环境管理和决策的程序性环境权。公民知晓环境权并积极参与环保活动可以在很大程度上限制他们自身和社会经济组织对于环境的侵害行为,保持和改善其生活环境的质量,减少政府部门环境决策上的失误。正是这样,环境权便具有公权和私权两重性。⑥环境保护的法制化。环境保护法是调整环境保护中各社会关系的法律规范的总称,是指国家、政府部门根据发展经济、保护人民身体健康与财产安全、保护和改善环境需要而制定的一系列法律、法规、规章等。例如,中国在1973年召开全国环境保护工作会议,确定了"全面规划、合理布局、综合利用、化害为利、依靠群众、保护环境、造福人民"的方针。在这个方针的指导下,国家和地方开始有组织地制定环境保护的政策、法规、标准。1979年,正式颁布了《中华人民共和国环境保护法(试行)》,这标志着中国环境保护工作步入了法制轨道。此后又相继颁布了《中华人民共和国海洋环境保护法》《中华人民共和国大气污染防治法》《中华人民共和国水污染防治法》《中华人民共和国噪声污染防治条例》及相关的资源法、环保行政法规和许多部门规章及标准,基本形成了具有中国特色的环境法律法规体系。环境保护法的目的是为人民创造一个清洁、适宜的生活环境和劳动环境以及符合生态系统健全发展的生态环境，保护人民健康，为经济发展与环境保护的协同共进提供法律上的保障。

（三）传统环境政治的研究进展

传统环境政治是指在古代政治领域中处理和调整环境关系而形成的一种社会关系。它以研究环境与政治关系的相关性为重点，以分析环境变迁和环境问题引发的政治响应为基本点，揭示环境政治资源配置的本质，以及环境政治行为、环境政治思想的基本内容和变化规律。

目前，国外学者对本书选题的研究还没有系统展开。国内学者的间接性研究可以说从20世纪初就开始了。李四光先生就尝试过把中国几千年来的气候变化与较大的战争以及人口变化相联系，并进行了对比研究，认为战争与气候变化存在着相关性，分析中原政府和北方少数民族的战争不能忽视环境变迁的影响。李四光先生从环境的角度研究几千年来重要战争、人口迁移和古代气候变化的关系，而且发现三者的变化曲线相关联是客观事实。竺可桢先生在1932年发表的《天时对于战争之影响》（载《科学》，1932年第12期）中，也专门把环境与中外著名战争等结合起来进行研究。这种把环境与战争、人口等政治因素及社会因素结合起来进行研究的方法对我们今天的研究具有启发性。只是当时还没有"环境政治"这样的概念和意识。

20世纪90年代以来，国内学者再度关注中国传统生态环境与国家政治活动的关系，并取得了一些初步成果。其中较早的有郑州大学殷商文化研究所所长李民教授，他在1989年参加于安阳召开的殷墟甲骨文发现90周年国际学术讨论会上提交了《殷墟的生态环境与盘庚迁殷》一文，并于1991年以《殷墟的生态环境与盘庚迁殷》为题，发表于《历史研究》（1991年第1期），通过个案分析，揭示了生态环境与政治迁都之间的关系，引起了部分学者对于传统环境与政治关系的关注。1996年，万艳华发表了《古代中国虞衡官制与风水术环境保护的互补性》一文，对农耕时代政府进行环境管理的虞衡制度进行了探讨。同年，姜建设发表了《古代中国环境法：从朴素的法理到严格的实践》一文，对古代的环境法进行了较为系统的梳理，肯定了古代环境法的历史地位以及对环境保护的作用。1998年张梓太在《南京大学学报》发表的论文《中国古代立法中的环境意识浅析》则从更深层次上分析了传统环境法的环境意识，其研究表明中国古代环境保护并不只是自发的、经验层次的，它包含着先人的理性思考和生态政治智慧。刘胜祥、胡秀云在1998年发表的《我国古代森林自然保护区管理制度初探》，开始了对传统环境保护制度化层面的研究。中国社会科学院哲学研究所的余谋昌发表的《公平与补偿：环境政治与环境伦理的结合点》明确指出，"环境问题"成为政治和伦理问题的历史比"环境政治学""环境伦理学"的提出要早得多。"中国古代思想家和政治家普遍把保护自然作为王道政治的起点"[①]，他认为儒家的环境政治思想与环境伦理是一致的。

总之，现有的学术成果主要形成于20世纪90年代以来。从理论研究的角度来看，研究还没有统一的理论基础，更没有用环境政治学的理论和方法对传统环境政治进行系统的跨学科交叉研究。在理论上对三个基本科学问题还没有涉及，一是环境与政治互动中形成了怎样的认知体系，二是传统环境政治思想的价值评判依据是什么，三是中国传统环境政治的实践及经验如何。就方法论而言，学术界还没有对大量文献资料中的相关内容进行系统梳理和分析，更缺乏把环境政治纳入环境—经济—社会复合系统中进行统筹研究的成果。这不利于学者较为完整、准确地认识和把握古代环境政治的面貌和规律，也无法为现实环境政治的发展提供传统支撑。

[①] 余谋昌：《公平与补偿：环境政治与环境伦理的结合点》，《文史哲》2005年第6期。

二 传统环境政治研究的意义

进入21世纪以来,世界正在发生前所未有的变化。一方面,面对全球化时代经济危机和生态危机的接踵而至,以美国为代表的西方发达国家由于在《京都议定书》批准和实施以及回应金融危机等方面的曲折,对国际经济和政治的影响似乎有所削弱。另一方面,作为发展中大国的中国正在改革开放的基础上和平崛起,"经济实力、科技实力、国防实力、综合国力进入世界前列",不仅经济总量成为世界第二,国际地位实现了前所未有的提升,而且在应对全球气候变化等生态环境问题方面积极倡导国际合作,日益"成为全球生态文明建设的重要参与者、贡献者、引领者"。[①] "中国道路""中国模式""中国智慧""中国方案"等彰显着中国可持续发展的生命力和影响力。

然而,这并不意味着我们在实现现代化和走向世界中央的进程中可以忽视西方和古代的政治智慧。生态危机的全球化已使世界任何地区、集团、民族和国家都无法超脱并独善其身,全球生态危机的合作治理也需要汇通古今中外的生态政治智慧。如水旱灾害过去是,现在仍然是中国和世界面临的重大自然灾害。根据科技部发布的"全球生态环境遥感监测2017年度报告",干旱与洪水是对植被等影响范围较大的全球典型重大自然灾害。[②] 过去人地相争不断,如今在全球范围内,总占比23%的耕地面积严重退化、1/3土地面临沙漠化、10亿人口受到荒漠化威胁、80个国家严重缺水。[③] 2016年中国338个地级及以上城市中环境空气质量达标的只有84个,占全部城市数的24.9%。全国地表水1940个评价、考核、排名断

[①] 《习近平十九大报告(全文)》(http://finance.sina.com.cn/money/bank/bank_hydt/2017-10-18/doc1ifymviyp2268296.shtml)。

[②] 科技部:《科技部发布全球生态环境遥感监测2017年度报告》(http://www.most.gov.cn/kjbgz/201711/t20171122_136375.htm)。

[③] 《人民日报·海外版》2002年10月14日第11版。

面（点位）中，Ⅳ类、Ⅴ类和劣Ⅴ类合计占比仍有 32.3%。① 因此，现实的生态环境危机要求学术界在学术研究中先行先试，为国家发展和政府决策提供科学的智力支撑。

目前，国内对环境政治的研究基本沿用了西方模式，研究的主要对象也偏重于西方环境运动和绿色思潮，如欧洲绿党、生态马克思主义、生态社会主义等。对中国自身环境政治发展的研究颇少，对中国传统环境政治的研究只是偶有学者关注。

事实上，现实对历史具有承续性，传统中包含着许多现实与未来的因素，有积极的，也有消极的。谁能科学地抓住这些因素，谁就能把握住前进的方向。我们的研究，并不是为了欣赏"国粹"，而是通过实事求是的研究，来启发人们的思考，激发解决当代问题的智慧。

基于目前环境政治研究的现状和世界环境问题的解决对于传统文化内在精神的呼唤，该书的学术意义和应用价值主要表现在：

第一，通过对传统环境政治思想和实践的梳理与系统研究，试图拓展环境政治研究的领域，并尝试建构对传统环境政治的研究体系。我们以为，人与自然的关系既是一个永恒的话题，又是我们进行生态文明建设必须高度关注的时代课题。中国现代化进程中人与自然关系失调的严峻性前所未有，照搬照抄任何国家的经验都解决不了我们的环境问题。因此，在古为今用、洋为中用的方针指导下，在横向研究的同时于纵向研究上取得突破，也许才能真正产生可以解决当前环境问题的中国特色政治理论。因此，该书对拓展当前学术界环境政治研究的领域并增加其特色，创新传统政治的学术研究具有一定理论价值。

第二，对传统环境政治的挖掘是为了让中国几千年治国安邦的环境治理思想和范式闪光于现代文明中，让它在生态文明建设中发

---

① 中华人民共和国环境保护部：《2016 年中国环境状况公报》（http://www.mee.gov.cn/hjzl/zghjzkgb/lnzghjzkgb/201706/P020170605833655914077.pdf）。

挥独特作用。改革开放40年，是中国经济社会快速发展的40年，也是中西思想文化交流、交锋、交融的40年，是环境问题日益突出而治理红利时代还未真正来临的40年，是环境保护的政治化趋势不断加强进而步入环境政治时代的40年。社会经济的发展推进了不同群体的环境保护意识的觉醒，环境权、阳光权、水权、林权等新公民权完成了法律化。与此同时，现代政治理论中关于国家主权、民主、正义等政治概念受到冲击，生态需要成为公民参与政治、参与环境保护的巨大推动力。环境政治已成为一种运动，成为一种新的政治思维，成为一种政治发展的新趋势。该书正是顺应了这样的时代变革，在促进人与自然和谐共进的政治价值理论研究和政治文明建设等方面具有重要的现实意义。

第三，中国的现代化之路并没有最终定型，传统环境政治对当代生态问题的解决具有参考价值。一方面，因为农业是永恒的（民以食为天，但是"食"的生产、加工技术最高，也不可能从无到有，只能从原有到新有），那么，农业文明时代的环境政治思想就有永恒的参考价值。另一方面，当代生态环境问题是资本主义和社会主义面临的共同难题。发达资本主义国家虽然解决了传统工业化的环境问题，但中国和世界上广大发展中国家都没有解决。后现代社会中信息业、服务业、高新技术产业等所产生的新环境问题还没有答案，政治文明建设与生态文明建设也才刚纳入国家现代化战略体系。与自然—经济—社会协调共生相适应的经济、政治、文化和意识形态建设处于初级阶段，全球环境治理更是任重道远。因此，农耕时代的环境政治虽有糟粕却包含着几千年的生存智慧，这是走向现代政治文明和生态文明不可忽视的精神资源。本书的研究在解决重大现实问题中，将有助于人们凭借代际智慧，走出跨世代的文明永续之路。

三 传统环境政治研究的基本思路和方法

研究遵循"提出问题—分析原因—解决问题—评价得失"的思

路，以传统环境政治的基本内涵和理论基础为切入点，以传统环境政治研究体系的初步建构为目标，以传统环境政治思想的演变和制度性回应的探讨为主线，努力探求传统环境政治发生、发展和嬗变的内在规律，旨在为处在重要转折阶段的中国生态环境保护事业和环境政治学的发展提供一些理论参考。但由于本书所涉及的时间跨度长，内容复杂，加之个人能力有限，所以，研究的实际水平和价值如何，有待广大读者和时间的检验。

（一）研究的主要内容

本书试图厘清六个方面的内容：第一，明确界定本书相关的一些基本概念，包括环境政治、传统环境政治、环境政治权力、环境政治权利、环境政治管理、环境政治参与等，以确立研究所运用的基本范畴和理论基础。

第二，从环境政治关系产生、变革和调整为切入点，阐述环境政治的发展，揭示环境政治发展的实质及根本动力，指出不同时期环境政治发展的主导者及其采取的基本发展形态和方式，在把握环境政治发展过程性的基础上，揭示环境政治民主化的目标和趋势。

第三，系统梳理和提炼以儒家、道家和法家为代表的政治学说中的环境政治思想和观念，分析其环境政治思维的方式，指出传统环境思想的特性及其演变规律。

第四，根据环境政治关系的内在要求，解析传统环境政治统治、环境政治管理和环境政治参与的性质、方向、方式和作用，指出其的运行的政治体系，客观评估王者立法在环保方面的作用，以及人民大众在乡规民约中的创造性贡献，实事求是地表述不同社会主体在保护环境中的政治智慧。

第五，以问题为导向，通过对纵贯上下五千年文明史的人地矛盾和人水矛盾的探究，揭示环境政治在回应和解决"千年之殇"中的地位和作用，从一个侧面深入探究传统环境政治现代转型的必然性，形成对农业文明时代环境政治的科学认识和评价。

（二）研究方法

1. 文献研究法

文献研究法是指根据一定的目的对文献进行积累、查阅、分析、整理和利用，从而找出事物本质属性的一种研究方法。文献研究是哲学人文社会科学最常使用的研究方法，也是现在自然科学课题研究中常常需要用到的方法之一。本书以由远及近的纵向研究为主，并且本书的研究对象由于时间的流逝而具有无法接触性，因此，需要收集、阅读、分析大量的历史文献资料，例如，谕旨、诏令、实录、圣训、奏折、会要、政策、法规、档案、方志、前人著述、乡例民俗等。本书采用的文献研究主要包括历史文献研究、统计文献研究和文献内容分析等。在方法运用中重点注意解决两方面问题：一是从文献资料中获得新论据，找到新视角，发现新问题，提出新观点，形成新认识。二是通过对相关文献资料的积累、发现、整理和利用几个环节，去粗取精，去伪存真，在仔细甄别的基础上正确征引文献资料，并提出有思想性的见解。

2. 跨学科交叉研究法

跨学科交叉研究方法是20世纪以来学科融合不断加强、研究方法相互借鉴与渗透而形成的方法论之一。它是结合多学科的基本知识和基本理论、交叉运用不同学科的方法论来对复杂问题进行系统研究的一种方法。环境政治学作为一门新兴的交叉学科，跨学科交叉研究是其最基本的研究方法之一。一方面环境政治理论的发展和完善始终与多学科交叉研究息息相关，另一方面如果没有环境科学、生态学、政治学、经济学、哲学、法学等多学科的研究成果的支持和滋养，环境政治学就难以发展为一门真正独立的新兴学科。

运用跨学科交叉研究法，是由问题的性质和选题的学科属性决定的。中国传统环境政治研究涉及历史、环境、政治、哲学等多个领域，采用跨学科交叉研究的目的在于集成创新，使具有复合性、复杂性的问题得到整体的、综合的研究，使认识在以认知分类为主、学科分类为辅的基础上达至较高水平和更深层次。

四 传统环境政治研究的工作基础

第一，环境治理和生态文明建设虽是今日学界与政界的热门话题，但人与自然如何和谐相处这一基本命题则由来已久。中国传统的政治思想宝库中有着深邃的生态政治智慧与丰富的实践经验。如何让传统变成现代，让现代基于传统，这是国家和各级地方政府在环境保护和现代政治文明、生态文明建设中不可回避的重大现实课题，挑战着各级政府的生存发展智慧。近年来，我先后主持或参与的多个研究项目也印证了现实发展对深化环境政治研究的需要。例如，江宁大开发进程中的社会生态问题研究，江苏城市化进程中的社会生态问题研究，特色高淳建设文化战略研究，江苏省哲学社会科学重点研究课题：当代水伦理的生态哲学基础研究，环保部淡水海水养殖水环境管理体系研究，国家社科基金：发达国家生态文明的理论与实践研究，江苏省规划办重大招标项目：江苏率先建成生态文明建设示范区研究，国家林业局科技司林业软科学研究项目：《发达国家与发展中国家生态文明理论与实践的比较研究》等。这些项目不同程度地涉及当地生态环境问题的政治化，涉及政府、公民、企业和民间组织等在环境管理中的地位和作用问题，涉及公民在环境决策、制度设计和政策法规制定及其执行中的参与权、知情权、表达权及监督权等政治权利。环境污染、资源短缺、生态破坏的加剧催生了公民的环保意识，生态省、生态市、生态村等"硬绿化"建设提升了生态关系的政治化水平，环境问题引发的政治利益格局的变革方兴未艾。但是，如何在生态文明建设中建构环境友好型政治体系仍是考验各级政府政治智慧的重要课题。对此，拿来主义是一种常见的选择。不过，拿的是发达国家的方法，取的是先发国家地区的经验，缺失的却是对民族政治心理的关照和从古到今深厚的环境管治传统的科学认知。因此，如何把握传统与现代的价值平衡，确立起适合本区域、本民族发展需要的环境、经济和社会协同共进的战略决策和科学道路，这是每个国家和地区在现代化进程中必须认真探讨的问题,也是绿色实践提出的新的理论诉求。实践的需要是推动理论进步的最强大的动力。哥白尼在创立日心说的实践中就坚信"理论是月亮的光辉,事实是太阳的光辉"。只有植根于实践之沃土,理论之树才会常青。

第二,环境问题贯穿于人类发展的整个阶段。只是在不同的历史阶段,由于生产力水平和生产方式的差异,环境问题的类型、影响范围和程度不尽一致,它对政治活动的影响力和政治系统对环境的关注也有所不同而已。众所周知,环境问题是指由于人类活动或自然原因使环境条件发生不利于人类的变化,以致影响人类的生产和生活,给人类带来灾害。也就是说,环境问题从成因来看,可以分为自然环境问题、人为环境问题,以及由自然和人为因素相互交织而形成的复合环境问题。这些类型的环境问题都不是到了工业时代才出现的。与此同时,一些当代的环境问题则是历史和现实问题叠加的结果。例如,黄河流域是中国古老文明的发祥地,4000多年前,这里森林茂盛、水草丰富,气候温和,土地肥沃。据记载,周代时,黄土高原森林覆盖率达到53%,良好的生态环境既为农业发展提供了优越条件,也使这里成为政治中心地带。但是,自秦汉开始,黄河流域的森林不断遭到大面积砍伐,使水土流失日益加剧,黄河泥沙含量不断增加。宋代时黄河泥沙含量已达到50%,明代增加到60%,清代更是达到70%,这就使黄河的河床日益抬高,有些河段竟成为高出地面的"悬河"。黄河的环境承载力趋于脆弱,一方面动则泛滥成灾,另一方面流域内沙漠化日复一日地扩大,生态环境持续恶化。虽然工业化带来的环境污染、生态失衡等问题与农业时代有着巨大差异,但环境问题和环境治理有一定的复杂性和持续性,关于生态环境的政治思考和选择也应该保持历史继承性。

第三,驱使我研究传统环境政治的最重要动因是中华文明的独特性,即只有中华文明是世界四大古文明中唯一没有中断的文明。关于这种独特性的成因虽然已有众多现成答案,但是,关于中华文明为什么会永续这一问题如同"李约瑟难题"一样，始终充满着学术挑战的魅力。中国拥有独特的文明进程，拥有独一无二的丰富文字记载，拥有悠久的环境保护的政治传统。这些足以支持我从新的视角去解读中华文明的唯一性特征。

在农业文明时代所经历的约5800年中，人类文明分别诞生于亚洲、非洲、欧洲等不同地区，形成了美索不达米亚、埃及、印度和中国等四大古代文明中心，产生了以竞争文化为核心的，以古典民主为特色的古代欧洲文明。在古代文明的兴起和演进中，文明的诞生有先有后；文明的进程有长有短，文明的命运有盛有衰、有断有续。苏美尔文明和古埃及文明是世界上最早诞生的文明，分别出现在公元前3500年和公元前3100年左右，他们都是世界四大古文明之一，但没有来得及进入农业文明的兴盛期，就分别于公元前539年和公元前525年消亡了。古代印度文明和中华文明诞生虽晚一些，但他们后来居上。不过，古代印度文明屡次被外族入侵打断，只有中华文明成为唯一没有中断的古代文明。中国是世界上最早懂得将环境保护纳入政治活动的国家，并且长期坚持天道、人道和治道相联系的天人合一的生态政治思维方式，在理论和实践上给我们留下很多可圈可点的宝贵财富。假如从传统环境政治的视角进行研究，也许会给我们带来意想不到的收获。虽然历史不容假设，但学术研究是允许假设的。

第一章 传统环境政治的产生和发展

中国的社会形态虽然在1840年前后便开始从传统转向现代，但清王朝的灭亡和中华民国的成立才真正标志着国体和政体的现代转型。因此，本书将1912年中华民国的建立作为中国传统环境政治与现代环境政治的分水岭，重点考察和探讨1912年以前传统环境政治的发生和发展，研究人们对环境政治现象的思考和思想，探讨传统环境政治统治、环境政治管理的体系和机制，揭示传统环境政治的发展规律，探析社会成员在参与环境治理中的地位和作用，力求使本书的研究趋向纵横结合，浑然一体。在研究方法上，牢牢把握环境政治学作为新兴交叉学科的特点，它是政治学的分支学科，同时又涉及环境科学、生态学、历史学、法学等多个学科的有关理论和方法。在这两方面进行开拓性研究，以图较好地揭示和把握传统环境政治的本质和趋势。

第一节 传统环境政治的基本内涵和类型

任何研究都是某一特定领域的研究，不可能涉及研究对象所有内容与方面，而只能是集中于某一特定的侧面。并且任何理论研究都离不开一个最初的逻辑起点，要确立这样一个逻辑起点，就必须对研究领域所涉及的主要概念作出界定，其目的是要确立这样的逻辑原点，从而为进一步分析研究提供理论基础和前提。鉴于研究对象的内在逻辑，本书主要对既相互联系又相互区别的两个主要概念

"环境政治"和"传统环境政治"作必要的说明和界定。

环境政治的内涵与现代环境政治的兴起密切相关,传统环境政治研究的起步则与现代环境政治的发展及其学术研究的拓展相互关联。辩证考察和把握现代环境政治的兴起和发展是科学界定"环境政治""传统环境政治"的重要前提。正如恩格斯所指出的:"辩证法在考察事物及其在观念上的反映时,本质上是从它们的联系、它们的联结、它们的运动、它们的产生和消逝方面去考察的"。[①]由此,我们探讨"环境政治"和"传统环境政治"的内涵及本质属性以考察环境政治产生和发展为出发点。

一 环境政治的兴起和发展

现代环境政治孕育于19世纪末20世纪初,兴起和发展于20世纪后半期。

在19世纪末20世纪初的孕育时期,以英、美等国发生的自然保护运动为代表,其特点是有组织、有政府调节但以地方性为主,同时,一些环境保护思想、政府立法和管制措施开始出现。在英国,历史上有案可查的最早的环保组织——公共用地保护协会就是产生于这一时期,此外,保护鸟兽组织(1889)、国家信托社(1895)等环保组织也先后创立。它们联合起来发动了"人民公共卫生活动",要求政府加强环境卫生管理。在两次世界大战期间,英国又涌现出一些活动更为广泛的环保组织,但因为战争其影响相对有限。在立法和管制方面,1853年当时任内政大臣的帕尔默斯顿成功地说服议会批准了《消除烟尘危害法》,打破了自1821年以来环境立法停滞的局面,而且还第一次明确宣布烟尘是一大公害。鉴于环保组织及广大民众的压力,1863年议会批准了《制碱等工厂管理法》,并根据该法在中央政府设立了英国历史上第一个官方环保机构——碱业检查团。1906年《制碱等工厂管理法》又授权

[①] 《马克思恩格斯选集》第3卷,人民出版社1995年版,第736页。

相应的部门赋予检查团可不经另外的立法程序，自行确定受检工业部门的数目的权力，而"这个法案作为政府限制工业排放量的基本立法原则一直沿用到1974年"[①]。同时，英国政府和议会开始逐渐地加强对社会和经济的管理，但由于这时特殊的历史情况，英国政府忙于外交、恢复经济和应付30年代大危机等事宜，在环境的管制方面主要是给予一些环保组织以准官方地位，通过它们进行管理。1907年议会通过了一项法令，责成国家信托社改组，要求其"为了国家利益"承担起"永久性"保管一些人文财产的任务。同年7月，保护鸟兽组织也获得了政府颁发的许可证，成为保护鸟类的"皇家社群组织"。

与英国环境保护相伴，大洋彼岸的美国在工业化浪潮高涨、"西进"运动不断推进的背景下，水资源、矿产资源、森林资源和野生动植物资源等自然资源的严重破坏和许多次生灾害的发生，在19世纪末激发了资源保护运动，并在20世纪初获得了迅猛发展，其核心人物是19世纪美国著名的林学家和林业官员吉福德·平肖。平肖1896年出任国家林业调查委员会主任，1898年任职于国家林业局，1901年任国家林业局局长。他曾在德国学习森林学，深受18世纪进步的科学农业环境传统的影响，并把进步农业的传统带入到公共土地的管理上，特别是森林管理上。他主张对自然资源进行科学的利用和管理；倡导实用的科学林业，培育新树种，适当采伐以维护国有森林、满足当代和子孙后代的需要；主张既要保护自然资源，又要使用自然资源，既要防止资源枯竭，又不能保留不动以致制约经济发展。平肖给资源保护主义所下的定义是"一个从人类文明角度出发的基本物质方针"，同时又是"一个为了人的持久利益开发和利用地球及其资源的政策"。因此，总体上仍然是以人的利益为尺度的功利主义的自然保护思想，所不同的是其管理的目

---

① Davidvogel, *National Styles Regulation-Environmental Pllicy*, New York: Great Birtain And The United State Corneal University Press, 1986, p. 32.

标将不是为了私人获利或者进一步的财富集中，而是为了全体公民的最大利益。这对美国资源保护政策的确立和现代环境保护的发展影响深远。1902年6月，美国国会通过了"联邦土地开垦法"并据此在农业部下设联邦土地开垦局，负责水利灌溉设施的建设、管理以及土地开垦事宜。1905年2月，美国国会通过了权力移交法，农业部的林业处接管了林业保留地的管理权并升格为林业局，林业保留地更名为国家森林。在资源保护运动的影响下，西奥多·罗斯福总统从1905至卸任共发布300多项行政命令新建和扩建国有森林，使国有森林面积增加3倍多，达1.5亿英亩，国有森林数目增至149个。不过，资源保护运动一方面由于主导思想观念仍然认为自然资源是取之不尽、用之不竭的，所以人为的自然破坏并未杜绝。另一方面由于资源破坏往往被归咎于技术而没有将其与社会经济问题联系起来，因而缺乏广泛社会动员力量和公众参与。直到战后现代环保运动兴起，环境并未成为美国一个全国性的政治问题，也从未进入主流政治研究领域。

现代环境政治正式兴起于20世纪六七十年代，大致经历了三个阶段：

第一阶段是兴起阶段，时间为20世纪六七十年代。以世界"八大公害事件"的发生为背景和以现代环保运动的爆发、绿党的出现、绿色思潮的兴起为标志。英国、美国、日本、德国等发达国家遭遇了前所未有的环境挑战。

世界"八大公害事件"有七件发生在第二次世界大战之后且都在当今所谓发达国家，其中美国两件，英国一件，日本4件。在英国，1952年12月5—8日伦敦烟雾事件使伦敦从1952年12月5日起一直笼罩在烟雾中。因大量燃煤烟雾的影响，四天中死亡人数较常年同期约多4万人，45岁以上的死亡者最多，约为平时的3倍；1岁以下的死亡者约为平时的2倍。在之后的两个月中有8000多人因烟雾而死亡。这是20世纪最大的由燃煤引发的城市烟雾事件。此后几年，英国又发生了阿伯汉煤泥崩塌事件、"托雷峡谷"号油轮沉没事件等恶性环境事故，这些事件对改革改变人们的环境观念起到了重要作用。1967年经济学界第一次提出了"外部不经济性"理论，主张应由污染者承担这种损失，要从消极的污染防治政策转到积极的"预见性环境政策"。与此同时，人们的"生态参与"意识，大众媒体对各种环境问题及其危害的揭示，以及全球化背景下西方国家回应环境问题的交互影响，使环保组织联系更加密切，活动更加广泛，绿党和全球性环保组织开始出现。到20世纪60年代末英国已形成广泛的环境组织网，至70年代中期英国全境有2.5千万—3千万人至少参加了一个环保组织。70年代初英国生态党（绿党的雏形）建立。同时"地球之友"和"绿色和平组织"在英国设立了分部，其中"地球之友"分部仅70年代在英国就组织了33次全国性的示威游行。在政府方面，从中央到地方都新设了一些环保机构，采取了一些预见性的环境政策。例如，1969年詹姆士·哈罗德·威尔逊在议会宣布成立一个常设性的内阁委员会即皇家环境污染问题委员会，以后又在住房和地方政府部中设立了中央环境污染科学防治小组，帮助政府处理日益繁多的环境事务。1970年爱德华·希思上台后随即公布了中央政府重组白皮书，组建新的环境事务部，负责空气污染、水质管理、土地规划和噪声污染等诸多环境问题，"实际上，环境事务部的成立可称得上是一项新奇的创举，它在英国第一次由一个部门的一位大臣集中了所有相应的司法权、资助及财政预算权和政策决定权……"①。原有的碱业检查团的职能不断扩大和加强，到1979年管理起占全国能源消耗量75%左右的2000多个大工厂的污染防治事务。此外，国内航空、水运等造成的污染问题则由贸易部负责处理；滥用农药和随意向海洋倾倒的污染问题则由农业、渔业和粮食部管理；劳工安全和卫生有关的环境问题则由安全和卫生委员会负责。针对各部权力行使的交叉性，1971年中央环境污染科学防治小组转入环境事务部编制

---

① *Bugler Polluting Gritain Harmodsowrth Penguin*, 1972, p. 13.

之下，改名为中央环境污染防治理事会，负责协调各部在环境管制方面的工作。同时地方政府的环保管理职能也相应地得到了加强。在环境立法方面，针对水、土、气的环境问题，70年代水源管理法规基本定型；"从1970年到1971年，下院议员共提交了1579条关于环境问题的提案，几乎每天有20个左右是关于诸如土地使用、喷气式飞机噪声污染及重金属污染等方面的动议"①。最为重要的是1974年制定的《污染控制法》，它不同于以前的任何法案，包括了废物处理、水质污染防治、噪声和空气污染整治等方方面面，是世界上"第一次正式将环境作为一个统一体来看待"的环境法，意味着"英国在向对环境污染进行行政管理迈出了重要的一步"②。此外，议会中也陆续成立了许多由两党人士共同组成的常设性、专门性的环境委员会，许多议员，尤其是上院议员还在一些环保组织中拥有正式的或名誉的职位。环保问题开始成为政党政治的一部分。值得一提的是，在1970年大选前不久，威尔逊政府发表了题为《向污染宣战》的白皮书，使环保问题第一次出现在大选议题之中。在希思新政府的任职仪式上，女王伊丽莎白二世在演讲稿中"第一次使用了'环境'这个词，女王陛下许诺她的大臣们会大力推进过去所造成的严重污染问题的整治工作……"③ 这是英国环境政治的形成和发展时期，有所不同的是英国不像其他欧美国家那样有鲜明的激进环保运动色彩。

战后美国的环保运动具有划时代的意义。虽然作为世界"八大公害事件"的多诺拉大气污染事件和洛杉矶光化学烟雾事件对美国的环保运动具有一定的影响，但对美国环保运动和现代环境政治产生影响更大的却是蕾切尔·卡逊及其著作《寂静的春天》

---

① Philip Lowe and Jane Goyder, *Environmental Group in Politics*, London: Allen & Unwin, 1983, p. 42.
② Graham Bemett, *Pollution Conrtol in England and Wales*, Environment Policy and Laws, 1975, p. 95.
③ Philip Lowe, Jane Goyder, *Environmental Group in Politics*, London: Allen & Unwin, 1983, p. 43.

的出版。

作为美国的海洋生物学家和科普作家，蕾切尔·卡逊在1949年后长期在美国鱼类和野生生物署工作，先后出版了《在海风的吹拂下》（1951年）、《海角》（1955）以及《我们周围的海洋》（1951）等著作。1962年出版的《寂静的春天》一书系统地揭示了农药滥用导致的生态社会后果，表明人类用来对付害虫的技术最终危及了自身，呼吁人类树立一种新的意识，即必须在自然和道德的约束中生活，把人类和地球从贪欲和技术的陷阱中拯救出来。该书不仅反对滥用农药、杀虫剂，而且抨击了造成工业污染的不负责任的做法，促使全世界注意环境污染的危险，同时直接引发了美国史无前例的现代环保运动，促使资源保护向环境主义转型，现代环境政治由此而起。卡逊的著作还使得美国社会尤其是中产阶级受到了强烈震撼，有力地激发了公众对环境污染的危机意识，环境保护的观念逐渐成为美国社会的一种思潮，吸引了众多的社会成员参与环境保护，并得到了民权运动、女权运动、反战运动、学生运动等社会运动的支持。由此，《寂静的春天》被誉为现代环境保护运动的第一声号角，引发了整个现代群众性环境保护运动，并在世界范围内引起关注。[1] 1970年4月22日，针对环境问题的"地球日"活动把美国现代环境保护运动推向一个高潮。2000多万人通过集会、游行、讲演和其他活动，要求政府采取措施保护环境。美国国会因此休会，三大电视网和公共广播系统作了全天报道；世界许多国家人民纷纷支持和响应。为了扩大"地球日"活动的影响，美国一些环境保护工作者和社会名人发起成立了一个松散的国际性组织——"地球日国际"。"地球日"活动是人类有史以来第一次规模宏大的群众性环境保护运动，推动了世界环境保护事业的发展，它直接促进了1972年斯德哥尔摩人类环境会议的召开和世界及国际环保组

---

[1] 王国聘、曹顺仙、郭辉主编：《西方生态伦理思想》，中国林业出版社2018年版，第65—66页。

织的建立，如联合国生物圈计划、联合国环境规划署、联合国世界环境与发展委员会以及绿色和平组织等。然而，20世纪70年代初，"石油危机"和"美元危机"等使环保力量与日渐壮大的反环境势力间围绕环境权力与利益的角逐成为国家政治生活中不可忽视的现象。20世纪70年代作为"环境的十年"，美国颁行了大量环保法规和政策，也因此给企业和污染者带来了诸多限制和沉重的负担，引起了他们激烈的抵抗。70年代末美国西部发生"山艾树反叛"运动，由此，形成了影响美国环境保持的两股新兴政治力量——反环保势力和环境公正运动，对传统的环保运动形成挑战，引发了尖锐的社会冲突和激烈的政治对抗。前者以"山艾树反叛运动"为起始标志，以各种名目发起形形色色的反环境运动，通过游说、捐赠、宣传、诉讼和参与立法等活动，对联邦政府和国会施加影响。后者以"爱河事件"为开端，起始于六七十年代的环保运动，主体是白人中上层。他们关注自然环境，而无视少数族裔和困难群体的环境权益，从而引起后者的不满。反环保势力和环境公正运动交互作用，使80年代初上台的里根政府全面推行反环境政策。

在德国，战争的破坏导致第二次世界大战后的自然保护失去了根基。因为包括栖息地、景观和自然等遭受巨大的战争创伤，经济重建成为阶段性最优先事务。1950年德国自然保护协会（DNR）建立，但未能改变环保的次要地位，直到20世纪60年代末。1969年德国社民党和自由民主党联合政府的成立促进了环境政策的转折，与环境相关的政策任务第一次整合为一个单一的独立政策领域，并在70年代中期形成了详细的"环境纲领"（1976年），确立了"预防""因果关系"和"合作"等基本原则。环境管制由1972年环境专家理事会、1974年联邦环境办公室的建立以及1974年《联邦空气质量控制和噪声消除法》的颁行而得到加强。德国工业联盟和工会认同"环境纲领"，公民团体也在关注地方性环境难题（如交通噪声污染、工厂空气污染等）中对环境保护的制度化产生一定影响。因此1969年至1974年被认为是德国现代环境政治确立的阶段。1973年秋的石油危机和1974—1975年的全球经济衰退使政治关注的焦点转向危机管理，环境议题上的广泛共识被打破。政府从环境保护的推动力量转变为一种阻碍力量。但能源供应问题、核能问题得到推动。基于对"增长的极限"和威胁性生态灾难的广泛讨论的成千上万的草根团体成为环境运动的主要力量。核电站地点、放射性废弃物地存储，日益暴力化的冲突交织到一起，成为环境运动关注的重点。

在绿色政治运动推动下，一部分小资产阶级知识分子怀着对资本主义制度的不满和对生态环境日益遭受破坏的危机意识，以及寻求自身政治利益的需要，建立了自己的政党或绿色NGO，如1970年的绿色和平组织、1972年3月澳大利亚第一个绿党——塔斯马尼亚团结组织、同年5月新西兰成立的世界上第一个全国性绿党——价值党、1973年2月欧洲第一个全国性绿党——英国人民党等。

第二阶段是确立阶段，时间为20世纪八九十年代。在这一阶段，新旧环境问题交织，使环境政治由地方上升至国家层面。一方面传统的环境问题，如公共土地政策、水力开发和水权、森林和国家公园的开发与保护、围绕荒野保护而发生的政治纷争、反坝运动及其政治、环境保护与财产权、城市垃圾和城市卫生、空气和水污染等继续发展，另一方面，新的环境问题，如有机化学合成杀虫剂、核电及核废料、有毒和危险废弃物、气候变化和酸雨、全球温室效应、生物多样性保护等引发了不同的环保运动，既有环保组织的环保运动，也有反环保势力及其政治活动，还有环境公正运动等。20世纪80年代末，随着可持续发展理论的传播，各国政坛出现了一股新的绿色思潮。公众的环境政治意识进一步提升，促使每个政党在其竞选或执政纲领中都得关注环境问题，环境问题成为党派政治的一个重要组成部分，政府管制更加科学有效。

在德国，20世纪80年代，反核运动逐渐被和平运动吸收，但环境政策有所复苏。这主要取决于媒体和公众对环境问题的关切。

所有政党不得不面对1983年进入全国议会的绿党的竞争，出现了"反对性专家"职业化等新变化。1981—1982年"死亡中的森林"议题兴起，并在此后多年主导德国关于环境难题的讨论。绿色观念被推进，专业化运动组织如德国环境和自然保护联盟（BUND）、绿色和平组织与绿党一起成为了西德环境主义的积极倡导者。1986年切尔诺贝利事故动员了一场新的草根运动——"反对核能母亲"，推动了一个新的联邦环境、自然保护和核安全部（BMU）的建立，曾经分散的环境保护权限被集中到一个政府部。1987年克劳斯·托普费尔（Klaus Töpfer）担任部长，代表了政府关切环境的积极的正式的方式。随后，环境责任法的修改、禁止使用氯化学产品、宣布在《保护北海和波罗的海条约》中发挥领导作用、到2005年之前消减二氧化碳排放量的25%等一系列新指令，使托普费尔和西德在进步主义的环境主义者和国际环保层面赢得了一定声誉。特别是环境保护开始在工业界得到重视，并牢固地植根于许多大公司尤其是化学和汽车工业公司的政策之中，环境管理也成为了工业辩论中的一个中心话题，生态咨询业日益兴旺。"生态现代化"成了政治和经济争论中的核心理念。20世纪90年代，德国重新统一的进程一度将优先性又转向社会和经济议题。但成效之一却是既有的环境管制和法律等"免费"应用到了前民主德国的领土范围内，同时废物处理成为受公众广泛关注的环境政治领域。1991年通过了一项旨在大幅度削减包装材料的法令，并建立起了与商业和工业相联系的双重体制。在国际层面，由于1992年里约联合国环境峰会的召开，使"可持续发展"概念扩散进入德国环境问题的话语中。德国环境运动在组织上基于三大支柱：第一是自治的、松散连接的地方草根团体网络；第二是绿色竞选组织和政党；第三是既存的自然保护和新一代的环境运动组织。每一个支柱的特点和重要性都随时间的变化而变化。例如，20世纪70年代，具有区域性和具体议题网络特征的公民行动团体主导了德国环境运动的出现和自我理解。1980年绿党作为一个联邦政党成立，1983年绿党成员选举进入联邦议会则标志着基要主义运动阶段的结束。80年代后期绿党内部"现实主义者"和"基要主义者"派别之间的尖锐冲突，削弱了绿党的公众吸引力。1990年由于它们在德国统一问题上处理不当，绿党丢掉了联邦议会席位。经过反思总结和自我重新评估，1993年"联盟90"（东德公民运动的代表）和绿党合并，并于1994年重新进入联邦议会。但环境问题在公众议题中重要性的下降，使绿党的公众关注度下降。90年代中期，可持续发展作为新的焦点在德国被理解为在生态、经济、社会的关心中是同等重要的，这一方面有利于包容所有相关社会团体在可持续发展道路的界定与落实过程中的政治性合作，另一方面有利于公民政治参与决策模式的创新。1995—1996年地方性21议程团体迅速扩展，乌帕塔尔气候、环境和能源研究所开展了"可持续德国"研究，给环境运动在"可持续生活方式"问题上的战略再定位吹入了一股清风。"可持续发展"的新框架为环境政治的对话模式奠定了有力基础。不过，德国环境运动的前景仍依赖于它能否在公众领域和不同的制度领域展示其有说服力的可持续发展概念。面对占主导地位的新自由主义话语，环境运动还需要将地方和全球层面相连接，通过政治对话、圆桌会议或新形式的参与，获得"全球"公民社会角色的新形象，并在现存制度变革上有所作为。

　　在英国，议会通过的法案更加全面，涉及环境的国际法规也日益增多，1982年颁布的刑法还增加了对危及环境的犯罪行为可实行刑事制裁的规定；各环境组织的政治化程度更高，一部分组织还发展成全球性检测和保护计划中心，如总部设在剑桥的哺乳运动状况监测中心（1980）、公园和保护区保护中心（1981）、欧洲和北美鹿群状况监测中心（1982）等。"1989年夏季，欧共体成员国人口中的90%—98%一致认为环境问题已成为一个很重要的政治问题"[①]。环境政策"大大超过70年代'鉴别和修补'方针和80年

---

① 朱国宏：《经济社会学》，复旦大学出版社1999年版，第624页。

代的'预测和预防'战略,进入建立在较长期的战略规划和更紧密的国际合作基础上的环境管理时代"①。1989年英国绿党在欧洲议会的选举中获得高达15%的选票,促使因经济滑坡而对环境保护问题采取低调处理态度的撒切尔政府骤然改变态度,撒切尔本人也由"最不关心环境保护的人",转向自我标榜的"环境保护主义者",并于1990年9月发表了一份环境政策白皮书。梅杰上台后不久即于1991年7月发表了一篇环境政策的演说,声称英国应在全世界环保运动中起带头作用。在环境政治发展的过程中,英国政府、企业和环保利益集团间的协作主义原则以及环境整治标准上的实用主义倾向成为适合本国的环境问题治理的重要特色。经过治理,雾都伦敦不再有烟雾事件,其市区烟尘的平均浓度由50年代的200微克/立方米降到20微克/立方米,年均日照时间则增加了70%;泰晤士河再成为伦敦的游览点,1987年已经发现有90多种鱼类畅游其中。当然,英国的环境政治也存在着许多亟待或已在改进的部分。80年代以后,由于受国内民众"生态参与"和国外特别是欧盟的压力,英国的政治文化和上述特点也发生了一些变化,与世界接轨的同时保留自己好的政治传统成为英国环境政治变革的大势所趋。

美国在80年代初,以"沃伦抗议"为引子,掀起了一场新的运动——环境公正运动（Environmental Just Movement）。该运动兴起后发展迅速,到90年代初,反环保势力成为强大的环保阻力,其影响与主流环保组织相差无几。环境公正运动的兴起不仅对主流环保组织提出了挑战,也对政府的环境政策形成强大压力,致使他们不得不做出回应。90年代中期,保守的第104届国会对过去的环境法规和政策展开了自80年代初以来最猛烈攻击。不过,在这一阶段,美国的环保组织还是得到了进一步壮大。10个最大的保护环境抗议组织的成员数量从1979年的200万达到了1990的约

---

① 曹风中:《国外环境发展战略研究》,中国环境科学出版社1992年版,第293页。

700万。① 同时,环境政治的错综复杂也使学术议题得到拓展,反环境势力、环境公正运动进入环境政治研究领域。1984年,乔纳森·拉希与凯瑟琳·吉尔曼等人出版的《分赃的季节:里根政府对环境的进攻》一书,对美国西部的公共土地政策及其政治、"山艾树反叛运动"进行了考察。90年代《失去的地盘:20世纪结束时期的美国环境主义》《绿色反弹:美国反环保势力的历史与政治》和《绿色反弹:环境运动的全球颠覆》等都对反环保势力的历史和政治进行了研究。②

第三阶段为深入发展阶段,时间从世纪之交至现在。世纪之交以来,全球气候变暖、臭氧层的耗损与破坏、生物多样性减少、酸雨蔓延、森林锐减、土地荒漠化、大气污染、水污染、海洋污染、危险性废物越境转移等成为世界关注的共同问题。面对全球生态环境问题的凸现,在西方特别是西欧和美国,环境运动经过发展,由一种新社会运动成长为全国甚至国际层面的职业化的大众成员组织网络。"绿色政治运动"的主体和基本内容也由以市民为主体,以保护生态平衡、保障妇女正当权益、反对战争和核军备、争取维护世界和平等为内容,主要发生在西方发达资本主义国家,转化为政府和社会成员共同关注,以全球生态环境治理、生态安全、绿色经济、绿色增长、绿色新政为基本内容的多层次、多渠道、多形式的运动。环境政治的议题则从地方污染转向了全球生态环境治理。环境政治的话语则从激进的社会变化发展转向生态现代化、可持续发展和绿色发展等。绿党经过四五十年的发展完成了从地方性政党到全国性政党、在野党到执政党、国内合作政党到国际合作政党的转变,提出了生态永续(Ecological Sustainability)、草根民主(Grass-Root Democracy)、社会正义(Social Justice)、世界和平(World

---

① [英]克里斯托弗·卢茨:《西方环境运动:地主、国家和全球向度》,徐凯译,山东大学出版社2005年版,第218页。
② Samuel P. Hays, "Explorations in Environmental History", *Environmental History*, Vol. 3, No. 1, January 1998, pp. 102 – 103.

Peace)等政治主张。2004年2月,32个绿党组织签约成立的"欧洲绿党"(EGP),这使绿党以一种崭新的姿态活跃在国际政治舞台上。2012年,美国、法国等国的绿党代表成长为总统候选人。

环境政治的深入发展一方面表现在政治界各国政府和国际社会日益广泛而深入地把环境政策、环境治理、环境外交、环境合作、环境安全等纳入议事日程;表现在在思想界以生存主义、生态自治主义、生态社会主义、生态女权主义和生态殖民主义等为代表的绿色思潮对资本主义和人类文明的深刻反思与价值观念发生了转变。正如美国学者 A. Hurrell 所指出的那样:"全球环境变化和生态环境问题对现有政治经济结构的挑战,向我们提出了世界重新设计与组织的严肃课题……环境问题和生态政治可能正在改变占支配地位的偏好和价值,创造新的思维空间"[1]。另一方面表现为学术界关于环境政治的研究取得重要进展并形成各具特色的研究域和研究成果。面对日趋严峻的生态危机和声势浩大的社会运动,各学科都从自身角度认真思考和研究环境问题,从而促发了诸多交叉学科——环境政治学、环境经济学、环境社会学、环境伦理学、环境法学和环境史学等学科的兴起,跨学科研究成为一种时尚。政治学家、经济学家、社会学家和历史学家等纷纷介入环境领域,并尝试学科交融的方法与模式,从而推进了环境政治史、环境社会史等学科的兴起和发展。在欧洲和国际社会,沿着可持续发展和全球环境治理的路向形成了绿色新政、绿色国家和全球治理等研究议题。[2] 在美国,环境政治史的研究则独树一帜,"尤其是八九十年代以来,美国学术界对环境政治做了大量研究工作,积累了大量成果和文献"[3]。美国两位著名学者沃尔特·罗森鲍姆和塞缪尔·海斯,于1985年

---

[1] A. Hurrell, "International Political Theory and the Global Environment, Ken Booth and Steve Smith"(eds.), *International Relations Theory Today*, University Park: The Pennsylvnia State University Press, 1995, pp. 150 – 151.

[2] 参见[英]托尼·麦克格鲁、陈家刚《走向真正的全球治理》,《马克思主义与现实》2002年第1期。

[3] 滕海键:《美国环境政治史研究的兴起和发展》,《史学理论研究》2011年第3期。

和1987年分别出版了《环境政治与政策》《美丽、健康与持久：1955至1985年美国的环境政治》两部著作。① 前者以政治学视角考察环境问题，全面考察了美国的环境政治与政策，将所有环境政治议题多纳入其视野。后者从历史学视角考察了战后美国的环境政治，成为第一本描述战后美国环境政治的专著。两部专著的出版标志着美国环境政治和环境政治史研究的兴起。1990年，美国科学促进会举行了一次环境主义专题研讨会，考察过去20年间美国环境运动的发展历程并对其现状进行评估，会后出版了《美国的环境主义：美国环保运动，1970—1990》。环境公正运动的兴起为环境政治史提供了新的研究主题。1982年，纽约州立大学艾德琳·莱文在对爱河调查之后，出版了《爱河：科学、政治和人民》② 一书，自此，环境公正问题走进学者的视野。90年代尤其是2000年以来，有关环境公正问题的研究成果大量问世，内容涉及环境公正运动的起源和历史，环境不公正与种族、阶级和性别及环境史的关系，城市环境公正运动，争取环境公正的政治斗争及其对公共政策的影响等。在中国的环境政治学研究从20世纪80年代中后期以来，围绕着环境政治理论、绿党与环境运动、政府环境政策与治理、国际环境政治与合作五个议题领域开展了较为系统的研究。2010年以来，以郇庆治教授为代表的团队先后于2010年、2012年、2015年和2018年在北京大学出版社出版了《重建现代文明的根基：生态社会主义研究》《当代西方绿色左翼政治理论》《当代西方生态资本主义理论》《文明转型视野下的环境政治》等著作，

---

① 此前的1982年，塞缪尔·海斯在《环境评论》杂志上发表了《从资源保护到环境：二战以来美国的环境政治》一文，考察了战后美国由资源保护转为环境主义的深刻背景。这篇文章是在八十年代初激烈的环境政治斗争背景下发表的，不仅明确提出了环境政治概念，也对当时的研究起了导向作用。Samuel Hays, "From Conservation to Environment: Environmental Politics in the United States Since World War Two", *Environmental Review*, Vol. 6, No. 2, Fall 1982, pp. 14–41.

② Adeline Gordon Levine, *Love Canal: Science, Politics, and People*, Massachusetts: D. C. Heath and Company, 1982.

同时肖建华、张淑兰、徐再荣、卢洪友等、刘海霞、冉冉、朱狄敏等出版了相关专著。此外，还有一定数量的译著出版和论文发表。这些阶段性成果，"一方面，是环境政治学同时作为一个环境人文社会科学学科和比较政治分支学科的事实性确立；另一方面，环境政治学作为一个独立学科的未来成长与发展，还将面临诸多难以克服的挑战与困难"[①]。

现代环境政治的兴起和发展表明：（1）环境政治伴随工业化浪潮而来，伴随工业化对自然资源、能源和环境的大规模开发利用以至走向反面而来，与有毒有害的现代工业产业的负面影响高度相关。（2）环境政治对生态环境问题的回应与传统政治对经济社会问题的回应一样，都是人类经济政治文化社会系统对其所遭遇的发展问题的回应。其根源在社会子系统中，在社会子系统与自然子系统相耦合的生产方式、生活方式和文化观念系统。（3）优先性原则是最基本的适用原则之一。当危机来临时无论是经济危机还是生态危机，危机处理都具有最优先性质。因此，只有重视危机，科学设置危机引发的中心议题、适时转换中心议题，才能实现经济环境社会的平衡发展。充分认识问题和矛盾的时空变化，该转即转，该变即变。危机是转化的，发展是动态的，平衡也是动态的。（4）政治作为最活跃的因素，其作用突出表现在平衡各方、各领域、各利益方面。管制变革则是解决问题的重要抓手。值得注意的是我们在关注工业、工业生产和消费的同时不可忽略商业对生态环境的影响，忽略工业文明在本质上是工商文明。从传统的农业、手工业和商服业到今天的农业工业商服业知识产业智能产业，产业结构不同，发展阶段和水平不同，所遭遇的生态环境问题也有所不同，社会政治系统所做出的回应也有所差异。因此，对现代环境政治、传统环境政治概念的界定需要考虑不同社会的经济政治形态。

[①] 郇庆治：《2010年以来的中国环境政治学研究论评》，《南京工业大学学报》（社会科学版）2018年第1期。

二　环境政治（学）的概念界定

考察环境政治发展的历史过程，我们可以得知：

第一，环境政治是社会经济、政治和思想文化等发展到一定阶段的产物，是一定时期特定经济关系的集中体现，其本质、内容、形态和方式等方面，在根本上是由经济关系决定的。环境政治并不能因其更多地关注和处理环境与政治间的公共关系而不再以经济为基础，事实上，它恰恰是长期以来工业经济不断扩张、科学技术的工具理性过度张扬，以及机械的、二元对立的世界观和人类中心主义价值观蔓延和泛滥的结果。

第二，绿色政治、绿党和绿色思潮的兴起和发展都与特定阶级或阶层的利益要求与利益关系密切相关，它是以西方为代表的现代社会在步入后工业社会阶级结构、经济结构等发生质的变化的产物。社会结构的分层化和中产阶级化使以利益关系为基础的经济关系和政治关系日益多元化，生态需要、环境权利等成为以中产阶级为代表的不同利益群体共同关心的公共利益和公共要求，生态利益关系日益突出而成为新的政治关系确立的基础。正如马克思所指出的："人们的政治关系同人们在其中相处的一切关系一样自然也是社会的、公共的关系。"① 因此，环境政治的形成和发展是以生态利益的社会化、公共化为基础的，是经济关系绿色化、生态化转型的集中反映。当然，近四五十年以来经济发展方式的转变，可持续发展的经济、生态经济、循环经济及低碳经济的提出和推行，也充分体现了环境政治对经济的巨大反作用。

第三，环境政治的根本性问题在于试图通过国家政权使不同群体的公共生态利益像经济利益一样得到反映、实现和满足。当然，这种反映、实现和满足的过程是漫长的、充满矛盾而又不乏独特规律的。因为环境政治涉及国家政治权力、权利、权益的重新调整和

---

① 《马克思恩格斯全集》第4卷，人民出版社1958年版，第334页。

分配，其实质是一种基于公共经济利益和生态利益关系的社会关系，同时也是一种有规律的社会现象，其本质是一种有规律的社会矛盾和生态矛盾运动，其产生、发展、变化乃至消失，都遵循特定因果联系的规定性，都有着客观内容。正是从这个意义上，环境政治才有可能成为一门科学，人们只有以科学的态度对待它，深刻认识其发展规律，才能在实际政治生活中运筹自如，进而推动社会政治的文明进步。

第四，现代环境政治的发展和环境政治学研究的提升并不意味着关于"环境政治"或"环境政治学"等基本概念共识的达成。目前，在学术界，"环境政治"也称"生态政治"和"绿色政治"。概念的相互通用，既意味着彼此内涵的内在一致性，又反映着学者一定的学术偏好和对研究对象的差异化理解。例如，以北京大学郇庆治教授为代表的学术团队，更多地使用"环境政治"这一概念，并对"环境政治"作了定义。郇庆治教授认为，环境政治（生态政治或"绿色政治"）的基本内涵可以从两个层面上认识，即"从理论层面上说，意指人类如何构建它与维持其生存的自然环境基础间的适当关系，其中包括人类与地球及其生命存在形式的关系和以生态环境为中介的人们之间的关系，而从实践层面上说，是指人类不同社会或同一社会内部不同群体对某种类型环境问题或对环境问题某一层面的认知、体验和感悟及其政治应对"[1]。这种界定既遵循了传统政治的"关系"分析逻辑，又坚持了理论与实践相结合的原则，将认知、体验、感悟等政治文化的分析与政治应对的行为分析相结合，具有一定的科学性。另一部分学者倾向于在学术研究中使用"生态政治"。他们认为，"生态政治是由于对生态危机的审视而兴起的绿色政治思考。因此，关于人与自然的关系，政治与自然如何作用的问题成为生态政治的立论基点"[2]。"生态政治的使命

---

[1] 郇庆治：《环境政治国际比较》，山东大学出版社2007年版，导言1。
[2] 孙正甲主编：《生态政治学》，黑龙江人民出版社2005年版，第30页。

是诉求自然与人类的利益平衡……生态政治的中心内容就是围绕人与自然的关系展开的。"① 这类界定的局限性在于没有真正揭示环境政治的特殊性,即没有揭示"环境政治"的本质属性和实质所在。此外,有也学者将环境政治区分为广义和狭义两种,并认为"广义环境政治内容繁多,包括政府行为和生态运动、环保运动、和平运动、女权运动以及生态社会主义运动等,涉及政治、经济、文化和伦理等诸多方面;而狭义环境政治仅指政府的环境管制行为和民众的环保运动"②。

透析环境政治兴起和发展的历程,考察已有环境政治内涵的探讨,我们以为:环境政治是在特定环境和社会经济关系及其所表现的利益关系基础上,社会成员通过社会公共权力确认和保障其环境政治权利并实现其生态环境利益的一种生态社会关系。环境政治的发展将以绿色科技为先导,以生态经济、可持续经济为中心,以环境政治权利的获得和生态利益的实现及满足为目的,以变革政治体制、政治思维和政治价值观为途径,实现政治文明与经济文明、社会文明、生态文明的协同共荣。这种界定包含五层含义:

(1) 环境政治的本质属性是一种社会政治关系,其基础是一定阶段和水平的经济关系。(2) 作为新阶段新时代的政治形态,其运动、政党、思潮既是传统的也是新式的。"传统的"在于作为政治的一种其核心问题仍然是权力、权利和权益问题;"新式的"在于作为政治关系的新领域,提出新的权力、权利和权益是其应有之义。如生态权、环境权、生态环境权益。(3) 环境政治发展的动力在于生态环境系统与社会政治系统之间的矛盾运动,在于发展方式和生产方式、生活方式的变革。(4) 社会关系领域的和谐与自然关系领域的和谐互为前提和趋势,两者的割裂和对立需要现代环境政治从思想和观念的层面进行消解。(5) 环境政治促进平衡和

---

① 孙正甲主编:《生态政治学》,黑龙江人民出版社 2005 年版,第 31 页。
② 李峰:《论英国环境政治的产生和发展》,《云梦学刊》2000 年第 1 期。

谐的作用是有边界的。克服传统社会的生态环境问题，解决现实的生态危机，实现可持续的发展，需要经济政治社会文化生态协调发展的整体思维和对待自然生态的新观念新思想新方法。

关于环境政治学，它是在环境政治发展的基础上提出并形成的。余谋昌教授认为："环境政治学"是关于政治与环境关系的研究，是关于政治与环境相结合的学问。[①] 在国际上，环境政治学这一基本概念来自英国罗特里奇公司在1992年出版的《环境政治学》季刊，该季刊将办刊宗旨概括为：集中探讨工业化国家中"环境运动和政党的演进""公共环境政策在不同政治层面上的制定与落实""来自环境运动组织或个人的生态政治观念"和"重大的国际环境议题"等。

第一，我们认为，环境政治学以环境政治为主要研究对象，它是以承认环境政治是一种有规律的矛盾运动为前提的，是关于环境政治产生、发展及其规律的系统化的知识体系。环境政治学就其学科性质而言，无疑属于政治学，正如郇庆治教授所说，作为对如何构建人类与维持其生存的自然环境基础间的适当关系的政治理论探索与实践应对，环境政治学已经或正在成为一门独立的政治学理论分支或学科。[②] 作为政治学的分支学科，环境政治学的研究对象一定是政治关系，其核心内容涉及政治权力、权利和权益的分配及其比例关系和运行体制；涉及政治关系的变迁规律及思想和实践等。但作为与环境高度相关的政治学，它侧重于研究环境与政治的互动关系，是以承认现实环境问题与政治之间存在实然的互动关系的学问，也就是说，它对政治权力、权利、权益及其相关问题的研究侧重于环境与政治间的彼此呼应和动态变迁规律。这种呼应和演变可能是和平的，也有可能是冲突的。

---

① 参见余谋昌《公平与补偿：环境政治与环境伦理的结合点》，《文史哲》2005年第6期。

② 参见郇庆治主编《环境政治学：理论与实践》，山东大学出版社2007年版，导言1。

第二，环境政治学谋求的是环境问题的政治解决之道，它思考、探索的问题是政治系统在处理人与自然的关系时应采取的政策，应开展的活动，应担负的责任；它寻求的目标是处在现代化进程中的政治系统对生态环境的保护；倡导的原则是无污染、少破坏、非暴力；关注的重点是如何唤醒公众的生态保护意识，如何建立有利于生态保护的产业结构和有利于生态建设的利益机制，如何建立国家生态安全的预警和防卫体系，如何完善与生态环境保护和建设有关的法律法规和执法监督体系，如何发挥主权国家和国际社会在保护生物多样性、解决全球环境问题中的作用等。其落脚点是通过将生态问题与政治问题结合起来研究，落脚于政治。它应该以人与自然关系的全面协调可持续发展为旨趣，立足于人的解放与自然的解放相统一的价值取向，引导人与自然、人与人、人与社会以及人与自我的和谐共进。

总之，环境政治学与传统政治学相比，它有着自己的研究领域、研究理论和价值目标。同时，环境政治和环境政治学的发展为我们研究传统环境政治提供了现实可能、理论基础和方法论原则。

三 传统环境政治的基本内涵

就研究领域和学科归属而言，传统环境政治研究既是现代环境政治根源式研究不可或缺的一部分，又是环境政治学研究的新领域。当然，没有现代环境政治的发展和环境政治学的形成，传统环境政治也就缺乏必要且可能的思想前提和理论基础。因为没有全球环境问题向国内政治和国际政治的日益渗透，使环境利益与政治利益的关联日趋紧密，也就提不出"环境政治"这一概念，更不可能以环境政治学为基础去开拓传统环境政治这样的研究领域。

"传统环境政治"是相对于"现代环境政治"而言的，两者在承续关系上具有一脉相承性，但由于"传统环境政治"与"现代环境政治"的分界本身就是个有分歧和动态变化的问题，所以，对于"传统环境政治"的界定和理解不尽相同。

本书所谓"传统环境政治":一是在空间维度以中国为主,二是在时间维度上以1912年中国近现代新的政治体制确立为分水岭,三是在内涵方面指以农业文明时代环境与经济关系及其所表现的生态利益关系为基础的,社会成员通过社会公共权力确认与保障其环境政治权利,实现其生态环境利益的一种生态化社会关系。因此,其发展动力源自农业时代生产力的提高,中心内容表现为环境政治权利的获得和生态利益的实现与满足,关键在于谋求和实现环境与政治互动关系的稳定与协调。其基本内涵包括三个方面:

第一,环境与政治互动并形成环境政治,这不是现代社会特有的现象。由于生产力和社会发展等因素的影响,不同社会都会遭遇不同的环境矛盾运动,不同的社会成员为了确保自身的权利和权益都会通过国家政权或社会公共权力来确立和保障环境政治权利,以获得生态利益的满足。

第二,环境政治是既定社会政治形态的有机组成部分,其本质、内容、形态和方式等方面,在根本上是由特定社会的经济关系决定的。"每一既定社会的经济关系首先表现为利益"[1],并且这种利益是多元的。需要指出的是,无论是传统环境政治还是现代环境政治,其注意的重点是社会的、公共的生态利益关系,同时,既定社会的生态利益关系其实也是既定社会经济关系的表现。其实质是特定阶级或阶层的利益要求和利益关系的体现。

第三,传统环境政治的本质与特定社会形态相联系。也就是说,奴隶社会、封建社会、资本主义社会以及社会主义社会等都有不同质的环境政治,当然,不同社会的环境政治都会反作用于社会的生态基础和经济基础,都会随着生产力水平的提高和社会发展而演变,并且这种演变又有自身内在的逻辑性。因此,只有结合社会形态变化开展的环境政治研究才能真正揭示环境政治发生、发展、

---

[1] 《马克思恩格斯选集》第3卷,人民出版社1995年版,第209页。

变化乃至消亡的规律。

因此，本书主要涉及中国农业文明时代奴隶社会和封建社会两种不同社会形态下，环境与政治之间互动耦合而生成的环境政治类型、环境政治思想、环境政治统治和管理的机构和制度、环境保护的政策法规等，关注的是不同时代人类在遭遇环境胁迫时，是如何通过社会政治系统动员、组织和应对生态环境灾难的，在应对环境挑战和灾难中形成了怎样的生态政治智慧和制度文明成就等。努力探讨传统环境政治的生成、发展之道，为解决现代环境问题、生态危机指明方向。

在方法论意义上，以马克思主义的政治研究方法为指导，坚持系统的、整体性的方法论原则，"整体观，是生态政治理论的重要方法论基础"[①]。整体性的方法论不仅符合传统社会儒家、道家、佛家及法家等认识世界、平治天下的整体思维特点，符合"天王合一"的政治逻辑，而且有助于我们在联系和发展中深刻理解和把握环境与政治互动耦合的关系，以便正确揭示传统环境政治与现代环境政治内在逻辑关系。

根据中国传统社会环境政治的本质、内容、表现形态和方式等，我们将传统环境政治分为两种类型。

四　传统环境政治的两种类型

目前，关于传统环境政治的制度研究、管理机构设置与分官设职的研究或是环境保护思想的研究等比较侧重于历史的承继性，而较少顾及因社会性质改变而引发的研究对象的性质变化。事实上，从公元前21世纪夏王朝建立到1912年中华民国诞生，中国社会经历了奴隶社会、封建社会等两个不同性质的社会形态。社会性质的改变内在地规定了传统环境政治的本质差异。因此，基于社会性质的不同，结合传统环境政治发生、发展的演变，我们将传统环境政

---

① 刘京希：《生态政治理论的方法论原则》，《江海学刊》2001年第4期。

治区分为两种类型:一是君侯分治型环境政治,二是君主专制型环境政治。这两种类型的环境政治既一脉相承又各具特色。

(一)君侯分治型环境政治

君侯分治型环境政治产生和发展于中国奴隶社会。它大致萌芽于大禹治水到夏商时期,成熟于西周,衰落于春秋。

由于奴隶社会占主导形式的政治制度是奴隶制,因而整个国家的政体形式是奴隶制和宗法制互为表里的等级君主制,君权与族权、君统与宗统协同共进,在结构上按严格的等级形成了所谓"天子建国,诸侯立家,卿置侧室,大夫有贰宗,士有隶子弟,庶人、工商各有分亲,皆有等衰"① 的政治局面。各级机构的运行一方面必须遵循"君父之命不校"② 的原则,另一方面在分封制背景下的各诸侯国必须朝贡、提供力役、奉命出征,遵守一切礼仪制度,成为王室统治下的臣属之邦。同时,每一方国又各自为政,拥有相对独立的经济、军事、政治权利,都依照天子的国家治理模式建立地方性的政权机构、组织军队、设置监狱、征收贡赋,直接统治其所属的人民。因此,我们称这一时期的环境政治为君侯分治型环境政治,其基本内容、方式和特点如下:

第一,环境政治是奴隶制国家政治的有机组织部分,它的机构设置与运行并不独立于奴隶制国家的国体与政体而存在。例如,夏代,主管"水土之事"的司空位列三公,是服务于奴隶制国家的中央机构之一。商代在中央设"五官""六府",其中司空为五官之一,"掌水土事","六府"中的"司木""司水"相当于西周的"山虞""川衡"是直接服务于商代天子的机构和官职。同时,据《大戴礼记》中的《夏小正》所载,从夏代开始,中国就形成了按每月的星象、气象、物象安排政事的习惯。到西周时,人们在思想上,已经能够进一步认识到"山泽,天地之藏财之渊、国家之所资

---

① 《左传·桓公二年》。
② 《左传·僖公五年》。

者，厚民生之所赖者"①，因此，更加重视山林川泽管理体制的完善。不但确立了"象天立官"原则，按照天地、时令来设置中央政府，设立了天官、地官、春官、夏官、秋官、冬官等六大中央办事机构，而且在经理天下土地的"地官"下设置了山虞、林衡、川衡、迹人、卝（矿）人等管理山川、森林、湖泊沼泽、渔猎、矿产资源等。让"冬官"管理江河治理与土木工程等。

第二，君侯分治。从"禹别九州，随山浚川，任土作贡"②，到国、野同制，环境管理和保护的机构虽然不断完善，但由于王室力量有限，在坚持"象天立官"的同时又实行体国经野的行政原则。周王室直接经营的范围主要是国中或说王畿，全国实行井田制和分封制。周天子在名义上是全国土地和人民的最高主宰者，所谓"溥天之下，莫非王土；率土之滨，莫非王臣"③。实际上，他又以天下宗主身份，将土地和依附在土地上的人民分封给新旧诸侯，使诸侯国的国君在封地范围内拥有最高的权力，形成了"封略之内，何非君土；食土之毛，谁非君臣"④的局面。据荀子所述，周初分封了七十一国，各诸侯国由君、侯主管，机构设置与王畿相似。"山立三虞，泽立三衡。三虞者：大山、大林麓；中山、中林麓；小山、小林麓。三衡者：大川、大泽薮；中川、中泽薮；小川、小泽薮。当时侯国之制并同，盖皆以官分地而巡守之，并非一职。"⑤也就是说，虞衡等环境管理和保护机构在周王室所管治的范围内有，各诸国也有，而分封制的性质内在地决定了诸侯国所属的环境管治机构和保护机制相对独立，其最高长官是诸侯国的封侯。因此，西周时形成的古代环境管理和保护机制在类型、内容、作用方式和特点上与后世大一统封建专制型环境政治不同（参见图1-1）。

---

① 王与之：《周礼订义》卷二十七。
② 《尚书·禹贡》序。
③ 《诗经·小雅·北山》。
④ 《左传·昭公七年》。
⑤ 《钦定历代职官表》卷十。

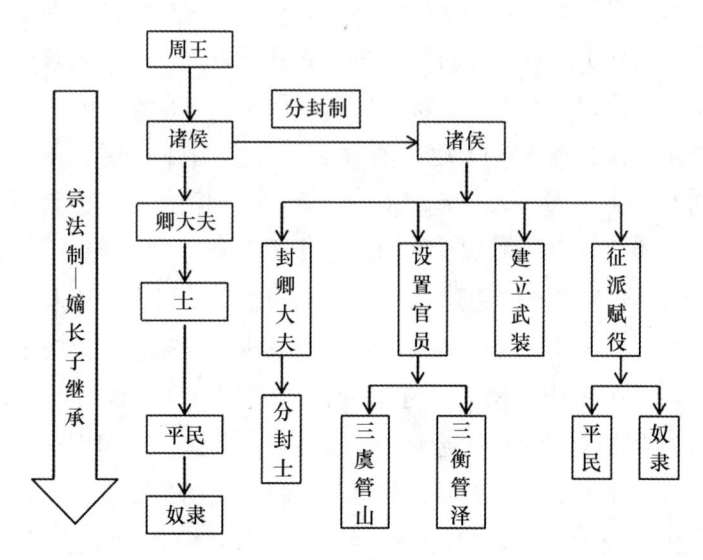

图 1-1　君侯分治型环境政治

春秋时期，由于周王室统治式微、国家分裂，一百多个大小不同的诸侯国彼此之间激烈征战，使得民不聊生、生态恶化，各诸侯国的环境管理和保护机制有破有立，如法家的代表开始提出"修火宪"以保护林木的新主张，环境政治在剧烈的政治大变局中开启了新的转型。

(二) 君主专制型环境政治

从公元前 475 年到公元 1912 年，即从战国至中华民国成立，中国实行封建君主专制的中央集权制度，封建君主独裁或皇帝专制成为政治制度保障的核心，主张"独视者谓明，独听者谓聪，能独断者故可以为天下王"①，等级森严的官僚政治是帝王专制的基本形式。这种典型的官僚政治被德国社会学家马克斯·韦伯界定为"官僚政治"也称为科层制，其最显著的特征是有明确的职业分工、权力分层、依法规办事、专职化及人事任用上的考核任免与薪

---

① 《韩非子·外储说右上》。

俸制等。两千多年的封建君主专制统治决定了这一时期环境政治的性质也是君主专制型的，其最大的特点是环境管治的科层化，这突出表现在以君主专制为核心的、等级森严的权力分层以及政府对环境管理和保护行使强制性权威上。

君主专制型环境政治萌生于环境问题对集权体制的挑战和集权体制对重大环境问题进行政治响应的历史进程中。春秋战国时期，以邻为壑的离散政治使自然系统和社会系统都付出了极其沉重的代价。据估算，春秋战国时期全国森林覆盖率大约由西周末的51%降低到战国末的46%左右。[1] 人们对这种破坏生态的政治持批判和否定态度。齐国的晏子在与齐景公的对话中说："今君政反乎民，而行悖乎神。大宫室，多斩乎伐，以偪山林。"[2]《庄子》则明确指出："宋有荆氏者，宜楸柏桑。其拱把而上者，求狙猴之杙者斩之；三围四围，求高明之丽者斩之；七围八围，贵人富商之家求樿傍者斩之。故未终其天年，而中道之夭于斧斤，此材之患也。"[3] 因此，在春秋战国500多年的集权运动中，环境问题和自然力量对大一统的政治生态化的推动作用是毋庸置疑的。因为大一统的中央集权体制可以带来政治稳定，克服因分裂而导致的生态破坏和政治杀伐，有利于推动经济政治和社会的发展。正如斯大林所说："如果不能摆脱封建分散和诸侯混乱的状态，世界上任何一个国家都不可能指望保持自己的独立和真正发展经济和文化。只有联合为统一集中的国家，才能指望有可能真正发展文化和经济，有可能确立自己的独立。"[4] 长期以来，中国能屹立在世界文明前列，与始终坚守民族统一和独立的信念及传统密不可分。随着秦王朝的统一和封建政治的发展，君主专制型环境政治逐渐形成。这种君主专制型环境政治

---

[1] 参见樊宝敏、董源《中国历代森林覆盖率的探讨》，《北京林业大学学报》2001年第4期。

[2]《晏子春秋·内篇问上第三》。

[3]《庄子·人间世第四》。

[4]《斯大林文选》，人民出版社1962年版，第303页。

在秦汉时期初步确立，唐宋时期趋于成熟。其最基本特点是环境政治科层化。

秦汉时期，至高无上的皇权得以确立并实现制度化。根据皇帝制度，皇帝拥有环境政治的最高决策权、最高立法权、最高司法权和最高行政权，皇帝唯我独尊的地位受到《秦律》和《汉律》等法律制度的保障，不能有丝毫的侵犯。为了维护皇权，法律规定皇权不可擅分，皇帝的名号、服御之物不可僭用，皇家的太庙、宫殿、山陵等神圣不可侵入。皇帝之下的中央政府由三公、九卿组成。其中丞相是皇帝的助手，辅助皇帝处理全国政务。地方统治推行以地缘关系为基础的郡县制度，郡守、县令为郡或县的最高长官，掌管所辖范围一切事务，县之下还设有乡、亭、里等基层管理组织。

秦汉时期封建专制型环境政治的科层化特点已非常明晰。在政治机构中，权力分配的层级化不可逾越（参见图1-2）。高高在上

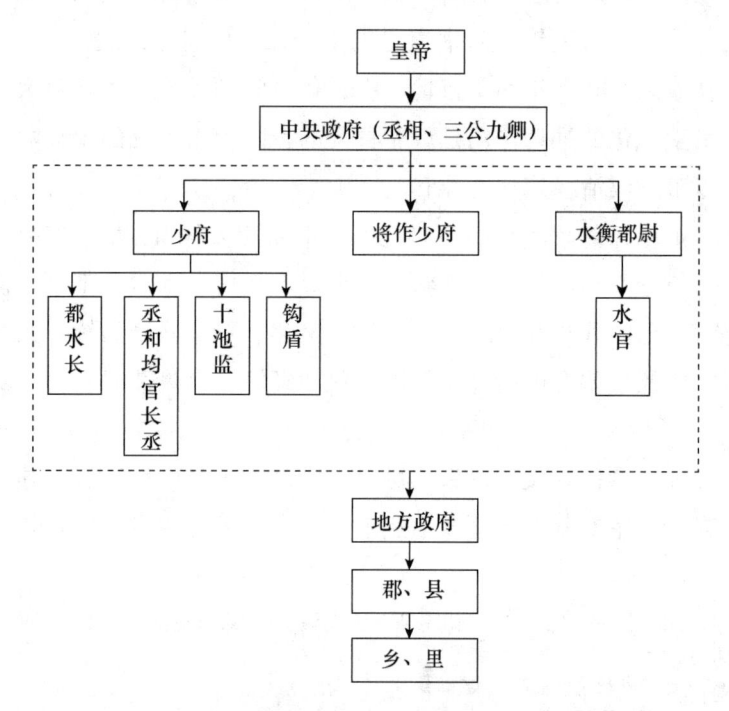

图1-2　秦汉时期科层化环境政治机制层级

的是皇帝，下设有各级中央政府和地方政府机构。就机构的主体而言，皇帝是君主专制中央集权政治体制的核心，中央和地方各级官僚必须唯皇帝马首是瞻。这意味着丞相领导的中央政府首先是专制王权的统治机构，其次才具有一定的环境保护权责。例如，秦汉时中央政府的首脑丞相，按《史记·陈丞相世家》记载："宰相者，上佐天子理阴阳，顺四时，下遂万物之宜，外填抚四夷诸侯，内亲附百姓，使卿大夫各得任其职也。"也就是说，协助皇帝处理好人与自然的关系也是丞相的基本职责之一。

丞相领导的中央政府由三公九卿构成，在权力系统中居于皇帝之下，有一定的决策权和行政执行权。其中，直接与环境事务相关的机构设置是少府、将作少府和水衡都尉。作为官僚，少府、将作少府和水衡都尉虽然同在中央机构中，但职权、地位和薪俸却有所差异。负责山林川泽之利的少府在中央政府中位居由三公九卿构成的大臣系列，享受的薪俸是中二千石。按照秦汉之制，少府所收藏的一切直接服务于皇帝及皇室成员，而且经营全国山林川泽之利巨大，因此，其地位在三公九卿中居于首位。将作少府、水衡都尉位列于官员，地位逊于少府，其职责范围也不同。在少府和水衡都尉下又分别设有都水长、水官及监官等官职。其官僚服从三公九卿的领导。

由郡县乡里构成的各级地方政府没有决策权，其官僚如郡守、县令等全面负责辖区的各项工作，在环境政治体制的运行中必须服从皇帝和中央政府的决策与领导，其职责主要是执行皇帝及中央政府下达的各项诏令、政策、措施等，同时负责民情、灾情等上报工作，接受皇帝及中央政府相关机构的考核、巡察等。其薪俸、任免、升迁、贬降等都纳入统一的官僚制度体系。

因此，秦汉时期确立起来的环境政治体制不同于奴隶社会时期，它是封建君主专制官僚政治体制的有机组成部分，具有典型的科层化特征，各级官僚的地位高低、权力大小、职责分工、服从关系都带有统一性和外在强制性；各级机构的运行依据是制度和法律。

唐宋时期，一方面，强化皇权的各项制度，使皇帝的立法、司法和行政等权力更加稳固，都城、宫殿、车舆、服饰、后宫、内侍、宦官等制度不断细化和延伸。另一方面，变革中央集权体制，在扩大中央政府权职的同时，通过分权制衡、任免、监察、考核、奖惩等制度的体系化实现皇帝对各级政府官员的控制。

在中央官僚机构的改制中，完成了三公六部二十四司的建制。其中与环境保护和治理直接相关的部门是工部，山林泽海、造林绿化的控制及管理由工部下属的四司掌管，即主要由宰执领导的中央机构负责。在监察、考核方面，独立的国家监察机构从魏晋开始设立后，经隋唐的完善得以健全。唐御使台不仅对中央和地方的官员进行监察，还对礼仪、尚书各部和司农寺、太府寺等进行监察。宋朝的监察制度在中央通过台谏监察系统和封驳监察系统来执行，在地方有路的监司、帅司监察系统，还有走马承受所和通判厅，自上而下构成了严密的监察网络，形成了比较完备的监察制度。

地方政府区域环境资源管治的权限有所扩大。唐朝的地方行政体制初为州（郡）、县两级制，后演变为道、州、县变相的三级制。府是州的特例，都督府是掌理一州政务兼督数州的防务的军政机关，作为地方机构，其权力明显大于秦汉的地方政府组织；县以下的乡、里组织基本未变。宋朝时，地方实行府州军监（都是同级）、县、镇以及乡都里保等行政管理系统。神宗熙宁二年（1069年）设提举常平官司，掌管本路的常平义仓、水利，并具有荐举官员等权力。地方官员的考课既有每年上级对下级功过的考核，也有审官司院、吏部等的复查，考查标准因职务而异。

权职分明，等级森严，依制而行的科层化环境政治体制在唐宋时期趋向成熟，这主要得益于生产力水平的提高、经济政治关系的变革以及宋明理学中生态政治思想的深入发展。元明清时期，虽然在环境管治的体制上也有所创新，如明太祖朱元璋在工部设置都水清吏司专掌全国农田水利建设政令等，但主要还是以承袭唐宋的政治机制为主。

因此,科层制是认知封建专制型环境政治锁钥,其基本特征是等级制、行政命令、伴随职位而来的权威、强调对组织和上级的服从、依章法办事、强制性协调等。① 虽然随着近代经济社会政治的转型,以科层制为特点的封建专制型环境政治发生了质的改变,但是,权职分明,层级清晰,依制而行的科层化管理机制却在民主平等的基础上转化为当代环境治理的典型制度模式之一。

第二节 传统环境政治的形成和发展

一 传统环境政治产生的生态基础

环境政治学表明,环境政治作为社会的上层建筑不仅与一定的经济基础直接相关,而且与特定的生态条件相联系,生态环境承载着人类的生态足迹,影响着生产方式的选择与变革,促进或约束着环境政治的产生和发展。当然,经济社会条件随着生产力的发展对环境问题的类型、环境政治的性质更具有决定意义。

传统环境政治所依托的生态区域因位于全球最大陆地(亚欧大陆)与最大海洋(太平洋)之间而成为冷暖气流交锋的典型季风气候区,气候变化的季节性与风、雨、雷、电、水、土等环境要素交互作用的多变性、复杂性及不确定性相生相伴,挑战着社会成员的生态政治智慧,成就了人们对传统社会生态基础的独特认识,人们习惯于用天地、阴阳、五行、八卦等来概括传统社会发展所处的生态环境。

天地是万物的总根源,"万物之始,乃统天。云行雨施,品物流形。大明终始,六位时成,时乘六龙以御天"②。"地者,万物之本源,诸生之根菀也,美恶、贤不肖、愚俊之所生也。"③ "天为

---

① 参见朱国云《科层制与中国社会管理的组织模式》,《管理世界》1999 年第 5 期。
② 《周易全译》,徐子宏译注,贵州人民出版社 1992 年版,第 2 页。
③ 《白话管子》,赵守正译注,岳麓书社 1995 年版,第 531 页。

乾、地为坤","乾道变化,各正性命。保合大和,乃利贞。首出庶物,万国咸宁"。①"地道变盈而流谦"②,使高高低低在流变侵蚀中变得丰富。因此,遵天道,循地道;守天时,尽地利;成为传统环境政治始终坚持的思想原则。

《尚书·洪范》则将环境要素划分水、火、木、金、土等"五行",并且认为"水曰润下,火曰炎上,木曰曲直,金曰从革,土爰稼穑"③,它们各有独特的生态功能和社会经济功能。《周易》④不仅进一步将生态环境细分为天、地、雷、风、水、火、山、泽八种因素,并命名为"八卦",而且认为这八种自然要素是万物之源,是"保合太和""万国咸宁"的基础。

到了春秋战国时,生产力水平的提高和社会的发展也使更多的自然要素被融入了"和以生""养以成"的利益关系中。例如,战国时的荀况不仅将自然要素分裂为气候、日月星辰、四时、阴阳和万物,而且揭示了这些要素在社会"和"与"养"中的地位和作用,正所谓"列星随旋,日月递炤,四时代御,阴阳大化,风雨博施,万物各得其和以生,各得其养以成"⑤。

由此可见,一是传统环境政治的生态基础由天、地、水、火、木、金、土等环境要素构成。这些环境要素构成的生态基础对自然而言无所谓好坏,天崩地裂,洪水滔天,不过是自然规律的正常反应。对于生存和发展于其间的人类而言,是优是劣也不能简单而论。因为这取决于多种因素,特别是生产力水平、社会发育程度、国家治理水平、科技文化发达与否等。当我们面对滔滔洪水或干旱缺水时,如果不知进退,无计可施,人、财、物及科技等条件跟不上,则意味着成灾为患。反之,如果能因势利导,趋利避害就无所

---

① 《周易全译》,徐子宏译注,贵州人民出版社1992年版,第2页。
② 同上书,第16页。
③ 《今古文尚书全译》,江灏等译注,贵州人民出版社1990年版,第235页。
④ 参见《周易全译》,徐子宏译注,贵州人民出版社1992年版,第394页。
⑤ 《荀子白话今译》,王森译注,中国书店1992年版,第201页。

谓灾祸。关键是作为自然之子的人类必须辩证地认识和遵循自然之道，努力探求和开辟适者生存的道路，为自由自在地生存和发展而学会趋利避害、与自然和谐相处。

二是传统环境政治萌发的生态场域具有地大物博、河湖密布、资源丰富等独特优势，相对于社会动员和政治响应的水平而言又充满了挑战。如大江大河孕育了世界独特的大河文明，大江大河之患也成了"千年之殇"，从尧舜时的洪水横流到20世纪末的黄河断流、长江特大洪灾，始终考验着国家政权的防变应急能力。"当尧之时，天下犹未平，洪水横流，泛滥于天下，草木畅茂，禽兽繁殖，五谷不登，禽兽偪人，兽蹄鸟迹之道，交于中国。"① 禹的父亲因为治水不力最后丢官送命。现代地质科学也告诉我们，中国有8个主要地震带：环太平洋地震带、喜马拉雅山地震带、华北地震带、东南沿海地震带、南北地震带、西北地震带、青藏高原地震带及滇西地震带。这些地震带在漫长的历史长河中几乎都曾发生里氏7级以上的地震。此外，还有泥石流、滑坡等地质灾害。正因为如此，英国历史学家汤因比在《历史研究》中才用"挑战—应战"的公式来解读中国王道政治和文明发展的持续不断。②

三是传统环境政治的生态基础是动态变化的，其拓疆开土跟政治统治和政治行为直接相关。从原始社会到清王朝结束，为了满足经济、政治等社会发展的需要，我们的祖先不断垦殖、拓展，使东、西、南、北的四至不断变化，场域界限呈向外扩大的基本趋势。目前发现的原始社会遗址的分布表明，传统环境政治依托的生态场域先后萌发于黄河、长江、淮河、钱塘江、黑龙江、珠江等流域，在生产力发展低下的夏、商、周三代，由于劳动组织水平和政治治理能力等因素的约束，生态场域主要局限于黄河的中下游和江淮之间。经过秦汉、魏晋南北朝和隋唐的战与和、分与统，生态场

---

① 《孟子·滕文公上》。
② 参见［英］阿诺尔德·汤因比《历史研究》，刘北成、郭小凌译，上海人民出版社2002年版，第52页。

域进一步扩大，经济基础持续增强，民族融合的水平空前提升，为元朝创世纪的场域拓展创造了条件。元朝历经约70年征讨兼并，完成了旷古未有的统一大业，其生态场域界限东北抵鲸海（日本海），以慈悲岭铁岭与王氏高丽为界于朝鲜半岛中部；北抵日不落之山，在今苏联西伯利北极圈内；西南接尼波罗、印度、缅、越；东南至大海。元朝拓展生态场域的张力不仅来自于中华民族不断增强的经济资本、政治资本，也源自于游牧民族和汉民族不断融合的文化资本。在几千年的王朝兴衰、政权更替历程中，生态场域变迁在政治上高度依赖于国家政权的强弱。中央集权强则地域辽阔统一，反之则分裂割据。

二 传统环境政治形成的社会历史条件

传统环境政治的产生不仅与生态条件密切相关，而且直接取决于经济社会发展道路的选择，取决于生产力的水平，同时，受制于特定的政治条件和社会文化。中国传统环境政治产生并发展于一个始终坚持以自给自足的小农经济为基础、长治久安为政治追求的农业社会。在"有余""永续"等思想的指导下，促进了政治的生态化发展。

（一）农为邦本、重本抑末的小农经济

在两千多年的传统社会中，地大物博，地形多样，气候多变等生态条件既为农、林、牧、副、渔的发展提供了生态保障，同时，水、旱、雹霜、地震等自然灾害多发、频发甚至群发又常常使百姓陷于饥寒交迫、"人相食"的境地。面对这样的场域条件，炎黄子孙既想协调人与自然的关系，又想实现江山永固、长治久安的政治理想。因此，他们在体悟发展中，选择了以"农为邦本"，实现"安民—富国—强兵—王天下"发展道路，使传统社会长期处于自给自足的小农经济社会。

这种社会的小农经济产生于距今一万年左右，二里头、东下冯夏文化遗址出土的农业工具就是其例证之一。相传上古时期，神农

就播五谷、尝百草，到尧舜禹时代就出现农业分工，"尧谨授时，禹勤沟恤，稷播嘉种"①。其基本经济特征是：长期实行小土地私有制和重农抑商、重本抑末的经济政策，维护奴隶主阶级和地主阶级的经济利益。手工业、商业和其他产业处于缓慢发展之中。

从三代盛行"方里而井"、九家分井的"井田制"②至西汉的"限田"令，从王莽代汉的王田制到隋唐盛行的均田制，都实行以一家一户为单位的小土地分配制度，保障自给自足的小农经济的发展。例如，王莽代汉元年（公元9年）下诏实行的"王田制"，规定。将天下田更名为王田，将奴婢更名为私属，"皆不得买卖，其男口不盈八丁，不过一井者，分余予九族邻田乡党，故无田，今当受者如制度，敢有非井田圣制，无法惑众者，投诸四裔，以御魑魅，如黄始祖考虞帝故事"③。在唐代盛世，均田制也只规定：十八岁至六十岁丁男可以受田一顷，其中八十亩为口分田，二十亩为永业田；六十岁以上及病疾者给田四十亩，其中口分田和永业田对半；寡妻妾受田三十亩，残疾人及寡妻妾自立为户者加给二十亩；良民三口以下给一亩宅地，三口以上每三口增加一亩；工商者于宽乡减半授田，狭乡不给；僧道等男给田三十亩，女二十亩。对官僚贵族，亲王给永业田百顷，职事官正一品六十顷，以次递减，至八品二顷五十亩，九品二顷；公廨田大都督府四十顷，以次递减，中下县六顷。也就是说，对于普通百姓而言，最多的是成年男丁，其授田不过一顷，而且只有二十亩可以传承。对官僚贵族最多不能超过百顷。从田制法定的数量，我们可以清楚地知道，"重农"本所保障的只是在一定规模的小块土地上经营的小农业而已，其经营模式主要是男耕女织，内容涉及种五谷，养蚕桑，育六畜，顺天时，尽地力，其基本特征是自给自足的自然经济。发展小农经济的社会政治目的是让百姓安居乐业，以换得家天下的长治久安。

---

① 《农政全书》卷三。
② 《孟子·滕文公上》。
③ 《汉书·王莽传》。

这种以五谷、桑麻、六畜、蔬果、渔业、林业为产业结构的小农经济发展，客观上有利于维护和保护生态环境。

(二) 维护奴隶主阶级和地主阶级统治的专制政治

在政治上，维护奴隶主阶级和地主阶级掌握了国家政权，奴隶完全处于无权状态，农民虽有诉讼等权利，但无权参与政治统治和管理。政治体制是封建专制型的。政治统治的目的是实现、维护和满足奴隶主阶级和地主阶级的根本利益，追求家天下的长治久安。

这种以家天下为基本特征的政治统治产生于氏族社会后期的父权家长制家庭。正如马克思所指出的："现代家庭在萌芽时，不仅包含着 servitus（奴隶制），而且也包含着农奴制，因为它从一开始就是同田野耕作的劳役有关的。它以缩影的形式包含了一切后来在社会及其国家中广泛发展起来的对抗。"[1] 在中国传统社会的政治发展中，从夏禹废除"禅让"制并传位给自己的儿子启开始，就沿着家天下的道路不断前行。皇帝制度、立长立嫡的皇位继承制度、诸侯分封制、宗法制、家长制等一系列制度的确立，使专制集权的政治体制不断巩固和传承。为了实现集权专制，西周实行了以分封制和宗法制为中心内容的变革维新，春秋战国进行了长达550多年的集权战争，秦汉确立了皇权制、中央集权制和郡县制等。因此，近两千多年来的政治一直在封建专制集权体系中轮回和发展，直到辛亥革命才发生实质性改变。

(三) 天人合一、家国一体、人自和谐的思想文化

天人合一是中国传统哲学的主脉，也是认识和理解传统政治思想文化的锁钥。孔子在《论语·阳货篇》中说："天何言哉，四时行焉，百物生焉，天何言哉！"孟子说"莫之为而者，天也"，"顺天者昌，逆天者亡"[2]，"天行有常，不为尧存，不为桀亡。应之以治则吉，应之以乱则凶"[3]。儒家认为天是万物之本源，天命不可

---

[1] 《马克思恩格斯全集》第45卷，人民出版社1965年版，第366页。
[2] 《孟子·离娄上》。
[3] 《荀子·天论》。

逆，天时不可违，要用有为而治来回应天命靡常。道家却认为："天地与我并生，万物与我为一"，主张法自然，无为而治。秦汉时期，董仲舒正式提出了"天人合一"的概念，并创造性地提出了天人感应说。这对我们认识"天人合一"哲学思想的政治意义起到了重要作用。董仲舒说，天是"百神之大君也，事天不备，虽百神犹无益也"①，要求尊天、敬天。与此同时，他又提出："古之造文者，三画而连其中谓之王。三画者，天地与人也，而连其中者通其道也，取天地与人之中以为贯而参通之，非王者孰能当是。"② 他在《王道通三》中明确指出，"天地人主一也"！因此，天人合一的实质是强调"天王合一"，即所谓"天子受命于天"，天下要"受命于天子"③。天子随天，民随君。这是不能变的天经地义之道。因此，在儒家思想指导下的传统社会，"天人合一"与"天王合一"在政治思想上具有内在一致性。

此外，以宗法血缘关系为基础的政治制度的长期存在，为家国同构的政治体制提供了保障，齐家、治国、平天下的政治文化持久主宰着知识分子和社会成员的灵魂。向往的小康、大同的理想也不过是基于天人合一、天王合一、家国一体的低水平发展的人与自然和谐的理想，但这种理想对环境保护的积极意义不可忽视。例如，董仲舒基于天人合一政治哲学的理想便是："五帝三王之治天下，不敢有君民之心，什一而税，教以爱，使以忠，敬长者，亲亲而尊尊，不夺民时，使民不过岁三日。民家给人足，无怨望忿怒之患、强弱之难，无谗贼妒嫉之人，民修德而美好，被发衔哺而游，不慕富贵，耻恶不犯，父不哭子，兄不哭弟，毒虫不螫，猛兽不搏，抵虫不触。故天为之下甘露，朱草生，醴泉出，风雨时，嘉禾兴，凤凰、麒麟游于郊，囹圄空虚，画衣裳而民不犯，四夷传译而朝，民

---

① 《春秋繁露·郊语》。
② 《春秋繁露·王道通三》。
③ 《春秋繁露·通国身》。

情至朴而不文"①。这种社会理想在本质上是一个以君主为中心的亲亲而尊尊的尊卑有序的社会。在政治上，承认君有"什一而税"、役使臣民的特权；在伦理上，有着由亲致疏的更加全面的等差价值序列，从君臣民到父子、兄弟、虫兽、草木、风雨、神兽，虽有远近亲疏、尊卑贵贱之分，但都共享同一个伦理体系，并共生共存于一个生态社会中。但是，与孔子和司马迁相比，董仲舒"究天人之际，通古今之变"不仅多了一个崭新的生态视角，更重要的是他确立了一种适合以农为本、天灾人祸不断的传统中国社会的整体思维，即将环境与政治有机结合的整体思维。以这种思维方式为基础构建的人与自然和谐相处的生态社会理想成为动员社会各个阶层，团结在君主集权的中央政府周围，追求国泰民安、风调雨顺、江山永固的重要思想力量，引领着传统社会环境政治的发展。

三 传统环境政治的萌芽

传统环境政治的产生和发展，依据其本质、内容、形态、方式和承续关系等，可以分为五个阶段、两种类型，即传统环境政治的萌芽、君侯分治型环境政治的形成、君侯分治型环境政治的转型、君主专制型环境政治的形成和发展、传统环境政治的终结五个阶段，君侯分治型和君主专制型等两种类型。

传统环境政治萌芽于三皇五帝时代，这个时代社会处于原始状态，面临的主要生态矛盾是生存型的人与禽兽、人与洪水之间的矛盾。在解决"五谷不登，禽兽偪人，兽蹄鸟迹之道交于中国"② 和"洪水泛滥"的进程中，留下了焚林驱兽、女娲补天、神农尝百草、大禹治水、伯益凿井等神话传说。这些神话传说表述着环境与政治初始互动关系的孕育，传统环境政治也正是在补天治水的实践中萌芽的。

---

① 《春秋繁露·王道》。
② 《四书全译》，刘俊田等译注，贵州人民出版社1988年版，第447页。

第一章 传统环境政治的产生和发展

为了解决"人民少而禽兽众。人民不胜为禽兽虫蛇"的矛盾，有巢氏教人民"构木为巢以避群害"；伏羲、神农在动物驯养、植物种植中作出了特殊贡献，为原始时代人兽矛盾的解决和畜牧业、农业的发展奠定了基础。传说中的神农氏有四大贡献：一是播百谷，二是尝百草，三是"耕而作陶"，四是"日中为市"。这些涉及农业、制陶业、中医药和剩余物资交换等四个方面，是劳动生产率提高、社会分工出现的标志。

唐尧、虞舜时代，人兽矛盾、人水矛盾耦合而至，"洪水横流，氾滥于天下，草木畅茂，禽兽繁殖；五谷不登，禽兽逼人"，共同威胁着原始社会的发展。对此，虞舜首开设置环境治理机构的先河。

舜任命益做虞官，他的职责就是"若予上下草木鸟兽"，他可以称得上是中国历史上知鸟兽、懂鸟语的第一位"环境部长"。[1]

传说尧舜设"司空"一职，"掌治水土"，地位在"虞"之上。据《尚书·舜典》记载，舜任命禹"作司空"，让他"平水土"。大禹一方面以疏为法，因势利导，实行"高高下下，疏川导滞，锺水丰物"[2]，另一方面可以说开展了中国历史上首次"生态移民"。他让原来大多集中在大平原边沿地势较高地区的居民纷纷"降丘宅土"[3]，迁移到比较低平的原野中，开垦那些肥沃的土地，号称为"九州之渥地"的"兖州"[4]，也都成了良田和"桑土"，使华夏民族的生态基础得以拓展。

值得注意的是，大禹治水进一步加强了环境与政治在王道政治产生时的整体化倾向。大禹治水有功，又"卑宫室而尽力乎沟洫"[5]。这使他不仅避免了像鲧一样因治水失败而遭杀身之祸的悲

---

[1] 参见袁清林《中国环保史话》，中国环境科学出版社1990年版，第156页。
[2] 《国语·周语下》。
[3] 《尚书·禹贡·兖州》。
[4] 《说文解字》第二上口部"台"字解。
[5] 《论语·泰伯》。

剧，而且博得了众多部落首领的拥护，比较顺利地完成了角色转换，成为拥有最高统治地位的"夏后氏"，即诸夏之族的最高的君长，确立了政治权威，形成了他在誓师出征三苗时"济济有众，咸听朕言"①的局面。大禹治水过程与禹合诸侯于涂山而确立世袭王权的进程相互关联。在打败三苗后，禹为巩固王权，又沿颍水南下，实现了"禹合诸侯于涂山，执玉帛者万国"，使众多部落首领转化成了世袭贵族，分别成为需要对禹朝贡的邦国的君长。

此外，舜禹时代，孔孟所推崇的"禅让"制度逐渐遭到破坏，出现了"舜囚尧，复偃塞丹朱"②等破坏原始民主的事件。韩非说："舜逼尧，禹逼舜，汤放桀，武王伐纣，此四王者，人臣弑其君者也。"③也就是说，虽然尧试图传位给其子丹朱，舜想让儿子商均继位，但都没成功。最后，禹凭借其卓越的治水功绩，逐渐确立起王权，建立了王位世袭的王道政治。因此，禹能够成功地把王位传给自己的儿子启，开创世袭王位制的先例，跟他解决人水矛盾之功不可分割。而启在继位后通过杀伯益和有扈氏，举行"钧台之享"（在都城阳翟召集众多诸侯举行朝会），开启了生杀予夺专制王权的先河，实现了"所以示诸侯礼也，诸侯所由用命也"④的"家天下"统治。

简言之，三皇五代时代，在解决原始社会人兽矛盾、人水矛盾的过程中，逐渐产生了神话英雄、政治权威、公共环境治理机构以及在环境政治互动关系基础上形成的王道统治等，它们共同标志着传统环境政治的萌芽。

四 君侯分治型环境政治的形成

君侯分治型环境政治产生并形成于中国奴隶社会，它既是对原

---

① 《墨子·兼爱下·禹誓》。
② 《史记·五帝本纪·正义》卷一。
③ 《韩非子·说疑》。
④ 《左传·昭公四年》。

始社会后期环境政治萌芽的承续,又是奴隶社会政治发展的有机组成部分。

这一时期环境政治的发展突出表现在以血缘关系、横向政治关系为基础的分官设职的国家环境政治统治体系和环境政治管理机制的形成方面。

就环境政治体系而言,由于作为阶级统治的一种"特殊的公共权力"组织——国家的形成,环境政治体系不再以拥有原始社会公共权力的氏族组织为主体,而是以"维护一个阶级对另一个阶级的统治的机器"① 即国家为主体。夏、商、周三代的国家类型是奴隶制国家,社会性质是奴隶社会,国家机构设置的原则是集权原则,因此,国家的政治大权集中于君主或君王一身,一切事务和决策包括环境的事务和决策均以他的意志为转移。国家的环境统治机构也是根据君主或君王的旨意设立的,这些机构全部向君主或君王负责,其主要官员均由国王或君主任命或撤换。因此,这一时期的环境政治体系本质是奴隶制君主专制的。

就环境政治管理的机制而言,这一时期的环境政治管理在本质上,是掌握国家政治权力的奴隶主阶级实现公共环境利益和协调不同生态利益矛盾的方式,其功能主要是协调纵向和横向的生态利益矛盾,规范不同社会政治力量和社会成员的环境行为,以解决环境政治权力制约关系中的矛盾性。因此,夏、商、周三代在环境管理机制的创立中,一方面,继承发展了原始社会后期萌发的"虞""司空"等环境保护机制。在夏代的中央机构中,司空仍然主管"水土之事",虞则是环境保护机构和官员的通用名称。据清代《钦定历代职官表》记载:"《夏小正》:'十有二月,虞人入梁。'《传》曰:'虞人,官也。梁者,主设网罟者也。'"② 由此可见,夏代设置了虞这个机构,其官员称"虞人",虞官的主要职责是根据

---

① 《列宁全集》第37卷,人民出版社1986年版,第66页。
② 《钦定历代职官表》卷十四。

时令来管理捕鱼打猎事宜。商代时，奴隶主阶级为了加强对奴隶的政治控制和压服，将政治统治和管理的机构进一步细分为"五官""六府"，并在其中继续设置司空、虞人等环境管理和保护机构。同时，以新的社会分工为基础，设置了司徒、司土、司木、司水、司草等新的机构。周朝则"象天立官"，在中央政府中设置了六大跟环境保护有着直接和间接关系的办事机构：天官、地官、春官、夏官、秋官、冬官等，其中地官不仅经营天下土地，而且管理山泽。地官下设置的跟环境管理直接相关的机构、官职、官名有山虞、泽虞、林衡、川衡、迹人、卝（矿）人等，这些机构层级分明，并且机构规模、编制多少根据山、林、川、泽的大小皆有定数。同时，辅之以"有常无赦"的《九刑》①，从体制上保障了环境政治管理行为的有效性。

值得注意的是，三代关于"国家""天下"的含义与后世不同。在奴隶制分封制中，"国"是诸侯封地，"家"是大夫的封地，"天下"则是天子的统治区域。奴隶制君主专制政体因亲疏远近的五种关系而定，即所谓"先王之制，邦内甸服，邦外侯服，侯、卫宾服，蛮、夷要服，戎、狄荒服"。"五服"都是君主统治的天下，即"溥天之下，莫非王土；率土之滨，莫非王臣"。但事实上，王室真正直接统辖的田地只有"甸服"，即王畿之内的田地。根据分封制的规定，王室对于诸侯确有很大的权威。但诸侯国都可以依照王室体制，建立地方性的政权机构，设置军队和监狱，收税及处理侯国内的一切事务。因此，诸侯国内设置虞衡机制属地方自治型的，其官员对诸侯国王负责，任免也由诸侯国王掌控。所以在环境治理的模式上，诸侯邦国的权力机构不是由中央直接设置的，诸侯邦国作为具有相对独立性的政治权力组织，各自相对独立地负责邦国内部的环境事务和环境决策。因此，虽天下"侯国之制并同"②，

---

① 《左传·文公十八年》。
② 《钦定历代职官表》卷十。

但属于分别治理，并且这种治理模式主要是基于统治集团内部不同利益主体之间的横向利益关系而形成的，与后世环境政治管理模式有着明显的不同。

因此，君侯分治型环境政治与中国原始社会末期环境政治的萌芽一脉相承，但在本质是由新社会性质和政治形态决定的，是以维护奴隶主阶级经济利益和生态利益为目的。它形成的根本原因在于奴隶制国家生产力水平的提高、经济社会及思想文化的发展。

以礼、乐、射、御、书、数等"六艺"为代表的科学技术的发展，特别是天文学的成就等，为"象天立官"的奴隶社会环境政治特色的形成创造了条件。井田制、分封制、宗法制的变法维新，为奴隶制环境政治体制的创立和有序运行奠定了基础。"观乎天文，以察时变；观乎人文，以化成天下""财成天地之道，辅相天地之宜""顺乎天而应乎人"等政治思想观念的提出，为西周环境政治文化超越简单的"天命"观，转向"敬天""保民""明德"的务实政治提供了思想指导。所以，西周在环境政治发展的制度化方面所取得的成就是空前而又影响深远的。正如孔子所说："周监于二代，郁郁乎文哉！吾从周。"① 西周环境政治的制度成就值得我们学习和借鉴。

五 君侯分治型环境政治的转型

君侯分治型环境政治的转型始于西周末年。西周末年，由于统治阶级的贪婪暴戾，阶级矛盾和生态矛盾交织而至。例如，周厉王统治期间，一方面，任用"好专利而不知大难"的荣夷公等人，垄断山林川泽的一切收益，不让平民前往采樵渔猎，断绝了他们的生计；公卿大夫之间纷争不断，"经界不正，井地不均，谷禄不平"现象日益严重，造成阶级矛盾激化，"国人"暴动等，另一方面，

---

① 《国语·周语上》。

"天降丧乱"①。周幽王时三川（渭、泾、洛）连续发生强烈地震，被人传为"周将亡矣"的征兆，而长期的"坎坎伐檀兮"，导致关中地区水土流失，生态环境恶化。周幽王十一年（前771年），周幽王被犬戎杀死于骊山之下，西周灭亡。

从公元前770年周平王迁都洛邑至公元前221年秦始皇统一中国，历史进入春秋战国时期。这一时期是中国古代社会由奴隶社会向封建社会转型的时期，是奴隶主阶级统治被封建地主阶级统治逐渐取代的时期，也是传统环境政治转型的重要时期。这一时期环境政治的发展突出表现在环境政治思想的形成、环保意识的增强和中央集权的环境管理机制的萌芽等方面。

春秋战国时期，旷日持久的战争使政治权力最终趋于集中，国家政治也从奴隶制阶级统治转向封建君主专制统治，传统环境政治的类型也因此发生质的改变。

据当时的鲁史《春秋》记载，春秋242年间，诸侯国之间发生战争483次，恃强凌弱的朝聘盟会450次，两者共计933次。王应麟《困学纪闻》卷六指出："《春秋》书侵者才五十八，而书伐者至于二百十三，苏氏谓三传侵伐之例，非正也。有钟曰侵，有辞曰伐。愚谓春秋无义战非皆有辞而战也。""侵"与"伐"的战争都导致生灵涂炭，礼崩乐坏。正如司马迁在《史记·太史公自序》中所感叹的那样："《春秋》之中，弑君三十六，亡国七十二，诸侯奔走不保社稷者不可胜数。"战乱从公元前475年一直延续至公元前221年秦王朝的建立。春秋战国的集权运动真正花了550多年，实属世界罕见。长期的战乱不仅使思想在反思中变得空前深刻，而且铸就了和合统一的文化基因，为开启大一统的中华文明时代奠定了思想文化基础。

首先，在思想理论层面，550多年集权运动的战乱洗礼，使中国的思想文化发展迎来了百家争鸣、百花齐放的时代，形成了雅斯

---

① 《诗经·大雅·桑柔》。

贝尔斯所谓的"轴心时代"。思想家们潜在的思想活力被空前地激发出来,使这一时代关于人与自然的思想或顿悟具有了奇迹般的深刻,并形成了天人合一的具有中国气派、中国特色的整体世界观和价值观,一直影响着中华文明的发展。正像雅斯贝尔斯所指出的那样:"人类一直靠轴心时代所产生的思考和创造的一切而生存,每次新的飞跃都回顾这一时期,……轴心期潜力的苏醒和对轴心期潜力的回归,或者说复兴,总是提供了精神的动力。"① 因此,春秋战国时期的集权运动不仅为中华民族的国家统一奠定了思想政治基础,也为两千多年封建社会的发展提供了不竭的思想源泉。

与奴隶时代显著不同的是,这一时期人们对于天、地、人及其相互关系的认识不断丰富并趋于整体化,关于天道、王道和人道思想观念日益系统化和体系化,形成了以儒家、道家、法家等为代表的众多思想流派。环境政治的思想和意识也在争鸣中形成了法自然、无为而治与仁民爱物、有为而治的对立的两条路线。例如,儒家的思想代表孔子说:"天何言哉?四时行焉,百物生焉,天何言哉?"② 他承认天道,但认为"天道远,人道迩","人能弘道,非道弘人"③,主张仁民爱物,有为而治。以老子代表的道家则认为:"有物混成,先天地生。寂兮廖兮……可以为天下母。吾不知其名,强字之曰'道',强为之名曰大。"④ 在《老子》中,"天"被置入"天、地、人、道"的四方结构中。即所谓"人法地,地法天,天法道,道法自然",在政治上主张法自然而无为。战国时,儒家思想代表荀子的"天论"则像一股清流,把春秋战国时期对自然之天的认识推向了新阶段。他说"唯圣人为不求知天",因为"天行有常,不为尧存,不为桀亡。应之以治则吉,应之以乱则凶","从

---

① [德]雅斯贝尔斯:《历史的起源与目标》,魏楚雄、俞新天译,华夏出版社1989年版,第14页。
② 《论语·阳货》。
③ 《论语·卫灵公》。
④ 《老子·二十五章》。

天而颂之，孰若制天命而用之"。指导思想的整体化和体系化发展不仅有利于国家从分裂走向统一，而且有利于促进公共环境利益关系的形成。

其次，在实践的层面上，诸子百家的仁民爱物，仁治天下；道法自然，无为而治；兼爱、非攻，法治天下等生态政治思想开始流行并付诸政治实践；保护环境的圣王之制、王者之法和政策措施伴随着经济和政治的变革而初步形成。

为了保护山林川泽，虞衡制度和森林防火的法制进一步加强。虞师不但掌握保护山林、川泽的禁令执行，而且拥有"修火宪"的权力，即为森林防火立法。荀子说："修火宪，养山林、薮泽、草木、鱼鳖百索，以时禁发，使国家足用而财物不足，虞师之事也。"① 管子也主张"修火宪，敬山泽林薮积草，天财之所出，以时禁发焉"。"宪既布，有不行宪者，谓之不从令，罪死不赦。"② 对山林川泽的使用与开发，也从完全由官府控制改为部分"民"营。政府通过税制即抽取十分之三的税来进行控制和调节，从而保障了山林川泽资源的有序开发和管理。因此，《管子·地数》《山海经·五藏山经》不仅著录了产铁之山，而且还记载了出铜之山467处，出金之山129处，出银之山20处，出锡之山50处。这些数字虽不一定准确，但反映了当时矿山开采业的进步和发展。

在"修利堤防，导达沟渎"③，改良土壤等方面，各国都采取了诸多政策和措施。例如，为了把黄河南北的两部分领土与国都大梁紧密地联系起来，公元前360年，魏国在黄河以南开凿运河——大沟。把黄河水通过济水引入圃田泽，利用圃田泽的天然条件调蓄水量，"水盛则北注，渠溢则南播"④，保证了运河调控能力的稳定。为了把境内的河流都连接起来，发挥河流防洪、灌溉、水运的

---

① 《荀子·王制》。
② 《管子·立政》。
③ 《礼记·月令》。
④ 《水经注·渠注》卷二二。

综合效益，公元前339年，魏国又引圃田泽水东流南行，贯通了颍水和淮水，形成了历史上有名的鸿沟，实现了济、颍、淮、泗和黄河相互贯通，在黄淮平原形成了以鸿沟为主干的、以自然河流为载体的水利网，极大地改良了人水关系。在农业生产中，各国都强调因地制宜，因时制宜，土壤被粗分为九种，并重视采用人或动物的粪便来肥田，还懂得沤制绿肥，"树落则粪本"[①]。

值得一提的是，分裂与战争使以邻为壑的环境治理畸形发展，而平等合作的环境政治却难以奏效。早在公元前651年，齐桓公就会诸侯于葵丘，规定了"无曲防""毋曲堤"的盟约，但各国仍是"壅防百川，各以自利"。公元前647年，晋国发生饥荒，秦国予以接济，结成了所谓"秦晋之好"，但是，第二年秦国发生饥荒，晋国不但不感恩图报，反而阻籴，进而导致两国交恶而战。因此，生态需要是推动集权和统一的重要因素。秦王朝统一的中央集权建立后，不仅实现了"决通川防，夷去险阻"的水利事业，也使环境保护第一次纳入了统一的国家法律之中。到了汉初，"统物通变""天人合策"成为君主专制的中央集权国家管理和解决环境问题的基本国策，传统环境政治也因国体的改革而转型。集权战争的结束，统一的封建专制王朝的建立，使"天人合策"的君主专制型环境政治得以初步形成。

六　君主专制型环境政治的形成和发展

公元前221年秦始皇统一中国后，中国传统社会转入封建社会，国家类型则转变为统一的封建专制主义中央集权国家，国家政权的组织形式与三代时一样，是按照集权原则而建构的君主专制政体。这种政体是建立在君、臣、民对立的纵向利益关系基础上的，是以君为核心的、垂直的、等级森严的一体化政权体系。地方行政机构由中央统一设置，官员由中央统一任免，古代的封国建藩制度

---

① 《荀子·致士》。

被中央统一掌控的郡县制取代。这种新的政治变革体现到传统环境政治中，就意味着新的环境政治的形成。这一点往往是被现代学者所忽略的。

从秦汉开始，虽然虞衡机构再生于封建政体中，但它已经转化为封建专制主义中央集权体系的有机组成部分，它的政治统治功能主要是维护和保持地主阶级的环境权力和环境利益，保证和维护社会和政治的生态安全。它的管理功能是协调不同利益主体特别是地主和农民之间的利益矛盾，规范他们实现自身利益的行为，避免矛盾和冲突的发生。

君主专制型环境政治作为一种新型的环境政治类型，它有自身产生、形成和发展的脉络和规律。它萌生于环境问题对专制集权的现实需要和集权体制对重大环境问题的响应。春秋战国时期，以邻为壑的离散政治使自然系统和社会系统都付出了极其沉重的代价。离散的结果是使社会系统走向了反面即专制集权。（具体内容见前文。）随着秦王朝的统一和封建政治的发展，君主专制型环境政治逐渐形成，其发展大致经历了三个阶段：秦汉时期初步确立，唐宋时期趋于成熟，元明清时期为续成发展。

三个阶段的共同点是：（1）随着皇帝制度的确立，皇帝成为拥有环境政治统治最高决策权的独裁者，同时拥有最高的环境立法权、司法权和一切生命的生杀予夺权。宰相则成为一人之下万人之上的"上佐天子理阴阳，顺四时，下遂万物之宜"的政府领导。（2）在指导思想上"王权至上"贯彻始终，尊天即尊王，臣民在环境治理中处于无权的义务性参与地位。（3）环境统治与管理的机制虽有沿革和创新，但由皇帝、中央政府机构、地方政权机构组成的垂直型三级体系的基本框架没有太大改变。

三个阶段的不同之处是：（1）在指导思想方面，秦汉时期由于处于君主专制型环境政治的初步形成期，因此指导思想变化性大。秦朝时，法天重刑，以主张一断于法的法家思想为指导，西汉初年，为了恢复经济和民生，则以自然无为的黄老思想为指导，直到

第一章 传统环境政治的产生和发展

汉武帝时期，董仲舒"王者法天意"的儒学的形成，才使环境治理有了较为稳定的指导思想。但到了魏晋南朝时期，由于现实的矛盾、冲突和战争，儒家理论的指导思想地位受到了玄学和佛学的挑战。直到唐宋时期，柳宗元的《封建论》的发表，使人们在思想认识上对封建政治有了更加系统和正确的认识，而宋明理学的发展和创新则为环境政治的成熟奠定了必要的思想基础。因此，不同阶段的指导思想不同，环境政治发展所能达到的水平也不同。（2）在环境管治的机构设置方面，秦汉时期，除了皇帝、宰相外，在中央政府中直接与环境事务相关的机构设置是少府、将作少府和水衡都尉等。但秦汉时期的少府主要是为皇帝和皇室成员经营全国山川泽之利。由郡县乡里构成的各级地方政府没有决策权，其官僚如郡守、县令等全面负责辖区的各项工作，在环境政治体制的运行中必须服从皇帝和中央政府的决策与领导，其职责主要是执行皇帝及中央政府下达的各项诏令、政策、措施等，同时负责民情、灾情等上报工作，接受皇帝及中央政府相关机构的考核、巡察等。到唐宋时期，由于封建专制体制建构的创新和完善，三省六部二十四司体系的形成，环境政治统治和管理的机制也稳定下来，在此后的朝代兴替中，直接与环境保护相关的中央机构一般都是工部，虞衡机构也隶属于工部。元代虽然没有设虞衡机构，但并不表示其环境政治没有发展，元代元世祖专门颁布了《农桑制》，正式将植树造林制度化。《农桑制》即"种树之制，每丁岁种桑枣二十株。土性不宜者，听种榆柳等，其数亦如之。种杂果者，每丁十株，皆以生成为数，愿多种者听"[1]。明、清两朝除了让工部掌管全国"百官、山泽之政令"[2]外，还均在工部下设有虞衡清吏司、都水清吏司和屯田清吏司，掌治和管理相关环境事务。因此，君主专制型环境政治体制是在两千多封建统治中不断完善和发展的。总的趋势是日益完

---

[1] 宋濂等：《元史·食货志》，中华书局1976年版，第2355页。
[2] 《明史·职官志》卷七二。

善和加强。（3）在环境法治方面，君主专制型环境政治形成之初，就有了正式的环境保护法律条文。1975年12月在湖北云梦县睡虎地发掘的秦简，其中《秦律十八种》中的《田律》《厩苑律》等有一系列规定与环境保护有关。《秦律·田律》可以说是迄今为止保存最完整的古代环境保护法律。虽然皇帝不受法律的约束，但将环境保护纳入国家法律，对加强环境管理和保护是有十分重要的现实意义的。唐宋时期，《唐律》是中国继《秦律》之后将自然环境保护正式列入国家法律的典范，其环境保护内容的完备远远超过《秦律》，此后，《宋刑统》《至元新格》《大明律》《大清律》都有内容丰富的保护环境法规，依法保护的对象有林木、陂湖、堤防水利、文物及城市环境等。因此，秦汉开始的两千多年封建社会虽然在人与自然的关系领域存在着矛盾和冲突，但并没有动摇封建社会的生态根基，这与环境问题的依法治理是分不开的。（4）在制度创新方面，从春秋战国开始，礼法制就逐渐分离，进入封建时代后，在王权至上的皇帝制度背景下，诏令制成为环境管治最便宜之制度。因此，不同朝代的皇帝都会以诏令的方式发布不同内容的环境保护诏、令或谕等。如《唐大诏令集》中就有许多保护鸟兽虫鱼的诏令。又如，宋太宗至道二年（996年）有"罢成州金坑诏"。诏曰："捐金于山，前圣之盛德。所宝唯谷，旧史之格言。联缅慕太古之风，不贵难得之货，何心言利，徒以勤民。其成州两处金坑宜停废。"[①] 此外，保障环境治理决策有效的制度还有朝议制、奏疏制、考绩制、农桑制、水利制度、荒政抚恤制等。

七 传统环境政治的终结

传统环境政治终结于"欧风美雨"的入侵和近代变革维新的历史进程，终结于民族矛盾和阶级矛盾交织而至的起义和革命中。因此，终结的过程也是孕育近现代民主共和型环境政治的过程。具体

[①] 宋绶：《宋大诏令集》，中华书局1962年版，第664页。

表现在以下三个方面：

第一，在世界列强的压迫下改设外务部，使传统部门权力严重削弱。从1840年鸦片战争开始，中法战争、甲午战争、八国联军战争等不仅使中国沦为了半封建半殖民地，也使晚清政治、经济、军事等社会生活的各个方面都受到了巨大的打击。"欧风美雨咄咄逼人"[1]，给各行各业、各阶层的人们带来一次又一次沉重的精神创痛，也使清王朝传统君主专制统治难以为继。庚子战争还没有结束，八国联军便在向清政府提出的《和议大纲》第12条中提出："总理各国事务衙门必须革故鼎新，暨诸国钦差大臣觐见中国皇帝礼节，亦应一体更改，其如何变通之处，由诸大国酌定，中国照允施行。"[2] 列强认为，中国总理衙门不仅职责不专，而且其中很多人不懂外语，不熟悉约章，难当此重任。因此，战争结束不久，1901年3月美国便提出了改组清朝总理衙门的要求。随后由西班牙公使葛罗干照会清政府，明确要求"将总理各国事务衙门改为外务部，冠于六部之首，管部大臣以近支王公充之，另设尚书2人，侍郎2人，尚书中必须有1人兼军机大臣，侍郎中必须有1人通西文西语，均作为缺额，予以厚禄"[3]。其目的是要加强总理衙门服务于列强的权力。7月24日，清政府不得不根据照会精神颁布上谕："总理衙门着改为外务部，班列六部之前。"[4] 其权力之大胜过了督军团。正如陈独秀在庚子事变17年后写的一则《随感录》中所讽刺的："中国人，上自大总统，下至挑粪桶，没有人不怕督军团，这是人人都知道的事；但是外交团比督军团还要厉害。列位看看，前几天督军团在北京何等威风！只因为外交团小小的一个劝告，都吓得各鸟兽散。什么国会的弹劾，什么总统的命令，有这样

---

[1] 秋瑾：《秋瑾集》，中华书局1960年版，第21页。
[2] 沈云龙：《清季外交史料》，文海出版社1966年版，第4352页。
[3] 沈云龙：《义和团档案史料》，文海出版社1966年版，第1123页。
[4] 朱寿朋：《光绪朝东华录》，中华书局1958年版，第4685页。

厉害吗？"①

第二，晚清政府的自我改制。其集中表现为科举制度的废除和立宪运动两方面。（1）西学东渐引发废科举、办新学。外来侵略及反侵略斗争的失利使西学东渐由弱到强、由浅到深，"师夷长技以制夷"的自我革新也不断深入。19世纪"中学为体，西学为用"的洋务运动和百日维新开启了中国近现代化的征程，戊戌变法的失败和八国联军战争则进一步唤醒了中国革命的先进分子，开工厂、办新学、行新政等新潮涌动，迫使晚清政府不得不进行自我革新。1901年6月，清政府下诏开设经济特科。8月，诏令废除八股文程式。9月，下令各省设立学堂，"除京师已设大学堂应切实整顿外，着各省所有学院，于省城均改设大学堂，各府厅直隶州均设中学堂，各州县均设小学堂，并多设蒙养学堂"②。在各类新式学堂不断创办的同时，要求废除科举制度的呼声日益高涨。1905年9月，直隶总督袁世凯、盛京将军赵尔巽、湖广总督张之洞、两江总督周馥、两广总督岑春煊、湖南巡抚端方等封疆大吏奏请立即停止科举。他们认为"科举一日不停，士人皆有侥幸得第之心，以分其砥砺实修之志……学堂决无大兴之望"。如果能废科举，办新学则可以"广学育才，化民成俗，内定国势，外服强邻，转危为安"③。光绪三十一年（1905年）八月，清廷"谕立停科举以广学校"；"著自丙午科为始，所有乡会试一律停止，各省岁科考试亦即停止"④。至此，经历了1300多年的科举取士制度寿终正寝。（2）立宪运动与专制的结束。1905年日俄开战，这场发生在中国土地上的战争，"以其出人意料的结局极大地影响了一代中国人的思想"⑤。小小的日本居然能够打败沙俄帝国，有人认为其根本原因

---

① 陈独秀：《陈独秀著作选》，上海人民出版社1984年版，第428页。
② 毛礼锐：《中国教育通史》，山东教育出版社1988年版，第224页。
③ 舒新城：《中国近代教育史资料》，人民教育出版社1961年版，第62页。
④ 同上书，第66页。
⑤ 陈旭麓：《近代中国社会的新陈代谢》，上海人民出版社1992年版，第280页。

就在于日本是立宪国家而沙俄则是专制国家。例如,中国近代民族工业的先驱张謇曾说:"日俄之胜负,立宪、专制之胜负也。"① 这在当时不仅成为一种社会共识,而且也极大地促进了立宪运动的发展。1905年10月,清朝政府终于派载泽为首的5位大臣到西洋考察。经过为时半年的游历,5位大臣认识到西方之所以富强就在于摒弃了专制制度,于是,提出了《奏请以五年为期改行立宪政体折》,并认为"救危亡之方只在立宪",明确奏请实行宪政。1906年9月清朝政府正式宣布"预备仿行宪政"。随后出台了官制改革五项原则:一是参仿君主宪国官制厘定,只改行政、司法,其余一切照旧。二是要做到官无尸位,事有专司,以期各副责成,尽心职守。三是实行三权分立,议院如一时难以成立,可先以行政、司法厘定。四是钦差官、阁部院大臣、京卿以上各官作为特简官,五至七品为奏补官,八九品为委用官。五是另设集贤院、资政院安置改革后的多余人员。1908年,清政府颁布了《钦定宪法大纲》,制定了一个仿效日本实行君主立宪的方案,但又规定了9年的预备立宪期限。这既明确了近代三权分立的体制改革取向又表现出拖而不决的传统留恋。对此,从1910年1月开始,全国立宪派先后举行了4次大规模要求召开国会的请愿活动。资产阶级革命派也加紧了武装排满活动。为形势所迫,1911年5月清廷成立责任内阁,13名大臣中满族有9人,其中皇族占7人,这就是所谓的"皇族内阁"。清末官制改革和立宪运动是君主专制行将崩溃的挣扎,也是国家体制向现代化迈进的序曲。其作用和意义是非线性的、复杂的。就像陈旭麓先生评价的,它是"假维新中的真改革"。② 1911年辛亥革命的爆发意味着君主立宪的破产,1912年中华民国的成立则标志着君主专制政体的终结。

第三,君主专制型环境政治的终结和近代民治主义环境政治新

---

① 侯宜杰:《二十世纪初中国政治改革风潮》,人民出版社1993年版,第45页。
② 陈旭麓:《近代中国社会的新陈代谢》,上海人民出版社1992年版,第230页。

局开启。

1912年中华民国的成立和《临时约法》的颁布,使总统制代替了君主制、选举制代替了世袭制、任期制代替了终身制。总统、内阁、议会和《临时约法》的诞生标志着君主专制体制的结束,也意味着君主专制型环境政治的终结。民主、共和的理念深入人心,民治主义环境政治的新局也在变法维新和改良、革命的思潮中逐渐开启。

中华民国临时大总统孙中山曾明确主张"权能分治"的民治主义,提出"政是众人之事,集合众人之事的大力量,便叫做政权;政权就可以说是民权。治是管理众人之事,集合管理众人之事的大力量,便叫做治权;治权就可以说是政府权。所以政治之中,包含有两个力量:一个是政权,一个是治权。这两个力量,一个是管理政府的力量,一个是政府自身的力量"[1]。针对近代战争与革命引发的经济、政治、文化、社会和生态环境的大变局,以孙中山为代表的先进分子以切实的行动引领了近代中国环境政治的转型发展。

外来侵略和资本输入的强烈刺激,使中国的生态环境和自然景观发生了巨大改变,也引发了近代产业污染、城市污染、动植物损害等众多新型环境问题。据《世界环境史百科全书》的总结,突出影响近代中国环境的新因素主要有四类:一是包括铁路、柏油路、橡胶轮胎推车与卡车在内的近代交通运输业的兴起;二是1870年以后煤矿、铅矿、铜矿等近代采矿业以及冶铁、纺织、榨油、磨粉等工业的发展;三是旅居海外的中国企业家、西方传教士、美国农业科学家等将新的农作物耕作和动物饲养技术引进至中国;四是晚清和民国时期政府的经济剥削和社会侵害加剧。[2] 在这些因素的共同作用下,中国社会和环境的面貌发生巨大变化,"旧城墙被推倒

---

[1] 《孙中山选集》,人民出版社1981年版,第791页。
[2] Shepard Krech Ⅲ, J. R. McNeill, and Carolyn Merchant ed., *Encyclopedia of World Environmental History*, New York and London: Routledge, 2004, pp. 216-218.

以让位于新的发展"①，上海、天津、广东及其他一些城市迅速发展成为受外来势力影响的工商业中心，本土的许多动植物品种被掳掠或消亡。在传统洪涝、干旱和流行病灾害频发的同时，矿业污染、工业污染、城市公共卫生等新问题迭现，并日趋恶化，迫使成千上万的百姓不得不持续"闯关东""走西口""下江南"等。清同治年间，黄河几乎年年决口。1870年（清同治九年）测量所得黄河水面高出洪泽湖丈余。黄河漫流给鲁西南、豫东北人民的生产生活造成了严重灾难。在南方，长江中游河道淤塞，洞庭湖由于泥沙淤积、湖底抬高，水灾增多。此外，人口增加、家天下政权式微等因素加剧了清末环境保护和治理的困境。有资料显示，1655年（清顺治十二年）人口曾减至1403万，这是西汉以来中国的最少人口数。但此后由于人口、土地、赋税的政策鼓励，到1753年（乾隆十八年）人口已达1.028亿，结束了中国人口不过亿的历史。乾隆末年，人口达3亿，清道光中叶已超过4亿。②

然而，民国的建立对克服清末环境政治的积弱无序、开创环境保护和治理的新局面奠定了基础，尽管这种基础极其薄弱和不稳定。民国建立后，宋教仁在1912年5月任农林总长，曾明定林政方针，通行各省，保护国内民营、国营山林，严禁私伐；拟定山林局官制草案，提交国务会议，派员赴东三省调查山林。1913年（民国二年）到1915年9月，北洋政府任命张謇为农林、工商总长（后改农商总长）。在此期间，张謇主持全国农林、工商事务，编订颁布有关工商矿业、农林业、渔牧业等法规条例二十余种。1914年，他以农商部名义，训令各省区民政长、都统，禁止自由采伐森林，各地方必须发放山林，要呈农商部批准。同年1月3日颁布《森林法》，接着又公布施行细则。规定国有森林范围和权利，规划在黄河、长江、珠江上游地区营造保安林，预防水患，保养水

---

① Shepard Krech Ⅲ, J. R. McNeill, and Carolyn Merchant ed., *Encyclopedia of World Environmental History*, New York and London: Routledge, 2004, p. 217.

② 许晖等：《中国古代生态环境与经济社会发展史话》，《生态经济》2000年第4期。

源、防风蔽沙,便于渔业与航运目标,还奖励造林,对于开垦滥伐、荒废、毁林、盗窃、放牧等,均分别予以刑事处分和罚款。特别颁布《东三省国有森林发放规则》,对于承领森林,严格规定一定要是中国人民。1914年7月,张謇向德国购买槐树种七百余磅,除林艺试验场播种外,剩余三百多磅免费分寄全国19个省、府,并附印栽植说明书;基于甘肃省的特殊情况,还检送树种13斤。同年8月,张謇批准南京紫金山植树造林。此外,张謇还接受青岛林务局局长郝司建议,定清明节为植树节,规定每人在此日植树纪念。作为农商总长,张謇还做了"保护珍禽异兽,维护生态平衡"等多方面工作。1914年9月1日颁布《狩猎法》14条,规定捕猎武器要经过当地警察官署核准才能使用;禁止使用剧毒炸药和陷阱捕猎鸟兽;对受保护的鸟兽一律禁止狩猎(经批准供学术研究等除外);不允许在禁山、历代陵寝、公园、公道、寺观庙宇境内以及群众集聚的地方捕狩鸟兽;规定每年自10月1日起,至第二年3月底为狩猎时间,如有特殊情况需要延长时间,经批准方可施行,但最迟不得超过4月30日,否则,将受到惩罚。为了减少捕获鸟兽纠纷,还规定被捕鸟兽串入他人所有园地或栅栏内,要得到所有者同意,否则不得任意追捕。如果违犯法律,分别给予罚款处分。[①]为保护资源,张謇还先后主持颁发了《规划全国山林办法给大总统呈文》(1914年5月3日)[②]、《森林法实施细则》(1915年6月30日)[③]、《造林奖励条例》(1915年6月30日,共十一条)等。[④]

孙中山高度重视城市环境污染状况,认为:"人烟过于稠密、污秽到极点、难以言语形容的污水供应"[⑤]。即使在当时城市发展

[①] 中国第二历史档案馆编:《张謇农商总长任期经济资料选编》,南京大学出版社1987年版,第25页。
[②] 同上书,第336页。
[③] 同上书,第352页。
[④] 中国第二历史档案馆编:《中华民国史档案资料汇编(农商)》,江苏古籍出版社1991年版,第441页。
[⑤] 《孙中山全集》第1卷,中华书局1981年版,第93—94页。

水平较高的广州和上海也是"沟内污水直接流入河里，而人民就从这些污水的河里提取他们的饮用水"①，所以孙中山指出当时"中国大城市中所食水皆不合卫生"②，疾病的发生也只是在城镇里。③对此，提出了建设花园城市的设想，并主张将广州作为试点。孙中山认为，广州有优越的自然条件，"附近景物，特以美丽动人"，若在广州"建一花园都市，加以悦目之林囿，真可谓理想之位置也"④。同时，在大中城市广泛建立自来水供应设施，对城市水体进行消毒，净化处理，以改善城镇居民的饮用水条件。孙中山在《实业计划》中写道："除通商口岸之外，中国诸城市中无自来水，即通商口岸亦多不具此者。许多大城市所食水为河水，而污水皆流至河中，故中国大城市中所食水皆不合卫生。今须于一切大城市中设供给自来水之工场，以应急需。"⑤

针对战争和自然等因素引发的水旱灾害，孙中山首先在《建国方略》中提出了比较系统的治河计划：①扬子江筑堤浚水路，起汉口，迄于海，以便航洋船直达该港，无间冬夏。②黄河筑堤，浚水，以免洪水。③导西江。④导淮河。⑤导其他河流。⑥ 把治河作为"国民之所最需要"的事情来抓。⑦ 其次，把水土流失的治理和航运交通建设统筹考虑，并提出整体方案。例如，在讨论将上海建为东方大港的计划时，他分析指出"扬子江之沙泥，每年堵塞上海通路，迅速异常，此实阻上海为将来商务之世界港之噩神也。据黄浦江浚渫局技师长方希典斯坦君所推算，此种沙泥每年计有一万万吨，此数足以铺积满四十英方里之地面，至十英尺之厚。必首先解

---

① 《孙中山全集》第1卷，中华书局1981年版，第94页。
② 《孙中山全集》第6卷，中华书局1985年版，第308页。
③ 参见《孙中山全集》第1卷，中华书局1981年版，第93页。
④ 《孙中山全集》第6卷，中华书局1985年版，第308页。
⑤ 同上书，第387页。
⑥ 同上书，第251页。
⑦ 同上书，第254页。

决此沙泥问题，然后可视上海为能永成为一世界商港者也"①。再次，在治河计划中将化害为利与变废为宝相结合。例如，关于广州河汊改良问题，孙中山明确指出："须从三观察点以立议：第一，防止水灾问题；第二，航运问题；第三，填筑新地问题。每一问题皆能加影响于他二者，故解决其一，即亦有裨于其他也。"② 这一原则也同时应用于扬子江、黄河等其他江河的治理。如对扬子江入海口的整治，孙中山放弃了费用较少、收效较多的北水道，而选择了中水道，以便于将上海发展成为世界大港口，并有利于填筑海坦洼地为耕田，进而设想"在海门坦、崇明坦暨铜沙坦有二三百英里地，转瞬之间，可变为农田"③。他估计仅"填筑江南之湖所得之地，吾意其数必不在江北之田下"④。此外，孙中山还提倡植树造林，平衡生态；将多植森林当作防止水、旱等自然灾害的治本方法。有了森林，遇到大雨，林木的枝叶、根株等便可吸收大量"空中的水""地下水"，使水"慢慢流到河中"，"便不至于成灾"⑤。主张进行山林测量，并做好森林行政工作。他强调"我国讲到种全国的森林的问题，归到结果，还为要靠国家经营"⑥。"凡山林沼泽水利矿场悉归公家所有，由公家管理开发，其数年或数十年乃能收成者，如森林果药等地，宜公家管理之"⑦。他在《中国国民党第一次全国代表大会宣言》中宣布："山林川泽之息……皆为地方政府所有，而用以经营地方人民之事业，及……救灾、卫生等各种公共之需要。"⑧把森林行政工作纳入国民党的施政纲领中，以利于其贯彻执行。

---

① 《孙中山全集》第6卷，中华书局1985年版，第271页。
② 同上书，第310页。
③ 同上书，第276页。
④ 同上书，第297页。
⑤ 《孙中山全集》第9卷，中华书局1985年版，第407—408页。
⑥ 同上书，第408页。
⑦ 陈嵘：《历代史略及民国林政史料》，中华农学会1934年版，第87页。
⑧ 《孙中山全集》第9卷，中华书局1985年版，第123页。

特别值得注意的是，以孙中山为代表的近代资产阶级政治人物，其防灾除害，保护环境，治理政治的目的既不同于服务于奴隶主或地主阶级统治的传统环境政治，又不完全等同于西方服务于资产阶级政权的近现代环境政治，它试图在服务于资产阶级政权的同时，一揽子解决下层百姓的社会民生问题，是基于"三民主义"的民生主义。"民生主义是以养民为目的的"①，它要解决的第一个问题是"吃饭问题"②，而"对于吃饭问题，要能防止水灾，便先要造森林，有了森林便可免去全国的水祸"。因此，近代社会的政治变革赋予了民国建立后环境政治以不同的价值追求，即为了"人民的生活，社会的生存，国民的生计，群众的生命"③。

"国家政治体制的变革，是一切社会变革的前导，也是基础。"④辛亥革命后，民主共和政体虽然未能稳定下来，但民主共和的理念却深入人心，成为阻断袁世凯和张勋复辟帝制的重要精神力量。国家政治由君主专制转向主权在民共和体制的趋势不可逆转；"士农工商"的关系格局也发生了巨大变化，四大阶层中的士在科举制被废除之后，失去了晋升的希望和屏障，逐步演变为新型知识分子。"若把受过中等学校教育以上的社会成员通称为知识分子的话，这个新知识分子阶层及其群体可以由四部分人组成，他们分别是：接受过传统教育，因再学习而转化、投身于新式社会文化事业的人；毕业于中国自办的新式学堂的学生；毕业于外国教会在华创办的学校的学生；经留学归国的学生。"⑤

总之，传统环境政治的产生和发展既与一定的生态条件相联系，同时又是随着生产力水平的提高和社会的文明进步而向前迈进的，其本质属性由经济社会形态和政治关系的实质所规定。在环境

---

① 《孙中山选集》下卷，人民出版社1956年版，第822页。
② 同上书，第805页。
③ 同上书，第669页。
④ 唐国军：《商鞅变法与传统中国平民政治模式的建立》，《辽宁大学学报》2012年第1期。
⑤ 陈国庆：《中国近代社会转型研究》，社会科学文献出版社2005年版，第124页。

政治的发展中，环境政治思想对环境政治实践具有指导作用，但它们的发展并不同步。例如，西周在环境管理和保护方面的分官设职形成了前所未有的制度成就，并对后世产生了深远影响，而春秋战国则以思想理论见长。此外，环境政治的法制化并不能真正保障环境权益。因为先秦时期有"刑不上大夫，礼不下庶人"的法则，先秦之后则形成了王权至上，王权高于法权的人治传统。所以，纵然有严刑峻法，也难免生态破坏。例如，秦始皇为了修建阿房宫和骊山陵可以动用全国近200万人口，约当全国2000万总人口的1/10，能够将北山之石、巴蜀之木都运往关中，造成"望石甘泉口，渭水为不流"的生态困境。

第二章 传统环境政治思想

中国传统环境政治思想萌发于三皇五帝时期，初成于春秋战国时期。从本质上看，人与自然的关系是人类生存与发展的基本关系，无论我们发展到何等高级的阶段，这种关系也将始终存在。正如马克思所言"过于富饶的自然，'使人离不开自然的手，就像小孩子离不开引带一样'"[1]。传统环境政治的基本思想正是在人与自然相互影响和相互作用的漫长过程中萌发的。鲧因为治水"九年，功用不成"[2]，不仅没能继承舜的位置而且丢了性命。商族为了寻求生存空间，"自契至汤八迁"[3]其都。"汤七年旱，禹五年水，……"[4]，生态问题成为部落首领不得不关心的原始政治问题，部落联盟的最高首领不得不祈雨、铸币，并以身作则管水治水。商汤"祷于桑林，雨"[5]。汤的始祖是契，契的六世孙冥曾担任夏朝的治水官[6]。禹通过治水树立了威望，继承了舜位，"禹别九州，随山浚川，任土作贡"[7]，加强了对下属各地的政治经济控制。据《国语·鲁语》载："昔禹致群神于会稽之山，防风氏后至，禹杀而戮之。"这表明了禹在部落联盟中已拥有生杀予夺的权势和地位，为其实行"传

---

[1] 《马克思恩格斯全集》第23卷，人民出版社1972年版，第561页。
[2] 《史记·五帝本纪》卷一。
[3] 《史记·殷本纪》卷三。
[4] 《管子·山权数》。
[5] 《今本竹书纪年》卷上。
[6] 《国语·鲁语上》。
[7] 《尚书·禹贡》。

子制"和建立中国历史上第一奴隶制王朝奠定了基础。公元前21世纪左右,中国进入奴隶社会。"五帝官天下,三王家天下。家以传子,官以传贤"①。这是"三王"与"五帝"时代的不同点之一。

环境问题的解决不但能成就帝业,而且也孕育了初始化的环境保护思想。保持生物资源消长平衡、合理利用生物资源被看作"三皇五帝之德",周之所以能取代商是因为周人能"上承天意""以德配天","与天地合其德,与日月合其明"②。同时,环境保护的一些规范也初露端倪。例如,人们已经认识并施行狩猎时不打怀孕的鸟兽,适当地保护幼雏,不将成群的鸟兽歼灭,保护鱼类繁殖等。汤"网开三面"德及禽兽的典故③就是一个典型的实例。在重农的周代,人们已经初步提出了"早春三月,山林不登斧,以成草木之长。夏三月,川泽不入网罟,以成鱼鳖之长"④的时禁思想。

这些典故和思想的长期流传则反映了中华文明发展的不同时代人们对于这种生态政德及其社会功用的价值认同。这种价值认同超时空的持续和稳定性表达,则反映了中华民族对人与自然关系可持续发展的独特智慧。这种思想文化符合人类社会本身发展的需要,并随着时代的发展不断深入人心,逐渐成为教化后人的道德规范,在一定的范围和程度上得到贯彻和遵循,为中华文明的永续发展提供了不可或缺的思想保障,指导并调节着人们处理人与自然关系的行为。春秋战国时期,生产力的发展,特别是持久的残酷战争环境既促使哲学、政治学走向了前所未有的深刻,也使环境政治思想在百家争鸣中初步形成并随着社会进化而不断丰富。

---

① 《汉书·盖宽饶传》。
② 《周易·文言传》。
③ 《史记·汤本纪》卷三。
④ 《逸周书·聚篇》。

第一节 儒家天人合一、有为而治的环境政治思想

儒家并不是一个统一的政治派别。我们把儒家的环境政治思想放在一起论述，主要是由于儒家有共同的思想形式、语言、概念和范畴，有共同的宗师。儒家祖述尧舜，宪章文武，法先王传六艺；崇礼尚义，主张以礼治国，以礼区分君臣、父子、贵贱、亲疏；仁、义、礼、智、忠、孝、信、爱、和、中等是儒家的基本概念和范畴；儒家内部派别众多，荀子把儒分为大儒、雅儒、俗儒、小儒、散儒、贱儒六种，韩非在《显学》中说"儒分为八"，但是，不同的儒者多以孔子为宗师。

儒家政治思想探讨的主题是如何巩固统治秩序，基本特征表现为突出礼教德治的伦理政治。随着环境问题的凸现，越来越多的中西方学者研究并承认儒家有生态保护思想、生态伦理思想。那么，儒家有没有环境政治思想呢？我们的回答是肯定的，儒家有环境政治思想并大致可以分为三个发展时期：先秦、两汉和宋明，其主要思想观点如下：

一 先秦：循道不贰、仁治天下

先秦是儒家及其环境政治思想产生和初步形成的时期。正如上文所述，儒家祖述尧舜。三皇五帝都是儒者称崇的圣人，而儒家心目中的这些圣人都是能遵循天地变化规律行事的人。《周易·系辞上》所说："天生神物，圣人则之；天地变化，圣人效之；天垂象，见吉凶，圣人象之；河出图，洛出书，圣人则之。"圣人的一举一动影响深远，今天的人用"蝴蝶效应"来解读万事万物的联系，而儒家信奉的《周易》则在几千年前就用"千里之外"来认识人与自然的相互影响和联系了。"君子居其室，出其言善，则千里之外应之，况其迩者乎！居其室，出其言不善，则千里之外违之，况其迩乎！……君子之所以动天地也，可不慎乎？"[①] 这种联

---

① 《周易·系辞上》。

系地进行整体思维的方法及所产生的深刻洞见,为关切现实政治的儒家所继承和弘扬。先秦儒家环境政治思想的主要代表人物有孔子、孟子和荀子。

(一)孔子:知畏天命,使民以时的环境政治观

孔子(前551—前479)生活在"礼崩乐坏"的春秋晚期,论人道多、天道少是其理论的基本特征之一。正如南宋大儒朱熹所指出的:"至于性与天道,则夫子罕言之,而学者有不得闻者。"① 不过,孔子虽然罕言天道,但并不等于说没有论及,而且以维护周天子的统一天下和重建文武周公事业为己任的政治理想内在地指引着他的思想发展。因此,从环境政治的视角来看,孔子的政治观是"一体两面",以"克己复礼"为体、为终极目标,以社会政治观和环境政治观为"两面",相辅相成,互为一体。

第一,在社会政治观方面,孔子系统地探讨了夏、商、周三代的政治兴衰和制度因革,得出了"殷因于夏礼"有"所损益","周因于殷礼"有"所损益"②的结论,提出了"天下有道,则礼乐征伐自天子出","天下有道,则政不在大夫","天下有道,则庶人不议"的政治目标。为了实现这一政治目标,孔子主张"正名"及"政""刑""德""礼"的并用。孔子认为:"道之以政、齐之以刑,民免而无耻"③。即政、刑可以使民免于犯罪却不能心服口服。只有"道之以德,齐之以礼",才能使民"有耻且格"④。要做到"正名"及"政""刑""德""礼"并用,就要倡导"仁"学,培养以"克己复礼为仁"君子,使他们在治理国家的过程中能坚持德先刑后,先惠后使,先教后杀。⑤ 在处理和协调矛盾、冲突

---

① 《四书集注·公冶长》。
② 《论语·为政》。
③ 同上。
④ 同上。
⑤ 同上。

的过程中能坚持由己及人的"忠恕"之道，即"己欲立而立人，己欲达而达人"①；"己所不欲，勿施于人"②。孔子认为："政者，正也。子帅以正，孰敢不正"③，强调执政者在政治生活中的决定作用与"修己以安百姓"④的内在统一。政治关系在孔子眼里首先是以德为先的上行下效的关系，因而主张贤人政治、中庸之道。事实上，政治关系不是道德关系，正人君子不一定能治国。但不管怎样，孔子的仁义礼治理论还是确立了儒家以德治国的基调并为后世传扬。

第二，为了保障"克己复礼"的成功，在天道政治思想方面，孔子对统治者提出了知畏天命、敬天则天、使民以时等环境政治主张。孔子在《论语·尧曰第二十》中说道："不知命，无以为君子也；不知礼，无以立也；不知言，无以知人也。"⑤做人为君都必须要知"天命"。

那么，"天命"是什么？孔子曰："天何言哉，四时行焉，万物生焉，天何言哉！"⑥也就是说，"天命"是不以人的意志为转移的四季变化，天地自然孕育万物。这种规律和生养关系是天生的，因而也没什么可说的。人们能做的：（1）要畏天、敬天、则天，按照自然运行的规律办事。在这一点上，君王首先应该做到。孔子说："君子有三畏：畏天命，畏大人，畏圣人之言。小人不知天命而不畏也，狎大人，侮圣人之言。"⑦"知畏天命"是君子首先要具备的政治美德，这与孔子讲的"不知命，无以为君子也"是一致的。孔子盛赞尧、舜的伟大，恰恰是因为他们"则天"即以遵循自然规律为根本原则。"大哉！尧之为君也。巍巍乎，唯天为大，唯

---

① 《论语·雍也》。
② 《论语·颜渊》。
③ 同上。
④ 《论语·宪问》
⑤ 《论语·为政》。
⑥ 《论语·阳货》。
⑦ 《论语·季氏》。

尧则之。"① 显然，孔子讲"知畏天命"不是人简单地停留在"知"的层面上，而是要求自己同时代的统治者能像尧舜那样把自然规律贯彻到政治统治中。（2）明确提出了"使民以时"的治国主张。孔子说："道千乘之国，敬事而信，节用而爱人，使民以时。"② 这一主张不仅把天道与人道、治道结合在了一起，初步体现了传统环境政治思想的整体化思维特征，而且在主观上有机地贯穿了仁学的礼治精神，客观上适应了灾异多发、频发、季风气候典型的生态场域变化的需要，有利于指导以农为本的社会维护生产和社会的正常运转。因此，这理念一经提出便为诸子百家所发扬，并成为历代儒家衡量政治清明、仁爱与否的重要标志。因此，知畏天命，节用爱人和使民以时等是孔子"克己复礼"政治思想的有机组成部分，是恢复和协调人与人、人与自然关系重要思想主张。

（二）孟子：仁民爱物，乐天而保天下的环境政治思想

孟子（前371—前289）是先秦儒家的另一位重要思想代表，他继承了孔子对天的认识，同时，提出了不违农时、严守时禁是"王道之始也"等环境政治思想。

第一，孟子的环境政治思想以人性善为依据，把人性、仁政、保护生物等有机联系起来，明确提出了不违农时，保护生物是"王道之始也"的环境政治观。他说"人性之善也，犹水之就下也"③。性善的核心是"人皆有不忍人之心"④，人皆有不忍之心等"四心"，才有了根于"四心"的仁、义、礼、智等"四端"，而"四端"中以"仁"为中心。"夫仁，天之尊爵也，人之安宅也。"⑤ 仁的内容是"仁，人心也"⑥。仁心转化行动就是要像孔子说的那样"仁者，爱人"，以爱父母为先，然后由"孝"而"忠"，使"孝"

---

① 《论语·泰伯》。
② 《论语·学而》。
③ 《孟子·告子上》。
④ 《孟子·公孙丑上》。
⑤ 同上。
⑥ 《孟子·告子上》。

成为政治之本。"有不忍人之心，斯有不忍人之政矣。以不忍人之心，行不忍人之政，治天下可运之掌上。"① 孟子的"不忍人之政"并不专指对人，还包括了对物。既要给民以"恒产"，轻徭薄赋，救济穷人，还要不违农时，爱护生物，保护环境。孟子认为"不违农时，谷不胜食也；数罟不入洿池，鱼鳖不可胜食也。斧斤以时入山林，材木不可胜用也。谷与鱼鳖不可胜食，材木不可胜用，是使民养生丧死无憾也。养生丧死无憾，王道之始也"②。也就是说，孟子是把保护生物资源以满足百姓的生活需要作为推行王道仁政起始和措施来看待的。因为生物资源得到保护，财物充裕，老百姓温饱得以满足，是仁政的基本要求，也是统一天下的基本条件。正如孟子进一步所指出的："老者衣帛食肉，黎民不饥不寒，然而不王者，未之有也"③。

第二，明确提出了乐天保国、仁民爱物、仁者无敌等环境政治主张。孟子说"莫之为而者，天也"，"顺天者昌，逆天者亡"，④"天行有常，不为尧存，不为桀亡。应之以治则吉，应之以乱则凶"⑤。这把先秦儒家对天人关系的认识推进到了一个崭新的阶段，即由"畏天命"⑥"获罪于天，无所祷也"⑦的唯心兼有一些宿命的认识转向了唯物的、更加注重人的主体精神的天人观。因此，人对待天的态度不一样，政治后果也不同。孟子认为，"乐天者保天下，畏天者保其国"⑧，天生万物，而"万物皆备于我也"，因此，天道和人道是相通、互动的，只要以诚相待就能相互感动。"诚者，天之道也；思诚者，人之道也。至诚而不动者，未之有也；不诚，未

---

① 《孟子·公孙丑上》。
② 《孟子·梁惠王上》。
③ 同上。
④ 《孟子·离娄上》。
⑤ 《荀子·天论》。
⑥ 《论语·季氏》。
⑦ 《论语·八佾》。
⑧ 《孟子·梁惠王下》。

有能动者也。"① 主张"仁民而爱物"②，以仁伐不仁，反复强调"仁者无敌"③。

第三，孟子的环境政治理想是建立一个有王的自给自足、人与自然和谐的小农社会。孟子认为，如果有"五亩之宅，树之以桑"，那么，"五十者可以衣帛矣"；如果"百亩之田，勿夺其时"，"鸡豚狗彘之畜，无失其时"，那么"七十者衣帛食肉，黎民不饥不寒，然而不王者，未之有也"。④

孟子的环境政治思想以"仁政"为核心，他不是要像孔子那样去"克己复礼"、重建周朝秩序，而是在更加客观地认识天道的基础上，追求建设一种以小农经济为基础的人与人、人与自然和谐相处的王道政治。在封建专制时代，要统治者仁民爱物、施行仁政是困难的，但孟子关于王道政治的一些生态思想却深入人心，持久指导着人们的行动。如"顺天者昌，逆天者亡"⑤，"天行有常，不为尧存，不为桀亡。应之以治则吉，应之以乱则凶"⑥等。

（三）荀子：循道不贰，礼法并用的环境政治理论

战国末期的荀子（前298—前238）虽然批判性地吸纳了诸子百家的思想，但其主体思想属于儒家。他的环境政治思想以性恶论为基础，把人之生成求诸自然，"天地合而万物生，阴阳接而变化起"⑦。人只是天地所生万物中有"血气"的一类，"有血气之属莫知于人"⑧。人是自然的产物，因而人性自然，"性者，天之就也，不可学，不可事"⑨。人生而有情、有欲、好利，这本是"生之而然"的本能，但这些本性之中包含着恶的基因，当这些本能向外扩

---

① 《孟子·离娄上》。
② 《孟子·尽心上》。
③ 《孟子·梁惠王上》。
④ 同上。
⑤ 《孟子·离娄上》。
⑥ 《荀子·天论》。
⑦ 《荀子·礼论》。
⑧ 同上。
⑨ 《荀子·性恶》。

展时便走向了恶。《性恶》说:"今人之性,生而有好利焉,顺是,故争夺生而辞让亡焉;生而有疾恶焉,顺是,故残贼生而忠信亡焉;生而有耳目之欲,有好声色焉,顺是,故淫乱生而礼义文理亡焉……"在荀子看来,礼、法是矫治人性的工具。这就为荀子的生态保护思想从理论转向制度化和政策化奠定了基础。

荀子的环境政治思想在理论层面提出了天时、地利、人和"三位一体"的观念,在实践层面表现为以时禁发、节用裕民的富国富民之道的形成。

与道家不同,荀子天时、地利、人和"三位一体"的思想是基于天人相分的理论。荀子认同人是天地变化所生的观点,但是,"天能生物,不能辨物;地能载人,不能治人也"①。所以,天、地、人的职能各不相同,"天有其时,地有其材",而"人有其治",人如果能"明于天人之分,则可谓至人矣"②,"荀子的'明于天人之分'这句话,就把唯物主义哲学的一个最主要的命题树立起来了"③。它为荀子在使民以时上主张现实可行的法律化、制度化奠定了思想基础。

"循道而不贰,则天不能祸……背道而妄行,则天不能使之吉。"因此,人必须尊重大自然的客观规律,使自己的思想行为与自然规律相符而不是相反。他说:"人之命在天,国之命之礼。军人者,隆礼、尊贤而王,重法、爱民而霸,好利、多诈而危,权谋、倾覆、幽险而尽亡矣。大天而思之,孰与物畜而制之!从而颂之,孰与天命而用之!望时而等之,孰与应时而使之!因物而多之,孰与聘能而化之!思物而物之,孰与理物而勿失之也!愿与物之所生,孰与有物之所成!故错人而思天,则失万物之情。"④这里荀子所要强调的正是在顺应天、地既有规律的前提下,要积极发

---

① 《荀子·礼论》。
② 《荀子·天论》。
③ 冯友兰:《中国哲学史新编》(第2册),人民出版社1983年版,第369页。
④ 《荀子·强国》。

挥"人治"的能动性，不要只想着天而忽视了人自身的作用。不过荀子心目中能"制天命而用之"的理想人选是君子，他们同样是天地所生，但与众不同的是他们能"理天地""参天地""总万物"，即具有治天时、地利和社会的能力，可以与天地的作用相比照，他们能使天地间"万物得宜，事变得应，上得天时，下得地利，中得人和"，使"天之所覆，地之所载，莫不尽其美，以善其用"，"而宇宙理矣"[①]。

相反，如果恣意妄为，反规律而行之，则"万物失宜，事变失应，上失其时，下失其利，中失人和，天下敖然，若烧若焦"。这里荀子不但把天时、地利、人和看成互相联系的事情，而且天时在前，人和在后，顺应天时、地利是人和的前提和条件。因此，天时是自然的首要规律，只有遵循自然规律，"不违农时"，才能使人类有"余食""余用"和"余材"。这种"余"的智慧体现了对持续发展的一种追求。

与此同时，荀子在实践的层面上，主张礼法并用。通过王者之法和节用裕民的政策来协调人与人、人与自然的关系，以实现富国富民。荀子认为保护生态环境是"圣王之制""王者之法"。他讲："圣王之制也，草木荣华滋硕之时，则斧斤不入山林，不夭其生，不绝其长也；春耕、夏耘、秋收、冬藏，四者不失时，故五谷不绝，而百姓有余食也；池渊沼川泽，谨其时禁，故鱼鳖尤多而百姓有余用也；斩伐养长不失其时，故山林不童而百姓有余材也。"[②]在《王霸》中，荀子说"王者之法：等赋，政事，财（裁）万物，所以养万民也。田野什一，关市几而不征，山林泽梁，以时禁发而不税"等。这些主张充分体现了遵循自然规律、保护生态环境的生态政治思想。这里不但把利用、开发和保护有机地结合起来，而且把利用、保护上升到了"圣王之制""王者之法"的高度来认识，

---

① 《荀子·解蔽》。
② 《荀子·王制》。

标志着环境政治的制度化意识的萌芽，使以"时"为核心内容的天道与"余"的智慧有机地结合起来，使时政思想走向了可持续化，初步显示出由物至生命再到人的认识序列，为儒家在环境保护中价值序列的形成创造了条件。

为了富国裕民，荀子提出了节用裕民的政治主张。他说："足国之道，节用裕民，而善臧（藏）其余。节用以礼，裕民以政。彼裕民故多余，裕民则民富，民富则田肥以易（易：治理），田肥以易则出实百倍。上以法取焉，而下以礼节用之，余若丘山，不时焚烧，无所藏之。"显然最后一句是吹牛，但其他论述很有见地，荀子把生产、分配、消费作为一个统一的过程，希望用政策加以调节。他还提出了许多因地制宜发展农业的措施。例如，"多粪肥田"；"修堤梁，通沟浍，行水潦，安水藏，以时决塞"[①] 等。

此外，荀子的环境政治思想还有一点与众不同，即认为动物也能"知"。他在《礼论》中说："凡生乎天地之间者，有血气之属必有知。"即肯定凡是动物都有知觉。荀子呼吁尊重动物，遵循自然，保护和合理利用自然资源，因时制宜，因地制宜，自觉维护生态平衡。他认为认识和感知外部世界是人性的表现，人不但能感知万物，而且能认识事物内在的道理和规律。

由此可见，先秦儒家不仅有环境政治思想，而且思想内涵丰富。上得天时、下得地利、中得人和的整体思维初步形成，环境政治在理论和实践两个层面上持续发展。

二 两汉：天人合一、王者法天意

汉代是中国历史上统一的君主专制主义政权巩固的重要时期。政治上的统一，皇权的强化，必然要求世界观的统一。这意味着对以往天地人的多元化思想体系的解构。汉武帝的天人三问也恰恰反映了统治者一统思想意识形态的新要求。立志"为君立言"的董仲

---

① 《荀子·王制》。

舒迎合了这样的时代要求，他把以往对天的各种解释杂糅在一起，并给以神秘的唯心主义的解释，同时，把阴阳、五行、自然现象统统包摄进自己的理论体系，不仅正式提出了"天人合一"的概念，而且建构了"天地人一体"的天人感应说，并以此为基础，提出了天地人一体化的环境政治理论，主要内容有尊天、天人合策、王者法天意等。

第一，董仲舒以"天人合一"说为整个理论体系的基础，由"天人合一"推导出"天王合一"，要求人们在政治上尊天、尊王。董仲舒在《春秋繁露》的《深察名号》《人副天数》《阴阳位》等篇章内正式提出并运用了这一概念。董仲舒说："天人之际，合而为一。同而通理，动而相益，顺而相受，谓之德道。"① 意思是天与人是互相融合、互相联系的一个整体，它们之间道理相通、动静相连、相得益彰的，顺应其中的道理就可以互相承受，彼此统一，这就是所谓道德法则。但是，董仲舒的"天人合一"隐含了"天王合一"，强调"尊天"与尊君的统一。董仲舒说："天地之气合而为一，分为阴阳，判为四时，列为五行。"② 在天与地中，董仲舒突出强调天是"百神之大君也，事天不备，虽百神犹无益也"③。董仲舒在这里神化"天"主要目的是通过"君权天授"说、"尊君"说，维护君主的至尊地位，尊天则必须尊君。这样，就回答了汉武帝关于王权的合法性问题，可以满足统治者神化君主和"尊君"的需要，维护和强化君主神圣不可侵犯的至尊地位。董仲舒说："古之造文者，三画而连其中谓之王。三画者，天地与人也，而连其中者通其道也，取天地与人之中以为贯而参通之，非王者孰能当是。"④ 他在《王道通三》中明确指出，"天地人主一也"！因此，董仲舒神化天、尊天的目的是要尊君，是要向人们贯彻"天王

---

① 《春秋繁露·深察名号》。
② 《春秋繁露·五行相生》。
③ 《春秋繁露·郊语》。
④ 《春秋繁露·王道通三》。

合一"的思想,他认为"天子受命于天",所以天下要"受命于天子"①。所谓天子随天,民随君。这是不能变的天经地义之道。

第二,提出"天地人一体说",创立灾异天谴理论,其政治目的是要"王者法天意"。董仲舒通过"天人合一"说在理论上论证了天子独尊的合理性,然而天子的绝对权力并非在任何情况下都对封建统治的长治久安有利,一旦君主无限度地滥用权力,常常会导致国破家亡、危害苍生的严重生态政治后果。因此,董仲舒吸纳和发扬光大了先秦天地相参相合的思想,提出了"天地人一体说"。董仲舒讲:"何为本?曰天、地、人,万物之本也,天生之,地养之,人成之……三者相为手足,合以成体,不可一无也。"②意思是天地人三者是情同手足、合为一体的关系,且三者分工合作,彼此互动,进而构成了万物生化的根本。这种协同共生关系是规律。背离或遵循这种关系的生态后果截然不同。三者协同共生便会带来自然之赏,三者失调将遭受自然之罚。董仲舒说:"三者皆亡,则民如麋鹿,各从其欲,家自为俗,父不能使子,君不能使臣,虽有城郭,名曰虚邑,如此,其君枕枕而僵,莫之危而自危,莫之丧而自亡,是谓自然之罚。自然之罚至,裹袭石室,分障险阻,犹不能逃之也。"董仲舒在这里特别提出"自然之罚"对国君的严惩不贷,因为国君作为一国之主,对破坏天地人这个生态系统负有最大的责任。进而认为灾异之变是"国家将有失道之败,而天乃先出灾害以谴告之,不知自省,又出怪异以警惧之,尚不知变,而伤败乃至。以此见天心之仁爱人君而欲止其乱也。自非大亡道之世者,天尽欲扶持而全安之,事在强勉而已矣"③。这就是董仲舒灾异天谴的主要思想。既然灾异是因政治失道引起的,主要责任在君主。那么君主"何修何饬"才能谋得人与自然和谐相处呢?因此董仲舒主张"王者法天意"。

---

① 《春秋繁露·通国身》。
② 《春秋繁露·立元神》。
③ 《汉书·董仲舒传》。

第三，王者法天意，任德教而不任刑，提出泛爱群生的崭新环境政治理念。董仲舒所谓"天意"是什么？如何才能"法天意"？归纳起来主要有两方面内容：一是在政治上要以德治国，任德而不任刑。"王者承天意以从事，故任德教而不任刑。刑者不可任以治世，犹阴之不可以成岁也。为政而任刑，不顺于天，故先王莫之肯为也。今废先王德教之官司，而独任执法之吏治民，毋乃任刑之意与！"① "天道之大者在阴阳。阳为德，阴为刑；刑主杀而德主生。是故阳常居大夏，而以生育养长为事；阴常居大冬，而积于空虚不用之处。以此见天之任德不任刑也。"② 二是在伦理上要"以成民之性为任"。为此，董仲舒创立了"性三品"说，以确立君王的道德领袖地位，通过"三纲五常"构建起刚性的封建政治道德秩序，为实现德治教化奠定了新的理论基础。在人与自然的关系方面，董仲舒第一次提出了"鸟兽昆虫莫不爱"的生态保护观，并把泛爱群生确定为君王的政治责任。他主张君王要像天一样爱利天下，"故王者爱及四夷，霸者爱及诸侯，安者爱及封内，亡者爱及独身"③；要做到"鸟兽昆虫莫不爱"，正如他在《春秋繁露·离合根》中强调的那样，君王要"泛爱群生，不以喜怒赏罚，所以为仁也"；要根据灾异及时反省、知变和更化，以协调人与人、人与自然的关系，否则就会遭"自然之罚"，甚至有"国家之失"即失去国家政权的危险。

第四，主张"天人合策"，知变、更化。这促成了政治发展观的形成和传统环境政治思想向政策化、制度化的转变。一种主义或思想只有当它变为实际的社会政治运动，或者与政治权力高度结合的时候，才对社会表现出非凡的支配力量。董仲舒的环境政治理论之所以能继往开来，充分表现在它致力于将思想变成制度性安排或作为律令、原则由王者来执行。使畏天崇圣、王者法天意、泛爱群

---

① 《汉书·董仲舒传》。
② 同上。
③ 《春秋繁露·仁义法》。

生等理论转化为实践。

由于两汉是中国历史上灾异频发的四大高峰期之一。因此，汉武帝不仅关心君权的合法性，关心"灾异之变，何缘而起"的问题，而且在一定程度上更关心"何修何饬"才能实现"膏露降，百谷登，德润四海，泽臻草木，三光全，寒暑平，受天之祐，享鬼神之灵，德泽洋溢，施乎方外，延及群生"[①]的环境政治问题。

董仲舒在天人三策中初步指出了消除灾异、稳定政治的解决之道，即"强勉学习"和"强勉其道"。董仲舒所强调的"道"是治国之道，他说："道者，所繇适于治之路也，仁义礼乐皆其具也。"因此，他要君王强勉实行的"道"就是仁义礼乐，就是天意、天道。只有这样做了，灾异才可消除。"故治乱废兴在于己，非天降命不得可反，其所操持谆谬失其统也。"在这里，他理性地回答了汉武帝关于天命的问题。在董仲舒看来，对汉王朝而言不是天命能不能返的问题，而是所作所为是否背离了仁义礼乐传统的问题。于是，知省、知变、知更化，积善累德，任德不任刑是必然选择。这些思想和主张反映到两汉的制度安排中，便形成了一种以专制集权为原则的环境政治治理模式。这种模式主要表现在以下四个方面：

（1）"罪己诏"的制度化。罪己诏是帝王向上天和民众检讨治理不善，以求改过自新的诏书。汉文帝前元二年（公元前178年）十一月的日食诏首开汉代"罪己诏"的先河，但是罪己诏的制度化则要在汉武帝执政之后。据不完全统计，东汉一代，皇帝因为自然灾害而下诏罪己约有30次。同时，罪己诏也逐渐形成了相对固定的格式，其基本逻辑是由天及人，最后落实到政治调节。罪己诏一方面彰显了帝王通天致圣的至尊地位，另一方面成为帝王借助罪己诏，更化变制，调节政治的重要制度和措施。

（2）灾异奏疏的机制化。灾异奏疏是汉儒援引灾异进行立论并上奏君王，以匡正其主的奏折或文章。据统计，现存的汉代灾异奏

[①] 《汉书·董仲舒传》。

疏约有54篇。这些灾异奏疏深受天人相应的灾异天谴说的影响,以至于西汉中晚期的灾异奏疏"多缘灾异以立言"①,并以此褒贬现实政治社会的利弊是非。灾异奏疏是汉代君臣之间交流不同政见的一种新机制。"中国过去的历史上,只有西汉有这种以自然法则的信仰向政权直接挑战的个例。"② 灾异奏疏对劝诫和约束君王的行为发挥了巨大的作用。

(3) 以应对环境灾难的法令、制度与政策措施为内容的荒政体系基本确立。"荒政"一词最早出现于战国时代的《周礼·地官·大司徒》一书中。其内容已涉及"散利""薄征""缓刑""弛力"等。汉代灾害多发、群发,更要求荒政内涵不断丰富,制度有所创新。因此,汉代不仅出现了"移民就食",而且建立了灾情勘报制度,实施了免租、赈济、借贷、抚恤安辑、蠲免减征与缓征、调粟平粜与禁遏籴、建立仓储、储粮备荒等政策措施,以及劝奖社会助赈与民间义赈的互动救抚机制。

(4) 水政和农政的相关制度逐渐建立。封建统治者逐渐认识到消除环境灾害的基本点和主要方面是要在长期的实践中形成一套减灾防灾的决策体制、行政管理体制以及一系列切实可行的措施。例如,在农政方面,汉朝建立了"自立春至立夏尽立秋,郡国上雨泽"③制度,并为以后历朝所沿袭。在水政方面,西汉政府在关中地区兴建了六辅渠、白渠等一大批水利工程。尤其是东汉永平十二年(69年),明帝鉴于黄河决溢魏郡60年,黄河及支流汴水、济水年年泛滥,便任命王景主持治河。王景遵循黄河泛滥的轨迹,筑堤修渠。东汉政府则在滨河地方设置了河堤管理官员,建立岁修制度,加强了维修管理。最终使黄河下游河道从此出现了800年相对安流的局面。

第五,提出人与人、人与自然"双和谐"的生态社会理想。为

---

① 徐复观:《徐复观论经学史二种》,上海书店出版社2002年版,第176—177页。
② 许倬云:《求古编》,联经事业出版公司1982年版,第497—498页。
③ 《后汉书·礼仪志中》。

君立言的政治理想和现实的环境灾难，使董仲舒对古今之变和前朝往事的感悟，以及追求的社会理想都与众不同。他在通古今之变时，不仅认识到了社会矛盾对王朝兴衰的影响，而且对人与自然关系的恶化多了一份人性的政治关怀。例如，对夏、商的灭亡，他不仅归咎于桀、纣对人类即自己的同胞和平民百姓"深刑妄杀""夺民财食""骄溢妄行"，还特别列举了桀、纣破坏生态的罪行——"困野兽之足"（把野兽抓获关押起来）、"竭山泽之利"（竭尽山川出产的物品）、"食类恶之兽"（吃食凶猛的野兽）、"灵虎咒文采之兽"（栅栏里关满了老虎犀牛等皮毛绚丽的野兽）、"以糟为丘，以酒为池"（用酒糟堆积成山丘，用米酒来做池塘）。以至于"夏大雨水""冬大雨雹""正月不雨至于秋七月""地震梁山崩""壅河三日不流"①等，初步向人们揭示了天灾、人祸的内在相关性。

循着这种认识路线，作为先秦儒家思想的继承人，董仲舒的社会理想与孔子的大同社会明显不同。他说："五帝三王之治天下，不敢有君民之心，什一而税，教以爱，使以忠，敬长者，亲亲而尊尊，不夺民时，使民不过岁三日。民家给人足，无怨望忿怒之患、强弱之难，无谗贼妒嫉之人，民修德而美好，被发衔哺而游，不慕富贵，耻恶不犯，父不哭子，兄不哭弟，毒虫不螫，猛兽不搏，抵虫不触。故天为之下甘露，朱草生，醴泉出，风雨时，嘉禾兴，凤凰、麒麟游于郊，图圄空虚，画衣裳而民不犯，四夷传译而朝，民情至朴而不文。"②他的社会理想虽然在本质上仍是一个以君王为中心的亲亲而尊尊的尊卑有序的社会，但是，其理想社会多了一份生态政治追求。在政治上，承认君有"什一而税"、役使臣民的特权；在伦理上，有着由亲至疏的更加全面的等差价值序列，从君臣民到父子、兄弟、虫兽、草木、风雨、神兽，虽有远近亲疏、尊卑

---

① 《春秋繁露·王道》。
② 同上。

贵贱之分，但都共享同一个伦理体系。因此，与孔子和司马迁相比，董仲舒"究天人之际，通古今之变"不仅多了一个崭新的生态视角，更重要的是他确立了一种适合以农为本、天灾人祸不断的传统中国社会的整体思维，即将环境与伦理、政治有机结合的整体思维。这种思维方式成为动员各种社会力量，团结在君主专制集权的中央政府周围，追求国泰民安、风调雨顺、江山永固的重要思想力量，引领着包括董仲舒在内的炎黄子孙努力地谋求人与人、人与自然和谐共生的生态社会。这种思维方式才是真正的中国式天人合一整体思维方式。

董仲舒的环境政治思想在理论、实践以及思维方式上，既吸纳和弘扬了先秦诸子百家的思想，又通过创新形成了新的理论体系。所以，董仲舒的环境政治理论标志着传统环境政治思想体系的正式形成。

三 理学：天人一体、圣王专制

崇圣是中国传统政治文化的一个重要特征。春秋以前崇神，春秋以后崇圣。神是非人格的，而圣则是人中之杰，崇圣是在重人的基础上发展起来的，它肯定了人的存在意义和价值，从崇神到崇圣的转变意味着政治文化的转型。圣人可以是具体的历史的人，也可以是抽象的道德人。宋明理学突出的是后者，强调圣人无我，主张建立圣王专制。圣人、圣王不仅与伦理政治有关，而且与对自然的认识范式密不可分。我们之所以用"天人一体的圣王专制"来概括宋明理学对传统环境政治的发展，主要有三点理由：一是"天人一体"是宋明理学的精神要义，是理学环境政治的哲学基础；二是圣人顺天而无我是宋明理学改良政治的理论前提；三是圣王专制是儒学内圣外王路线的继承和发展，是宋明理学将天道与政道结合，试图借天道专制补救王道危局的一种济世方案，它代表了一种新的环境政治范式。

第一，宋明理学明确提出了"仁者以天地万物为一体"的天人一体说，不仅承认植物、动物乃至整个自然界都有内在的价值和生存权利，而且也自觉地把天赋的人心之爱，由传统的人际领域不断向自然生态领域拓展，把孔子开创的"仁爱"思想向生态伦理政治的方向作了极大的发展，使天人一体成为圣人专制的理论基础。

一方面，宋明儒家都以不同方式表达了"天人一体"学说的意义。周敦颐认为，我与天地之同在于皆有生意，其道德表现即是仁。张载则提出了更加精要的"民胞物与"说，这是宋儒"天人一体"论最闪光的表述之一。他说："天地之塞吾其体，天地之帅吾其性，民吾同胞，物吾与也。"① 意思是，人的身体、精神道德都源于自然，所谓万物一源，因此，我与人民、自然万物是朋友与伴侣关系，当然应该爱惜与呵护，应当和谐相处。同时，张载认为，乾称父，坤称母，人与万物都是天地的儿女，因而人与万物还有近亲关系。仁爱亲近是儒家的一贯主张，所以人对万物应该做到"体物而不遗"，即毫无保留、毫无遗漏地将仁爱施于万物，体会天人一体的生命意义。程朱理学的创始人程颢、程颐承袭了张载的思想，认为"天、地、人只一道也"，"在天为命，在人为性，论其所主为心，其实只是一道"。程颢提出了著名的"仁者浑然与物同体"②的命题，他以人身血气流通喻仁，把人和宇宙万物看成息息相关的整体。朱熹则说得更加直接明了，"天是一个大底人，人便是一个小底天"，③ "一身之中，凡所思虑运动，无非是天"④，"天即人，人即天。人之始生得于天也。既生此人，则天又在人矣，凡语言动作视听，皆天也"。"天人本只一理，若会得此意，则天何尝小也？"⑤

另一方面，宋明理学家在表述各自关于"天人一体"思想的同

---

① 《正蒙·西铭》。
② 《二程遗书·识仁篇》卷二上。
③ 《朱子语类》卷六〇。
④ 《朱子语类》卷九〇。
⑤ 《朱熹集·仁说》卷六七。

时，不断丰富和发展了儒家生态伦理思想，以指导政治变革。朱熹在坚持仁学思想的同时，丰富和发展了"二程"提出的"理一分殊"说。"理一"以"天人一体"说为基，"分殊"则承认人与禽兽草木等自然物有爱的等差。"理一分殊"承认人与万物的统一性，又认为"人是天地中最灵之物"①，所以说"天地不会说话，请他圣人出来说"②。"圣人独能裁成辅相之"③。换句话说，圣人在宇宙中的伟大不在于凌驾天地万物之上，而在于替天行道，辅天育物，使人真正成为天地之心，彰显人心仁爱。"仁是根，爱是苗。"④在朱子看来，仁爱是人心的根本德性，这种根本德性又是人心所固有的"天理"，而"天理"的本性则是"常流行生生不息"的，"仁心不息，其参天两地之至诚乎"！⑤这些思想理论为顺天从人的圣人政治奠定了基础。

在宋明理学中把天地万物一体说阐述得最精致的是王阳明。王阳明认为，此心即彼心，人心即天地之心。这种万有共同的心就是仁。王阳明在《大学问》中说："大人之能以天万物为一体也，非意之也，其心之仁本若是，其与天地万物而为一也。岂惟大人，虽小人之心亦莫不然，彼顾自小之耳。是故见孺子之入井，而必有怵惕恻隐之心焉，是其仁之与孺子而为一体也；孺子犹同类者也，见鸟兽之哀鸣觳觫，而必有不忍之心焉，是其仁之与鸟兽而为一体也，鸟兽犹有知觉者也，见草木之摧折而必有悯恤之心焉，是其仁之与草木而为一体也；草木犹有生意者也，见瓦石之毁坏而必有顾惜之心焉，是其仁之与瓦石而为一体也；是其一体之仁也，虽小人之心亦必有之。是乃根于天命之性，而自然灵昭不昧者也，是故谓之'明德'。"简言之，人对他人和生灵万物表现出来的不同心情

---

① 《朱子语类》卷二一。
② 《朱子语类》卷六五。
③ 《朱子语类》卷二〇。
④ 《朱子语类》卷二。
⑤ 《曾国藩全集·读书录》。

都是根源于天命人性的自然表露，是所谓的"明德"。只是孟子把仁爱的发端之处归于"四心"，王阳明则把人心生意的发端之处归于父子兄弟之爱，并最终创造性地完整表述了理学"天人一体"而又爱有等差的生态伦理价值链，即"禽兽与草木同是爱的，把草木去养禽兽，又忍得；人与禽兽同是爱的，宰禽兽以养亲，与供祭祀，宴宾客，心又忍得。至亲与路人同是爱的，如箪食豆羹，得则生，不得则死，不能两全，宁救至亲，不救路人，心又忍得。这是道理合该如此。乃至吾身与至亲，更不得分别彼此厚薄。盖以仁民爱物，皆从此出"①。王阳明在这段话里揭示的草木—禽兽—人之间的"食物链"关系，尽管不如现代生态学家所论证的那么科学，但它却比西方生态学提出"食物链"理论早了四百多年。同时，明确了人在遭遇人与人、人与生灵万物的伦理难题时进行道德判断和行为选择的应然价值链，即至亲—路人—禽兽—草木—瓦石，形象地展示了宋明理学"天人一体"的伦理图式。这种完整的亲亲、尊尊的生态伦理序列就是理学所谓的"至顺"的天地之道。"天地之道，至顺而已矣。大人先天不违，亦顺理而已矣。"②但是，"天只生得许多人物，与你许多道理。然天却自做不得。……盖天做不得底，却须圣人为他做也"③。圣人"心代天意，口代天言，手代天工，身代天事"④。因此，圣人政治是宋明理学"天人一体"处世哲学的政治选择。

第二，圣人顺天无我而王，这是宋明理学圣人观的核心思想，也是圣人转化为圣王的基本前提。宋明理学将圣人定位为认同天而成为"天地之用"的高尚之人。"圣人，天地之用也"⑤。圣人必然要"顺天无违""无我"，完全遵循天意行事而不能有自我的想法。

---

① 《传习录》（下）。
② 《二程集·河南程氏粹言》卷二。
③ 《朱子语类》卷一四。
④ 邵雍：《观物·观物内篇之二》。
⑤ 《二程集·河南程氏粹言》卷二。

圣人的全部就是"敬天""忧天"和"乐天"。圣人顺天唯"敬","敬只是一个'畏'字"①,"畏"则"至顺"。"畏天"必须从"忧天"开始,"圣人所以有忧者,圣人之仁也。不可以忧言者,天也。盖圣人成能所以异于天地"②。也就是说,圣人有心所以有"忧",天地无心故无"忧"。"忧"强调了圣人不同于天的能动意义,圣人在天人相分时忧,在天人合一时乐。圣人尽"天地之用"的过程,始于"忧"——自我意识的觉醒,终于"乐"——"无我"即自我意识的圆寂。"乐"是圣人判明"无我"的标尺。圣人之乐有三种:一是"从心所欲"之乐;二是"心广体胖"之乐;三是"大公无私"之乐。如果圣人进入了"无我"的境界,就能"左来右去,尽是天理,如何不快乐",这就是所谓"从心所欲"之乐。"无我"的圣人心系宇宙"吾心即是宇宙,宇宙即是吾心",其心广大至极,进而可以使"万物皆备于我",这就是"心广体胖"之乐。圣人的解脱则是"至公无私、大同无我",正如朱熹所言:"仁者,天下之公。私欲不萌,而天下之公在我,何忧之有?"③"人之所以不乐者,有私意耳。"④因此,圣人在敬天、忧天、乐天的过程中不但失去了自我,而且作为人的自我意识也被自然化了。确切地说,圣人是被去"人"化的天人一体的"圣"。"圣人便是天,天便是圣人"⑤。圣人与天为一,与理为一,尽心向天,替天行道,无我而为。那么"圣"如何才转化为王呢?宋儒提出了三个基本条件:一是圣人尚公尚同,与天为一。圣人发而"感天下之心",使"己与天为一",垂法后世。法即圣人之言,是"圣人公心尽天地万物之理"的产物,是圣王确立的根本标志。二是立己立人,行忠恕之道;三是成己成物,"存心养性","事天济

---

① 《朱子语类》卷一二。
② 《朱子语类》卷七〇。
③ 《朱子语类》卷三七。
④ 《朱子语类》卷三二。
⑤ 《朱子语类》卷六八。

众","知周乎万物而道济天下"①。这样,由己及物,就能由内圣转化为外王。

第三,以天道专制为实质的圣王专制:存天理而"灭人欲""以杀启蒙"。宋儒设计了一条圣人由圣而王的路线,但圣人为王,将天道与政权结合在一起,并不意味着比现实的君主专制更加仁爱、温和。

一方面,因为在宋儒的眼里,人生"只有天理、人欲两途,不是天理,便是人欲"②。意思是天理与人欲是对立而不能统一的,并且人欲的无限性与财富的有限性也相互矛盾。因此,宋儒主张压抑人欲,只鼓励追求人的本能欲求。如"饮食者,天理也;要求美味,人欲也。"③ 他们认为人的耳目口鼻以及四肢躯体都执行"天职",它们构成行天理的系统,如有一丝一毫的私意施于它们,"即废天职",所以,"口目耳鼻四肢之欲,性也。然有分焉,不可谓我须要得,是有命也"④,其欲"惟分是安"。换言之,饮食男女等自然欲求是天理的一种低级的表现形式,与人欲不同,它的特点是"安分";人欲的特点是过分,是违背天理的要求,因而主张"灭人欲",以便维护天理。

另一方面,宋儒认为,芸芸众生皆为蒙者,圣人要履行天命就要"启众生之蒙,去众生之昏",而"启蒙"与"去昏"都要"一刀切","'壹是',一刀也。……颜师古注:'犹如以刀切物,取其整齐'"。⑤ 这"刀"便是教与刑。宋儒不仅继承了儒学重教化的传统,而且强调以刑治蒙。"圣王为治,修刑罚以齐众,明教化以善俗。"⑥ "圣人治天下,何曾废刑政来!"⑦ 因此,宋儒不仅以理杀

---

① 《二程集·河南程氏遗书》卷一。
② 《朱子语类》卷四一。
③ 《朱子语类》卷一三。
④ 《二程集·河南程氏遗书》卷一九。
⑤ 《朱子语类》卷一五。
⑥ 《二程集·周易程氏传·蒙》。
⑦ 《朱子语类》卷二三。

人，而且以刑杀人。在宋儒看来，杀人也是替天行道，对于下民，他们主张先刑后教，以杀启蒙，"发下民之蒙，当明刑禁以示之，使之知畏，然后从而教导之"①。那么，圣人治国的仁心仁爱又表现在哪呢？宋儒说："圣人之于民，虽穷凶极恶而陷于刑戮，哀矜之心无有异也。"②"虽曰杀之，而仁爱之实已行乎中。"③也就是说，圣人治国虽然杀人用刑也不失"不忍之心"，这就为圣王专制打开了方便之门，"圣人于天下自是所当者摧，所向者伏"。④

此外，圣王专制还希望实现儒家"人皆可以为尧舜"的理想，不仅要求圣王"无我"，也要求人人"无我"。"天教你'父子有亲'，你便用父子有亲；天教你'君臣有义'，你便用君臣有义。不然，便是违天矣。"⑤宋儒曰："圣人教人有定本。……教以伦：父子有亲，君臣有义，夫妇有别，长幼有序，朋友有信。"⑥君臣父子夫妇之道为"道之大本"⑦，是天理之在人者。因此，人子之孝顺便是"以父母之心为心"，不能有一点主体性。作为人臣和人子必须维护君与父的权威的绝对性和真理性，并为此可以作出任何牺牲，"君要臣死不得不死，父要子亡不得不亡"，顺到"无我"是圣王专制所需要的。这样，就可以人人为臣仆，成为没有自我主体意识的专制工具。于是，我们便不难理解在宋明理学的影响下，为什么会出现像岳飞那样的大忠之臣、为什么宋明以后封建专制更加杀气腾腾了。

因此，宋明理学的天人一体说和圣人观既促进了儒学自然主义的倾向，为儒学环境政治理论的新发展奠定了基础，又提出了一种新的生态伦理范式和一套圣王专制的环境政治范式，丰富了中国传

---

① 《二程集·周易程氏传·蒙》。
② 《二程集·河南程氏文集》卷八。
③ 《朱子语类》卷七八。
④ 《朱子语类》卷七五。
⑤ 《朱子语类》卷六〇。
⑥ 《朱子语类》卷八。
⑦ 《二程集·河南程氏遗书》卷一八。

统政治文化。但是，宋明理学顺天无我的圣人意识和圣王"与天为一"的专制统治，使人的主体精神和自我意识被驱逐和流放，臣民意识和专制主义更加深厚，使我们在从传统转向现代时塑造主体意识、公民意识和民主意识的任务更为沉重。

天和祖是儒家精神的两大支柱，两个本原，自然本于天，人文出于祖，自然主义和祖考精神成为儒家传统的两个原动力。

纵观儒家环境政治思想的发展，大致有三个重要时期：先秦为初步形成期，其主要代表人物有孔子、孟子和荀子等，主要思想包括使民以时，仁民爱物，以时禁发、节用裕民、乐天保国等。

两汉时期是传统环境政治正式形成期，以董仲舒为代表的汉代儒家学派在环境政治的理论和实践两个维度都取得了继往开来的成就，提出了以天人合一、天人感应、灾异天谴为生态哲学基础的尊天、天王合一、王者法天意等环境政治思想，要求统治者在政治实践中实施天人合策，任德不任刑；在轻徭薄赋，尊贤使能的同时，能继善成性，仁民爱物，做到鸟兽虫鱼莫不爱。董仲舒还希望通过环境政治思想的制度化来实现人与人、人与自然和谐相处的理想生态社会。因此，汉儒不仅为中国奠定了大一统的君主专制主义的传统，而且通过德主刑辅的制度化，使包含生态道德在内的伦理道德第一次成为衡量政治善恶是非的标准，同时也确立了一种以生态社会理想为引导的君主专制主义的环境政治范式。

宋明理学则把传统环境政治推进到一个新的发展时期。理学家以天人一体为生态哲学基础，提出了民胞物与、理一分殊等生态伦理思想，创新性地完整表述了"天人一体"但爱有等差的生态伦理价值链。在天人一体、天人一理的思想基础上发展出了圣人治国的圣人专制，其实质是天道专制，使儒家环境政治走向了与道家相异的自然主义政治的另一端，进而开创了传统环境政治的新范式。因此，儒家环境政治思想向我们展示了传统环境政治文化的多样性、融通性。

总之，传统儒家思考和探究问题的基本思路是上观天文，下察地理，中究人事。因此，儒家环境政治追求的主要目标是上得天时，下得地利，中得人和，宗旨是要寻求一条修身—齐家—治国—平天下的天人合一的政治路线，以确保家天下能风调雨顺、国富民裕、长治久安。

第二节 道家法自然、无为而治的自然主义政治观

道家是传统环境政治思想中以法自然为哲学基础，主张无为而治的自然主义政治的典型代表。神奇的是，在现实的裹挟下，主张法自然的道家逐渐走向了君道自然的君主专制。这种思想发展的内在逻辑关系正是我们下面要揭示的道家环境政治思想的重点。

道家的环境政治思想以法自然为中心内容，其代表人物的思想又因时代和认识的差异而各有特质。

"道家"之称始于司马谈的《论六家要旨》，司马谈称之为"道德家"和"道家"。

先秦虽没有"道家"之称，但作为一个派别是个明显的事实，一是他们有鲜明的自我意识，有树立旗帜和宗师的倾向；思维方式和使用的范畴、概念基本一致；有一定师承关系。二是在与道家不同的流派者的眼中，道家有着特殊的颜色。道家思想有两个显著特点：（1）讲道，强调道的本原性；（2）讲法自然，无论是为人处世，还是治理国家都要强调法自然。因此，道家的环境政治思想是以法自然为内核、为基础和原则的。其思想的形成和发展经历了三个重要阶段：先秦、汉初和魏晋南北朝，主要思想代表和流派有：老子、庄子、黄老学说和玄学。

一 老子：法自然、无为而治

老子是法自然，为无为的政治思想代表。他以"道"为最高范畴，不仅向我们展示了对自然规律和社会规律的总看法，也为统治

者提出了一套治理环境问题和社会战乱的南面之术。

（一）王法自然，无为而治。

老子的环境政治观以"道法自然"为哲学基础，提出要"以道莅天下"。老子说："道之为物，惟恍惟惚。"①"道可道，非常道；名可名，非常名。"② 所以，只能"强为之名"，"字之曰道"。③ 一方面，老子充分肯定了"道"在生成意义上的本原性和存在的独立性，"有物混成，先天地生。寂兮寥兮。独立而不改，周行而不殆，可以为天下母"④。"道"是先天的又是物质的，"其中有物"，"其中有精"，"其中有信"。⑤"朴散则为器。"⑥ 另一方面，老子更注重"道"的原则及其运动形式，以及如何运用"道"。他认为"道"的法则及运动形式是宇宙间最理想、最完善的存在模式。这个法则就是"自然"，这个运动的形式就是一种封闭的循环，"周行而不殆"，"强为之名曰大，大曰逝，逝曰远，远曰反"。⑦ 除了这种周行不殆的，物极必反的常道外，还有"物壮则老"的"不道"。他把人们对物质生活和精神生活的追求都看是非"常"之道和反"道"行为，把社会的进步看作"道"的式微，"德"的颓废。所以，老子对"有为"政治提出了挑战，把"道"的原则扩大到社会政治领域，企求按照"道"的原则对政治进行改造，目的是想"以道莅天下"⑧。

老子认为，治国的圣人应该是"道"的化身，他们的突出特点是能因道和法自然。那么，自然之道是什么呢？"天之道不争而善胜，不言而善应，不召而自来，繟然而善谋。"⑨"天道无亲，常与

---

① 《老子·二十一章》。
② 《老子·一章》。
③ 《老子·二十五章》。
④ 同上。
⑤ 《老子·十二章》。
⑥ 《老子·二十八章》。
⑦ 《老子·二十五章》。
⑧ 《老子·六十章》。
⑨ 《老子·七十三章》。

善人。"① "生而不有，为而不恃，长而不宰。"② "天长地久，天地所以能长且久者，以其不自生，故能长生。"③ ……据此，老子要求统治者坚持"王法地，地法天，天法道，道法自然"的原则，假如将这一递进关系式简化，那么，我们能清楚知道的是"王法自然"，其主体精神是王法自然，不争、不言、不召、不恃，无为而治。

（二）治大国，若烹小鲜。

"爱民治国，能无为乎？"④《老子》认为"无"是万物的本源和本性，"有"生于"无"，"有"是暂时的，如果要执着于"有"，那么"为者败之，执者失之"⑤。"有"的出现不是进步，而是对本源和本性的破坏。从哲学上看，应守住"无"而反对"有"。"无"表现于人事便是无为。《老子》的"无为"一方面来自哲学，另一方面来自对社会现象因果关系的逆向思维。因此，"无为"是一种策略，用于实际则是"为无为"。

在《老子》看来，当时人们都是沿着"有为"的道路行事，这就是"有争""有欲""有知""有身""熙熙""昭昭""察察"等，这些正是祸乱的根源。为了把人们从有为的道路上拉回到无为的轨道上来，《老子》想了许多处世之道、治国之策，其中，对统治者的主要建议：一是劝统治者减少政事活动，二是使民失去有为的条件。

《老子》要求统治者减少政治活动，总的原则是"三去"，即"去甚、去奢、去泰"⑥。具体而言，主要指薄税敛、轻刑罚、慎用兵、尚节俭。《老子》没有从正面提出过薄税赋的主张，但对厚敛进行了猛烈的抨击，斥责这样的当政者如同大盗。"民之饥，以其

---

① 《老子·七十九章》。
② 《老子·五十一章》。
③ 《老子·七章》。
④ 《老子·十章》。
⑤ 《老子·二十九章》。
⑥ 同上。

上食税之多，是以饥"①。"朝甚除，田甚芜，仓甚虚，服文彩，带利剑；厌饮食，财货有余：是谓盗夸。非道也哉。"②从这种入木三分的批判中，我们有理由认为《老子》是主张薄税敛的。《老子》没有从正面提出轻刑的主张，但对统治者的刑杀进行过尖锐的控诉，虽然"法令滋彰，盗贼多有"的因果关系是不正确的，但这包含了《老子》对统治者严令苛刑的批评。他提醒统治者"民不畏死，奈何以死惧之"③。对于用兵，《老子》不是寝兵主义的，但强调"以道佐人主者，不以兵强天下"④。反之，"天下无道，戎马生于郊"⑤。

一言以蔽之，"治大国，若烹小鲜"。⑥也就是说，鱼要吃，国要治，但要辩证地对待国家治理，治国不要大动干戈，而要谨小慎微，就像烹饪小鲜一样，莫乱挑乱动，否则小鲜就会碎烂。

（三）圣人之治，为无为则无不治。

既然"天之道不争"，天之道"不有""不恃""不宰"，那么，在政治统治中，君王就应该"使民不争"⑦、不欲、不武、不智等。即所谓"圣人之治，虚其心，实其腹，弱其志，强其骨，常使民无知无欲，使夫智者不敢为也，为无为，则无不治"⑧。老子认为，"有欲""有智"是产生有为的最根本的原因，因此，要让百姓"见素抱朴，少私寡欲"，"绝圣弃智"，这样就能"绝学无忧"，"民利百倍"。⑨为了增强控制，《老子》还为欲和智设置了高压线："罪莫大于可欲"⑩，谁有欲望和智慧就惩罚谁，"为奇者吾

---

① 《老子·七十五章》。
② 《老子·五十三章》。
③ 《老子·七十四章》。
④ 《老子·三十章》。
⑤ 《老子·四十六章》。
⑥ 《老子·六十章》。
⑦ 《老子·三章》。
⑧ 同上。
⑨ 《老子·十九章》。
⑩ 《老子·四十六章》。

得执而杀之"①。"为奇"就是犯罪，就要被杀。显然"无为而治"也有残忍的一面！

《老子》法自然而为"无为"的无为政治是要把人的社会性减小到最低限度，以突出人的生物性。无为政治无疑有利于缓解春秋战国时期的环境破坏，但《老子》的法自然、为无为是要把人和社会拉回原始，以便于统治者治理国家。此外，老子还提出了静观、守弱用柔、知盈处虚、居上谦下、不争、知微而治于未乱、以曲求全、深藏不露、精神满足等柔用之术，希望能以柔弱胜刚强，最后实现其小国寡民的原始生态社会。"使民有什伯之器而不用。使民重死而不远徙。虽有舟舆无所乘之。虽有甲兵，无所陈之。使民复结绳而用之。甘其食，美其服。安其居，乐其俗。邻国相望，鸡犬之声相闻，民至老死不相往来。"②遗憾的是，这些政治思想是逆社会进化规律而动的。

二　庄子：反理法而任自然

庄子是战国时期著名的隐士，道家的重要代表人物。因为善文、善辩而闻名于同时代的知识阶层。他一生主张无为，终身不仕，但却极细致地研究自然，考察世态，提出了一整套理论，在先秦思想界开辟了一个新领域。③

庄子的思想主要集中在《庄子》一书中，但《庄子》的研究主要集中于哲学上，对政治思想特别是反映环境问题的政治主张较少。不过从《庄子》对许多问题的看似荒谬的见解中，我们还是能捕捉到一些关于环境政治的思想之花。

第一，庄子环境政治思想的哲学基础是人性自然观而非宇宙自然观。

虽然从西周开始"天生烝民"的观点就一直占主导地位，但全

---

① 《老子·七十四章》。
② 《老子·八十章》。
③ 参见刘泽华《中国政治思想史集》第1卷，人民出版社2008年版，第351页。

面论述人是属于自然的一部分,是自然界的一种存在形式的,则首推《庄子》。《庄子》曰:"人之生,气之聚也。聚则为生,散则为死。"①"天地之委形也;生非汝有,是天地之委和也;生命非汝有,是天地之委顺也;孙子非汝有,是天地之委蜕也。"②"夫大块载我以形,劳我以生,佚我以老,息我以死。"③ 这其中没有一点神秘主义的味道,人的形体、生死、繁衍等都是自然赋予的,是自然的过程。这样,庄子就把人还给了自然,不能不说这是人类自我认识史上的里程碑。

既然人是自然的一种存在形式,就应该去自然中求解人性。《庄子》认为:"有人,天也;有天,亦天也。人之不能有天,性也。"④ 那么,性是什么呢?《庄子·庚桑楚》曰:"性者,生之质也。性之动,谓之为;为之伪,谓之失。"成玄英《疏》说:"质,本也。自然之性者,是禀生之本也。"也就是说这种本质本能是人的主观意识不能支配和改变的。因此,人性天生,人性也自然。人性的改变是因为受后天情欲的影响。"且夫失性有五:一曰五色乱目,使目不明;二曰五声乱耳,使耳不聪;三曰五臭熏鼻,困惾中颡;四曰五味浊口,使口厉爽;五曰趣舍滑心,使性飞扬。此五者,皆生之害也。"⑤《庄子》中许多篇章反复说明经济、政治、人伦等关系都是人性的桎梏,主张使人保持纯自然的生存状态,过一种"天放"式的生活,"彼民有常性,织而衣,耕而食,是谓同德;一而不党,命曰天放"⑥ 这里讲的衣食为性,只是限于人的生理需要。除此之外,人生在世与所有的人不亲不远,一切任其自然。

第二,反对仁、义、礼、乐、治,认为这些都是社会离乱的根源,是人性自然的桎梏。

---

① 《庄子·知北游》。
② 同上。
③ 《庄子·大宗师》。
④ 《庄子·山木》。
⑤ 《庄子·天地》。
⑥ 《庄子·马蹄》。

《庄子》认为有了仁义,"天下始疑矣",有了礼乐,"天下始为矣",①而"治"则更是"乱之率也,北面之祸也,南面之贼也"②。因为"治":一是会"乱人之性"③,引起性情"烂漫",使人类自身每况愈下,不可收拾;二是"治人"也破坏了人性自然,"乱天之经,逆物之情,玄天弗成;解兽之群,而鸟皆夜鸣;灾及草木,祸及止虫"④。三是握有治权的君王都是自私的,其所作所为都是违反自然规律的。"天地之养也一,登高不可能以为长,居下不可以为短,君独为万乘之主,以苦一国之民,以养耳目鼻口。"⑤ 因此,庄子废除仁、义、礼、乐、治,让人们回到自然,主张让人们"全角养生",养神、游心,不以物害己,忘己无己,实现"形全精复,与天合一"。⑥

第三,提出顺天而治,君道无为而臣有为的思想。

庄子反仁义礼智,但他不是无君论者。他部分地肯定了尧、舜等的作用,他认为君主的地位应该通过修行道德而来,而不是争或盗。"君原于德而成于天,故曰:玄古之君天下,无为也,天德而已矣。"⑦ 如果修道达到了"无天怨,无人非,无物累,无鬼责"的境界,就能"一心定而王天下","一心定而万物服"。⑧

因此,根据天道、天德,如果"君子不得已而临天下,莫若无为"⑨。无为一是顺从天道自然,"天有六极五常,帝王顺之则治,逆之则凶"⑩。"六极""五常"各家注解不一,一般认为是"六合""五行"。二是顺民情。《庄子·山木》认为治民之要在于顺形

---

① 《庄子·马蹄》。
② 《庄子·天地》。
③ 《庄子·天道》。
④ 《庄子·在宥》。
⑤ 《庄子·徐无鬼》。
⑥ 《庄子·达生》。
⑦ 《庄子·天地》。
⑧ 同上。
⑨ 《庄子·在宥》。
⑩ 《庄子·天运》。

率情,"形莫若缘,情莫若率。缘则不离,率则不劳。不离不劳,则不求文以待形;不求文以待形,固不待物"。缘、率皆顺从、遵循之意,缘形率情即任其自然。具体地说治民的顺形率情之术:"君为政焉勿卤莽,治民焉勿灭裂。昔予为禾,耕而卤莽之,则其实亦卤莽而报予;芸而灭裂之,其实亦灭裂而报予。予来年变齐,深其耕而熟耰之,其禾繁以滋,予终年厌飧。"① 即治民如同种庄稼,要顺其性而深耕细耘,否则带来的只能是报复。为了使民"安性命之情",至关紧要的还有"无擢其聪明"②,以免民心动荡。为此也要采取"静"和"无为"的策略。

如果君无为,那么天下如何才能"复朴"?庄子说:"上必无为而用天下,下必有为为天下用,此不易之道也。"③ 所以,帝王无为无责,坐享天下,臣下有为有责,天下要靠臣去治理。"无为而尊者,天道下也;有为而累者,人道也。""主者,天道也;臣者,人道也。"④

第四,君主不能有超越社会和自然之上的特权。

庄子认为,一切人在自然面前都是平等的。"天地之养也一,登高不可以为长,居下不可以为短。"⑤ 所以,"势为天子而不以贵骄人,富有天下而不以财戏人。计其患,虑其反,以为害于性,故辞而不受也。"⑥ 此外,根据自然人性论,庄子还提出了齐物、平均等思想,其理想国的最主要特征是摆脱春秋战国天灾人祸的环境政治局面,使人完全回归自然,民如野鹿,万物群生。"民愚而朴,少私寡欲"⑦,"山无蹊隧,泽无舟梁"⑧。人们尽力劳作,只求一

---

① 《庄子·则阳》。
② 《庄子·在宥》。
③ 《庄子·天道》。
④ 《庄子·在宥》。
⑤ 《庄子·徐无鬼》。
⑥ 《庄子·盗跖》。
⑦ 《庄子·山木》。
⑧ 《庄子·马蹄》。

饱,"其生可乐,其死可葬"①,生产、生活、生死一切皆自然!环境、经济、政治、社会皆自然和谐!

庄子的环境政治思想在某种意义上是弱者的精神安慰剂,但在特定的条件下,这种安慰剂又可转化为维护强者占据物质优势的特殊堤防。在争王称霸的时代,《庄子》环境政治思想既保护不了生态也拯救不了社会困难群体,但是,《庄子》对上至伏羲、神农、黄帝,下至同时代所有君主从整体上进行了批判,这在中国政治思想史是破天荒的,不应低估其对君主专制认识的重要意义。他的人性自然论、齐物、均平观等都闪耀着思想的光辉,启迪着后人的生态智慧。

三 "黄老":顺天从人、循理用当

西汉初期指导汉王朝政治实践的"黄老"思想,是假托黄帝和老子思想而形成的一个思想流派。"黄老"思想的基本特点是:称颂黄帝,承继老子,还融合了法家等其他学派的思想。从现有的资料来看,马王堆《老子》乙本前古佚书最具代表性。史家最早言黄帝的是《左传》和《国语》,经过春秋战国的传说,形成了"百家言黄帝"②的局面,黄帝成了许多人眼中的人类帝王之始和一位伟大的拓荒者和创造者;黄帝不仅是王和人祖,同时还被神仙化了。例如,《山海经》中的黄帝都是神仙。《庄子》所描述的黄帝也颇有仙气,"世之所高,莫若黄帝"③。这反映了黄帝在战国时期的显赫地位。同时,《庄子》某些篇章对黄帝的肯定开辟了老子学说与黄帝结合的道路。不过,真正可称黄老之言的当数 1973 年长沙马王堆三号汉墓出土的《老子》乙本前古佚书。在乙本前有《经法》《十六经》《道原》《称》四篇古佚书。这四篇古佚书的基本思路属于道家,但与《老子》《庄子》有很大的差异。

---

① 《庄子·山木》。
② 《史记·五帝本纪》。
③ 《庄子·盗跖》。

（一）"黄老"主张把"上知天时，下知地利，中知人和"作为治国之道

《十六经·前道》说："做王者不以幸（侥幸）治国，治国固有前道（前，先也），上知天时，下知地利，中知人和。"《经法·六分》载："王天下者之道，有天焉，有人焉，又（有）地焉。参（三）者参用之，而有天下。"不管这里的道是主观的还是唯物的，重要的是最常见的自然现象和运动规律都包括在道的范畴中。何谓天道？《经法·论》讲："天执一，[明三，定]二，建八正，行七法"。"执一"从残文"不失其常者，天之一也"看，大抵指天地运动的基本规律。"明三"指日、月、星、辰及其运行规律。"定二"指晦、明。"八正"指"四时有度，动静有立（位），而外内有处"。"七法"为"明以正""适""信""极而反""必"等，其他两项由于帛书残缺而不可知。但"七法"显然是对自然规律的不同形式的具体分析，这是作者的一大贡献。黄老思想提倡的人道主要是君主上下贵贱之道。认为"万民之恒事：男农、女工。贵贱之恒位：贤不肖不相放。畜臣之恒道：任能毋过其所长。使民之恒度：去私而立公"①，也就是使君、佐、臣、民各有其处。

（二）四时有度，循理当用

《老子》乙本前古佚书提出："四时有度，天地之李（理）也。"②"静作得时，天地与之"③，"当断不断，反受其乱"。④《经法·君正》说："受赏无德，受罪无怨，当也。"意思是说，当赏，无须感恩戴德；当罪，也不会产生怨恨。总之，循理用当，无事不通。反之"过极失当，天将降央（殃）"⑤。"当"的核心是以平衡应变化。"应化之道，平衡而止。轻重不称，是胃（谓）失道。"⑥

---

① 《经法·道法》。
② 《经法·论约》。
③ 《十六经·姓争》。
④ 《经法·国次》。
⑤ 同上。
⑥ 《经法·道法》。

抓住事物的平衡点就抓住了"当"。"当"又分"天当"和"人当",天当指人遵从自然之理;人当指顺从社会规律和习俗。"过极失当"是人之大忌。"诛禁不当,反受其央(殃)"①。

(三)"三才"合一,顺天合人

《经法·四度》说,天地之道"极而反,盛而衰。"天、地、人"三才"是统一并良性循环的。"人之本在地,地之本在宜,宜之生在时,时之用在民,民之用在力,力之用在节。知地宜,须时而树,节民力以使,则财生。赋敛有度则民富,民富则有佴(耻),有佴(耻)则号令成俗而刑伐(罚)不犯。号令成俗而刑伐(罚)不犯则守固单(战)朕(胜)之道也。"②天地人三者相互联系并循环的关系要求人主在施政时,一方面要"因天"③,"顺天"④。《十六经·姓争》说:"顺天者昌,逆天者亡。"顺天则"五谷溜孰(熟),民[乃]蕃兹(滋)。君臣上下,交得其志。"另一方面又要结合人的需求来进行治理,因为"天道环(还)于人,反(返)为之客"⑤。因此,《十六经·立命》借黄帝之口说出了:"吾畏天爱地亲民。"《经法·君正》则讲:"兼爱无私,则民亲其上。"合人、亲民的基本策略就是:在经济上"苟事,节赋俭,毋夺民时";在政治治理中,要"使民之恒度,去私而立公"。⑥《经法·君正》说:"精公无私而赏罚信,所以治也。"公正无私是道的本性,圣人因之。《经法·国次》曰:"天地无私,四时不息。天地立(位),(圣)人故载"。圣人"参于天地,而兼复(覆)载而无私也,故王天[下]"⑦。

此外,古佚书的作者还吸纳了先秦形名理论的思想,主张先形

---

① 《经法·国次》。
② 《经法·君正》。
③ 同上。
④ 《十六经·姓争》。
⑤ 同上。
⑥ 《经法·道法》。
⑦ 《经法·六分》。

而后名，循名以责实，君主通过审核形名以控制臣下。《经法·称》说："有物将来，其刑（形）先之。建以其刑（形），名以其名。"大意是，一个事物，首先有形，形先确定，才可给予适当的名。这是唯物主义的认识。通过法断和审形名，古佚书既主张君主集权和又不放弃老庄的无为政治。在方法论上，重视文武、德刑兼修，刚柔并用，并承认以战争取天下的合理性。

总之，以《老子》乙本前古佚书为代表的黄老思想，熔法、儒、阴阳、名、兵等家的多种思想于一炉，以适应实际政治的需要，进而使道家思想获得了更强的现实生命力。这是其能够成为统治者的指导思想的重要原因。同时，《老子》乙本前古佚书把天、地、人作为统一体来考察，强调三者谐和一致。这不仅很有见地，而且可以看作道家环境—政治一体化思维形成的重要标志。不论人的主观能动性有多大，必须承认，人总是自然的一部分，这个前提不变，那么顺天就是首要的问题，自然规律是人必须遵循的第一规律。无论是古代的环境问题还是今天的生态失衡归根结底是人类常常忘掉自己是自然的一分子或者过分夸大人的主观能动性，做出了许多违反自然的举动。但这并不意味着环境问题的解决不要考虑人的需要，既顺天又合人才是可行的选择。

四 玄学：君道自然、有无统合

道家思想在两汉时期由于受到独尊儒术的严重冲击而被统治者长期边缘化。但是，随着东汉末黄巾大起义的出现、社会矛盾的尖锐化以及人与自然关系的严重对立，人心思和，人们开始期盼和平统一和休养生息，于是，道家思想和黄老学说再次以新的形式脱颖而出，并成为社会的主导思想。这种新的形式就是糅和了儒、道思想的"玄学"。魏晋南北朝时期，大动荡、大分裂、大融合的特殊时代背景和儒学、佛学的严峻挑战，使玄学在发展与创新中始终绕不开有与无、自然与名教、无为与有为、君道与自然的关系。经过何晏、王弼、嵇康、阮籍、向秀、郭象等人的理论探索，玄学在坚持以无为本的前提下，终于走向了自然与名教、有为与无为、君道和自然的统一，形成了君道自然、有无统合的环境政治观。具体地说，魏晋玄学的主要环境政治观可分为以下三种：

（一）何晏、王弼：自然无为，至寡治众的环境专制主义

何晏、王弼作为魏晋玄学的代表人物，开创了"正始之音"，使整个思想界的风气为之一变。他们的环境政治思想以老子哲学中的"道""无""自然"为基本范畴，把"无"作为产生天地万物的根源，认为"无也者，开物成务，无往不存者也。阴阳恃以化生，万物恃以成形，贤者恃以成德，不肖恃以免身。故无之为用，无爵而贵矣"①。"无"与"有"的关系归根到底是本与末、体与用的关系。王弼说："然则天地虽大，富有万物，雷动风行，运化万变，寂然至无，是其本矣"②，"有之所以为利，皆赖无以为用也"③。因此，在"无"与"有"之间应该"崇本以举其末"，"守本以存其子"④。

基于"以无为本""举本统末"的世界观，何晏、王弼在政治上主张法自然而无为与"至寡治众"的专制主义的统一。何晏云："自然者，道也。"⑤ 王弼说："道常无为，侯王若能守，则万物将自化。"⑥ 他认为，"天地任自然，无为无造，万物自相治理，故不仁也"⑦。其自然无为的政治要求：

一是要统治者节制欲望，实行无为、无欲。"天地相合，则甘露不求而自降。我守其真性无为，则民不令而自均也。"⑧

二是要统治者对百姓实行愚民政策。王弼认为，愚与自然相

---

① 《晋书·王衍传》。
② 《周易·复卦注》。
③ 《老子·十一章注》。
④ 《老子·三十八章注》。
⑤ 《列子·仲尼注》。
⑥ 《老子·十章注》。
⑦ 《老子·五章注》。
⑧ 《老子·三十二章注》。

通，"愚，谓无知守真，顺自然也"。① 与之相应，在王弼看来，民多智则民强，这是当政者的最大威胁。

三是把刑罚作为维护统治的基本手段。王弼认为刑罚与自然是对立统一的，刑罚的准则应该是"道"。《周易注》曰："刑人之道，道所恶也。以正法制，故刑人也。"②

四是提出了与自然无为相表里的"至寡治众"论。王弼讲："因事申令，终则复始，若天之行用四时也。"③ 换言之，任自然的政治终久绕不开君主统治的现实，因此，王弼选择了"至寡治众""执一以统众"的君主专制主义。"一"就是君，"众"便是臣民。王弼在《论语释疑》中解释孔子的"吾道一以贯之哉"说："贯，犹统也。夫事有归，理有会。故得其归，事虽殷大，可以一各举；总其会，理虽博，可以至约穷也。譬犹以君御民，执一统众之道也。"④ 循着从"无为"到"执一统众"的政治思维，王弼最终走向了任自然的反面，即绝对的君主专制主义，提出了与自然无为相表里的"至寡治众"论。王弼说："夫众不能治众，治众者，至寡者也。"因为"少者，多之所以贵也；寡者，众之所宗也"。这是事物发展的必由之"理"。只有循此"理"，才能"统统有宗，念念有元"，做到"繁而不乱，众而不惑"。所以"至寡治众"是"顺物之性"⑤。这样，王弼就把任自然、无为而治的主张与封建君主的绝对专制主义沟通了。与此相应，在思想意识形态领域，王弼竟然不承认老子可以称圣，反而认为孔子是圣人，力求把自然与名教统一起来。这对当时及以后的思想界产生了很大的影响。

（二）阮籍、嵇康：越名教而任自然的"无君"论

阮籍、嵇康在思想渊源上远绍老庄，近接何晏、王弼，是玄学

---

① 《老子·六十五章注》。
② 《周易注·蒙卦》。
③ 《周易注·蛊卦》。
④ 《论语释疑·里仁篇》。
⑤ 《周易略例·明象》。

第二阶段的重要代表人物。他们都称"老子、庄周，吾之师也"①，然而其生态政治观却是以唯物主义的自然本体论为哲学基础的。阮籍说："天地生于自然，万物生于天地。自然者无外，故天地名焉。"② 嵇康认为"天地合德，万物贵生，寒暑代往，五行以成。"③ 他们都承认天地间一切事物的变化是有规律，且这种规律是自然本身的属性。即"道者，法自然而化。侯王能守之，万物将自化"。④ 只有"神而明之，遂知来物"。

既然一切都会"法自然而化"，那么，天地之间就没有什么是天经地义、永恒不变的社会制度和伦理道德，仁义礼法和君主制度不过是君主为"束缚下民"而创设的，进而提出了"越名教而任自然"环境政治观。嵇康在《释私论》中说："夫称君子者，心无措乎是非，而倒违乎道者也。何以言之？夫气静神虚者，心不存于矜尚；体亮心达者，情不系于所欲。矜尚不存乎心，故能越名教而能自然；情不系于所欲，故能审贵贱而通物情。物情顺通，故大道无违；越名任心，故是非无措也。"⑤ 因此，"越名教"即是对"名教"的批判与否定；"任自然"是要通物情、不违道，让物与人都按照自然、本心去"自化"，使天地合德，万物合生，"刑赏不用而民自安矣"⑥。也就是说，越名教而任自然的环境政治观否定了名教，否定了整个社会秩序，而要社会按任自然的原则去塑造一个全新的政治系统。

越名教任自然的环境政治思想使阮籍、嵇康将政治理想指向了君道自然，甚至"无君"。阮籍在《大人先生传》中写道："君立而虐兴，臣设而贼生。坐制礼法，束缚下民。其愚诳拙，藏智自

---

① 《嵇康集·与山巨源绝交书》。
② 阮籍：《达庄论》。
③ 《嵇康集·声无哀乐论》。
④ 阮籍：《通老论》。
⑤ 《嵇康集·释私论》。
⑥ 阮籍：《乐论》。

神",① 指出"宰割天下,以奉其私"是君主制的本性,仁义礼制不过是要"竭天地万物之至,以奉声色无穷之欲,此非所以养百姓也。于是惧民之知其然,故重赏以喜之,严刑以威之"。② 他们辛辣地抨击儒家崇仰的《六经》是"芜秽""臭腐",否定了维护社会秩序的礼乐制度,否定了君主制存在的必要性,认为"盖无君而庶物定,无臣而万事理。保身修性,不违其纪。惟兹若然,故能长久"。③

那么,"无君"的社会该如何治理?如何处理人与自然的关系呢?嵇康的理想是实行以君道自然、承天理物、天人交泰、天下为公的圣人之治。具体内容包括:"崇简易之教、御无为之治";"以万物为心","以天下为公";君主要去"我尊""我强",人人"任心"、自给自足地生活,实现"君臣相忘于上,蒸民家足于下"。④ 阮籍的政治理想是无君无臣而任自然的无政府社会。他的基本主张是无君、无贵贱、达自然、返太素等。政治上无君臣则"庶物定""万物理",社会则取消贵贱、贫富之分,希望社会如同天地自然一样,"自然一体,则万物经其常。故至道之极,混一不分,同为一体,乃失无闻"。如果社会"无贵则贱者不怨,无富则贫者不争,各足于身而无所求也"。⑤ 因此,无君、无政府的社会靠的是每个成员的自律,靠的是社会的统而不分,即所谓"保身修性,不违其纪"。"善恶莫之分,是非无所争,故万物反其所而得其情也。"⑥

从唯物主义的自然本体论出发,阮籍、嵇康认识到自然是一个最伟大的、最完美的无所不包的整体存在。理解它、拥抱它,就能解决一切和拥有一切!什么名教、礼义法制和君主等都是反自然

---

① 阮籍:《大人先生传》。
② 同上。
③ 同上。
④ 《嵇康集·答难养生论》。
⑤ 阮籍:《大人先生传》。
⑥ 阮籍:《达庄论》。

的，统统应该抛弃。这些反逆时代的思想在当时的社会条件下显然是虚幻之想。但嵇康、阮籍的反逆精神是伟大的，如果认为一切现实都是合理的，那么，人类永远走不出野蛮境界，更别指望能应对今天的生态危机。

（三）向秀、郭象：名教即自然的圣人政治

向秀"雅好老、庄之学"。① 郭象"少有才理，好老、庄，能清言"。② 他们都撰有《庄子注》，特别是郭象所撰《庄子注》出现后，社会上竟形成了"儒墨之迹见鄙，道家之言遂盛"③ 的局面。

向秀、郭象的环境政治观以"自生""自造""自得"的"独化"论为哲学基础。他们不仅认为"物各自生""造物者无主，而物各自造"，而且认为万物"外不资于道，内不由于己，掘然自得而独化也"。④ 也就是说，万物的生成、变化，既不需要外部条件，也无内在依据，是莫名其妙地突变而成的，即所谓"万物虽异，至于生不由知，则未有不同者也"⑤。既然万事万物产生的原因不可知，每个事物的产生与另一事物又没联系，都是各自从"玄冥"中"独化"出来的，即"涉有物之域，虽复罔两未有不独化于玄冥也"，那么"玄冥"便成为物的本体。"无既无矣，则不能生有"⑥，"玄冥"才是"自生""自造""自得"的本原。

万物殊形，各自"独化"于"玄冥"的自然哲学观，使他们在意识形态上和政治上导出了"尊贵卑贱"、名教和君主制等都是本"自然"的。向秀、郭象认为，"天性所受，各有本分，不可逃，亦不可加。"⑦ 物、人各自守住自己的性，便是合乎"自然"

---

① 《晋书·向秀传》。
② 《晋书·郭象传》。
③ 《晋书·向秀传》。
④ 《庄子·大宗师》注。
⑤ 《庄子·齐物论》注。
⑥ 同上。
⑦ 《庄子·养生主》注。

第二章　传统环境政治思想

的。"知者守知以待终，而愚者抱愚以至死。岂有能中易其性者也。"①换句话说，人性的差异是"自然"的、不能变的，进而导出"尊贵卑贱"本于"自然"。正如他们在《庄子注》中诡辩的那样，尊贵卑贱就像人体的各个部分一样，"外内上下，尊卑贵贱，于其体中各任其极，而未有亲爱于其间也。然至仁足矣。故五亲六族，贤愚远近，不失分于天下者，理自然也"。②由此，尊贵卑贱、仁义就成为本"自然"的东西。

如果物、人各守其分，社会也就可以自治。然而，一方面"千人聚，不以一人为主，不乱则散。故多贤不可以多君，无贤不可以无君。此天人之道，必至之宜"。③另一方面，"天下之物，未必皆自成也。自然之理，亦有须治锻而为器者耳"。④因此，需要君臣上下有序治理。"故知君臣上下，手足内外，乃天理自然，岂真人之所为哉？"⑤即等级制、君主制都成了符合天理自然的东西，至此，向秀、郭象的思想在政治上迎合了西晋行将灭亡之际的门阀士族维护专制统治和腐朽生活的现实需要，但却背离了具有积极理论意义"独化"说。对名教和"内圣外王"的圣人政治的肯定，则使玄学在政治意识形态方面趋向了儒道合一。"无物顺则名迹斯立，而顺物者非为名也。非为名则至矣，而终不免乎名，则孰能解之哉！"⑥圣人则能"因物之自行"，"所谓圣者，我本无迹，故物得其迹，迹得而强名圣，则圣者乃无迹之名也"⑦。圣人无心、无我，能"与物冥"，"无心而任乎自化者，应为帝王也"，因此，圣人之治天下并非出于有心，只是一种内圣外王的无心之治，是"世以乱故求我，我无心也。我苟无心，亦何为不应世哉！然则体玄而极妙

---

① 《庄子·齐物论》注。
② 《庄子·天运》注。
③ 《庄子·人间世》注。
④ 《庄子·大宗师》注。
⑤ 《庄子·齐物论》注。
⑥ 《庄子·德充符》注。
⑦ 《庄子·让王》注。

者，其所会通万物之性，而陶铸天下之化，以成尧舜之名者，常以不为为之耳"。① 也就是内圣可以外王，外王要以内圣为前提。实质是要在自然的名义下，淡然地保持名教和君王专制。他们说："以小求大，理终不得。各安其分，则大小俱足"，这完全是为当时社会的门阀士族统治辩护。

经过向秀、郭象的理论探索，魏晋玄学在政治意识形态领域从否定"名教"转向了"自然"与"名教"的同一。形成了"名教"即"自然"的理论。政治上则从阮籍、嵇康的任自然而"无君"等异端思想转向了肯定专制统治的"内圣外王"的圣人政治。

魏晋南北朝时期的玄学家既宣扬"贵无"，又肯定礼教；既主张任自然，又想维护君主专制统治。因此，没能为道家学说开创继往开来的新局面。在环境政治方面，仍以自然无为为基本特征，在理论创新和应对天、地、人三者关系的挑战方面缺乏行之有效的应对策略。这意味着道家法自然而无为的政治思想在儒学和佛学的挑战下不得不再度丧失主导地位。

总之，道家思想的精义实质是"道家使人精神专一，动合无形，赡足万物。其为术也，因阴阳之大顺，采儒墨之善，撮名法之要，与时迁移，应物变化，立俗施事，无所不宜，指约而易操，事少功多"。② 司马谈的这一评论虽有不实之处，因为道家学说自有抵牾之处，但也说明道学是与时俱进。道家的君道自然、为无为而无不治的环境政治理论独树一帜，并因为道家思想两度成为统治阶级的指导思想而影响深远。英国著名历史学家阿诺德·汤因比在《人类与大地母亲》一书中对先秦道家作过高度评价。他说："在人类生存的任何地方，道家都是最早的一种哲学……道家学说有着自身的天地和社会对它的需求。"③ 他高度称赞道家的人与自然协

---

① 《庄子·逍遥游》注。
② 《史记·太史公自序》。
③ ［英］阿诺德·汤因比：《人类与大地母亲》，徐波等译，上海译文出版社1992年版，第570页。

调的观念，认为道家的"人要征服宇宙就遭到失败"的认识是"宝贵的直觉"。美国当代著名物理学家卡普拉对道家思想的研究也极为重视，认为在东方文化的传统中，"道家提供了最深刻并且最完善的生态智慧"。①

第三节 法家法天重刑的环境法治主义

中国传统法治的思想主要源于先秦诸子百家中的法家。法家以法为宝，维护封建君主专制。不过，法家不仅在社会政治关系领域谈法，而且在人与自然的关系领域、人与人的社会生活领域也讲法。因此，法家在法理上的贡献为确立传统环境政治的法统奠定重要的思想基础。

一 法天合德，事断于法

法家是先秦最早以道论法的思想流派之一。"法"指法令制度，它是自然法则、自然之道在人世间的具体体现。正如管子所说："版法者，法天地之位，象四时之行，以治天下。"天地之法和天地之德是"天覆而无外也，其德无所不在；地载而无弃也，安固而不动，故莫不生殖"。② 由此，法家提出要"法天合德，象地无亲"。③ 在立法中，要从"天时"、顺"地宜"。④ 在国家治理中，要包容万物，并对万物一视同仁，公正无私。一切实行"法制"⑤，"事断于法"，"唯法所在"。⑥ 在司法过程中，要像天一样包容万物而又公正无私。正如管子所言："凡法事者，操持不可以不正，操

---

① ［美］卡普拉：《现代物理学与东方神秘主义》，灌耕译，四川人民出版社1984年版，第174页。
② 《管子·版法解》。
③ 同上。
④ 《管子·七臣七主》。
⑤ 《慎子·逸文》。
⑥ 《慎子·君臣》。

持不正则听治不公；听治不公则治不尽理，事不尽应。治不尽理，则疏远微贱者无所告；事不尽应，则功利不尽举。功利不尽举则国贫，疏远微贱者无所告则下饶。故曰：'凡将立事，正彼天植'。""天植者，心也。天植正，则不私近亲，不孽疏远。"① 公正无私才是"法天"的关键所在。

因此，韩非提出："国无常强，无常弱。奉法者强，则国强；奉法者弱，则国弱。""治强生于法，弱乱生于阿。"② "人主者，守法责成以立功者也。"③ 为人君者治国家、尽人事，只要"舍己能，而因法数，审赏罚"④ 就行了。天有四时和寒来暑往，君主效法而设文臣武将；"天地之位，有前有后，有左有右"，明君效法而"建经纪"；一年四季春生、夏长、秋杀、冬藏，圣人明君效法，"以行法令，以治事理"。⑤ 总而言之，一切事务依据自然法则来决断。

二 言轨于法，一断于君

既然法源于天，象于地，法强则国强，法弱则国弱，那么，"一民之轨，莫如法"。⑥ "凡国无法则众不知所为，无度则事无机，有法不正，有度不直，则治辟。治辟则国乱。"⑦ 为了国家强大，天下安宁，法家主张禁绝一切背离法令的思想与学说。提出了禁绝百家，以吏为师，言轨于法的专制法治理念。

《管子·法禁》说："不贵其人博学也，欲其人之和同以听令也"，进而提出了"一国威，齐士义"的主张。所谓"齐士义"就是要用"诛""挫""折""破"等手段消除百家之言。《管子·法

---

① 《管子·版法解》。
② 《韩非子·有度》。
③ 《韩非子·外储说右下》。
④ 《韩非子·有度》。
⑤ 《管子·版法解》。
⑥ 《韩非子·有度》。
⑦ 《管子·版法解》。

法》说:"倳傲易令、错仪画制作议者,尽诛",又说:"强者折,锐者挫,坚者破。引之以绳墨,绳之以诛僇。"一切持法外之说者均为"不牧之民,绳之外也。绳之外,诛"。这样,一路杀下去,"民毋敢立私议自贵者","万民之心皆服而从上"。《商君书》还直接把主要矛头指向了儒家,提出禁绝一切有关礼、乐、诗、书、修、善、孝、悌、诚、信、仁、义等主张与宣传,并将这些比作虱子、臭虫等秽物,要求加以灭绝。

韩非在继承先辈法理的同时,进一步提出言轨于法,以吏为师,指出一切人的思想方式和言论准则都要"以法为本"①,"境内之民,其言谈者必轨于法"②。还提出了法禁的三个层次,即"禁奸之法,太上禁其心,其次禁其言,其次禁其事"。③这些主张从根本上扼杀了人们的精神生产活动,把法作为人们的行为规范,从法学观点看是合乎逻辑的,但用来限制人们的精神活动则超越了法的边界。为了让人们言轨于法,都遵法守令,听从君主和长官的指挥,韩非一改当时以贤为师的理念,主张"以吏为师",试图使教育完全变成服务于封建政治和专制君主的从属物,同时,指责儒、墨的仁爱之论皆违背了人的好利本性,并且仁爱慈惠与法对立,在政治上重在强调人治和心治,没有客观标准,会招致政治上的败乱。即所谓"惠之为政,无功者受赏,则有罪者免,此法之所以败也"。④

既然要万民言归于法,那法大还是君大?在法和君的关系问题上,法家"主君"。韩非在《扬权》中阐述:"道不同于万物,德不同于阴阳,衡不同于轻重,绳不同于出入,和不同于燥湿,君不同于群臣,凡此六者,道之出也。"换句话说,君是道的人格化身,君王在"体道"上高于臣民。"道者,万物之始,是非之纪也。是

---

① 《韩非子·饰邪》。
② 《韩非子·五蠹》。
③ 《韩非子·说疑》。
④ 《韩非子·难三》。

以明君守始以知万物之源，治纪以知善败之端。"并且"明君贵独道之容"。君主与道相对应，"道无双，故曰一"①，君主便是人间的"一"。所以，在封建专制的官僚政体中，最高执政者只能有一个人。因为"两则争，杂则相伤害"②，"两贵不相事，两贱不相使"③。《管子》继承了慎到的这一思想，在《霸言》篇中说："使天下两天子，天下不可理也"，它还进一步从更广泛的范围内论述了势不两立的道理。《商君书·修权》则非常直白地告诉人们："权者，君之所独制也。"既然君与道同体，天下又只能由君主一人操权任势，那么，在道与法、君与臣民之间，唯有君才能立法。"夫生法者，君也；守法者，臣也；法于法者，民也。"④"主画之，相守之；相画之，官守之；官画之，民役之。""上之人明其道，下之人守其职。上下之分不同任而复合为一体。"⑤"人主之大物，非法则术也。"⑥ 显然，在法家的思想中，君主的意志就是法律。言归于法，一断于法不过是一断于君的代名词，法只是君主专制的工具而已。在这一点上，儒道法三家策略虽有不同，但异曲同工。道家主张守弱用柔，以弱柔取胜；儒家倡导仁政以保民役民；法家强调以法"胜民""弱民"，目的都维护君主专制。

三 法天重刑，定分止争

由于法家崇法，因而法家在先秦诸子百家中关于法理的论述最多，也最深入。他们提出了许多问题，如法的起源，法的本质，法的定义，法的目的与作用，立法原则，法治与君主政治的关系，法治与人治的关系等。明确肯定法是由人制定的，是人为的产物。与其他思想流派所不同的是，法家提出君主立法必须有一定的根据，

---

① 《韩非子·扬权》。
② 《慎子·德立》。
③ 《慎子·逸文》。
④ 《管子·任法》。
⑤ 《管子·君臣上》。
⑥ 《韩非子·难三》。

有一定的原则。其总的原则是法天重刑，定分止争。这为依法处理环境问题提供了思想指导。

第一，在法的起源上，强调"法天""法地""法四时"，①将自然运动的规律概括为"道""常""则""理""节""度""数""时""序"等，并将这些概念和范畴应用贯彻于立法之中。《管子·形势》篇说："天不变其常，地不易其则，春秋冬夏不更其节，古今一也。"韩非在《解老》篇言："道者，万物之所以然也，万理之所稽也。"这里的"道"是总规律，"万理"则是指事物的具体规律。法家认为顺天者，天助之，逆天者，天违之，"天之所助，虽小必大；天之所违，虽成必败"。②"夫缘道理以从事者，无不能成。"因此，"法天"也是立法的首要原则。

第二，作为立法原则，"法天"应把顺应自然作为法制的重要内容和立足点。一是"法天"就要把天道无私的性质作为立法的指导思想，主张"去私曲、就公法"，"去私行、行公法"，坚持"法不阿贵，绳不挠曲"，"刑过不避大臣，赏善不遗匹夫"。③二是"法天"就应如同天道为万物运动的轨迹那样，成为人事的轨迹。"法者，天下之程序也。万事之仪表也"。④"法者，天下之至道也。"⑤三是要把自然规律以及遵循自然规律的人事行为用法律加以肯定，使之成为人们必须遵守的准则。例如，法家主张把儒家、阴阳家等提倡的四时之政用立法手段将其法律化。韩非提出要做到"审得失有法度之制"，"审得失有权衡之称"，"使法择人"，"使法量功"，⑥这样，则群臣可治，天下可定。四是把天时的不同性质、作用与法律的职能对应起来。如天有生杀，即春夏生物，秋冬萧杀，法律相应而有赏罚。天不废生杀，法亦不能废赏罚。法家顺天

---

① 《管子·版法解》。
② 《管子·形势》。
③ 《韩非子·有度》。
④ 《管子·明法解》。
⑤ 《管子·任法》。
⑥ 《韩非子·有度》。

立法的思想虽然有片面之处，但人类的活动及利益关系不仅表现在人与人的交往中，也表现在人与自然的交往中。将天道作为立法依据是法家试图寻求人与人交往同人与自然交往这两者相统一的尝试。其闪光之处在于想要通过立法强制人们遵从自然规律。

第三，在法治和行赏罚的问题上，法家多主张重刑重罚。法家相信："正法直度，罪杀不赦。杀僇必信，民畏而惧。武威既明，令不再行。"① 他们把民与法对立，认为"民胜法，国乱；法胜民，兵强"。"民弱，国强"。《管子·正世》说："为人君者，莫贵于胜。所谓胜者，法立令行之谓胜。"从一般意义上说，法应该"胜民"，如果法不胜民，那么法就会失去作用。问题是如何"胜民"？法家最重要的一项原则是重刑罚。"赏一罚九"，"轻罪重罚"。《商君书·去强》说："王者刑九赏一，强国刑七赏三，弱国罚五赏五。"《韩非子·心度》认为："刑胜而民静，赏繁而奸生。故治民者，刑胜，治之首也；赏繁，乱之本也。""赏一罚九"说的是赏罚的比例，"轻罪重罚"说的是量刑的原则。法家以为"行刑重其轻者，轻者不生，则重者无从至矣。所谓治之于其治也。"② 其法治目标是想"以重禁轻，以难止易"③，实现所谓"以刑去刑"。这种把惩罚手段绝对化的认识，不但在法理上经不起推敲，而且在实践中难以取得理想的效果，因为人们犯禁的社会根源远比惩罚手段要强大得多。这也是后世推行严刑酷法往往适得其反的原因所在。

法家法天重刑的目的无外乎要实现定分止争，赢得国家的安定和发展。值得注意的是，在法家这里，定分止争既是目的也是法治的原则。法家的思想代表认为，以法定分、止争而后能治国。正如《商君书·定分》所讲，一只野兔，成十上百的人追赶；市场上的兔子成堆，行人不顾。原因就在于前者"分"未定，后者"分"已定之故。因此，法家认为法就在于"明分"或"定分"。《商君

---

① 《韩非子·有度》。
② 《商君书·说民》。
③ 《韩非子·六反》。

书·定分》曰:"夫名分定,势治之道也;名分不定,势乱之道也。"所以,"立法明分,而不以私害法,则治"。① 法家以法定分的主要内容是对社会上不同等级、不同出身、不同职业的人作出相应的规定。即所谓"主画之,相守之;相画之,官守之;官画之,民役之"。② 这里定的君、臣、民的权力之分。《管子·法法》说:"君子食于道,则上尊而民顺;小人食于力,则财厚而养足。"这里定的劳心劳力之分。《管子·乘马》又载:"非诚贾不得食于贾,非诚工不得食于工,非诚农不得食于农,非信士不得立于朝。"这里又对贾、工、农、士不同职业的人提出了不同的要求与规定。为了定分止争,法家主张法一定要细致,即"明主之法必详事"。③ 这样,任何人不得在法外行事。在法家看来,法外有罪固然要受重罚,同样,法外有功,越法立功也是超越法定的行为。越法就是犯法。法家定"分",不是要使社会分离,而是使社会由"分"而"合",使"上之人明其道,下之人守其职,上下之分不同任而复合为一体"。既然君是唯一的生法者,那么法定分止争的权柄自然也操于君主之手。所以,法家确立的法统实为王法之统。

因此,尽管法家讲道,也讲道与法的自然性,但法家从来没想要把君主列入法网之内,相反,在君主专制和思想文化专制上显得更加残酷。法家所谓君主专制之格局是赤裸裸的,其目标是实现"事在四方,要在中央。圣人执要,四方来效"。君主"独制四海之内",臣属"远在千里之外,不敢易其辞"。"臣毋或作威,毋或作利,从王之指;无或作恶,从王之路。"④

法家的思想因被秦朝立为主导思想而兴,也因秦朝重刑深罚而在后世变得式微。不过,法家对中国法统的形成功不可没。(1)在秦以后的两千多年君主统治中,刑法始终是国家进行政治

---

① 《商君书·修权》。
② 《管子·君臣上》。
③ 《韩非子·八说》。
④ 《管子·君臣下》。

统治的最重要手段之一。秦以后的儒家虽然主张以德治国，但也从未放弃刑助、刑辅。以朱熹为代表的宋明理学更是被称为"阳儒阴法"，因为宋明理学表面否定法家之义，实质上容纳了法家的思想。如朱熹在批评法家的同时，又借舜尧等先圣之名，指出"今之士大夫耻为法官，更相循袭，以宽大为事，于法之当死者，反求以生之。殊不知'明五刑以弼五教'，虽舜亦不免，教之不从，刑以督之，惩一人而天下人知所劝诫，所谓'辟以止辟'，虽曰杀之，而仁爱之实已行乎其中。今非法以求其生，则人无所惩惧，陷于法者众，虽仁之，适以害之"。[1] 因此，宋明理学既讲以"理"治国，也讲以"法"治国。只是儒家固有自家传统，在执法时主张原情原心而比法家要灵活。朱熹说："若如酒税、伪会子及饥荒窃盗之类，犹可以情原其轻重大小而处之。"[2]（2）从环境法治的角度来审视，法家的思想不仅为依法保护传统社会的环境，解决环境矛盾和冲突提供了思想指导，而且使法天合人成为一种共识和原则，在依法治国中从没有丢弃自然法理，强调了法的规定性应该反映客观事物的关系及其客观的规定性，应该在顺从自然、人事的必然性中谋求统治者的利益。（3）法有边界。法家明确提出要"明开塞"，即法律应该明确提倡什么，禁止什么。他们认识到虽然法具有极大的强制性，但也要有开有塞。对法家的开塞虽然不能笼统地肯定或否定，但其主流是积极的，起过积极作用。（4）提出变法，更法，主张法随时变，不循今，不留古。这使得法家在主张君主专制的同时，又成为社会改革的积极推动者，虽然这种变法和改革并不尽善。

第四节　佛教利乐有情、庄严佛土的环境政治取向

佛教作为一种宗教在本质上也是人们根据对于人为制造的神的

---

[1] （宋）黎靖德：《朱子语类》卷七八，中华书局1986年版。
[2] 《朱子语类》卷一一〇。

信仰而形成的一整套世界观、社会心理、情感等的总和,是特定社会的意识形态。作为特定社会的意识形态,佛教和其他宗教一样,在一定的社会条件下会与政治发生极其紧密的联系,从而形成政教合一的现象。就政治思想来说,政教合一需要一定的政治共识,这是合作的思想基础。因此,佛教在特定社会条件下为了借助社会政治权力扩大自己影响,壮大自己的教民队伍,强制实行自己的戒律,从而使自身从一种社会幻想形式变为一种现实形式,并提出一些既具有宗教特色同时又能反映世俗政治需要的教义、教规等。其中也不乏具有生态政治取向的教义和教规。例如,"利乐有情""众生平等""庄严佛土"、戒杀、护生等。这些教义、教规对中国传统社会的政治和环境保护产生了较大而深远的影响,成为传统环境政治思想文化的有机组成部分。

一 心性本净,心净则佛土净

心性本净是佛教的人性观之一。心性本净论认为,人性是原本清净的,是与烦恼不相应的,烦恼源于人心的取向执着。华严宗"自性清净圆明体"认为人性本来就具有如来藏自性清净心,这种自性清净"从本已来,性自满足。处染不垢,修治不净,故去自性清净;性体遍照,无幽不烛,故曰圆明"。[1] 其心性不生不灭。[2] 心性本净论充分肯定人性本身的清净,否定贪欲与人性的内在联系。这为解放人性,发挥人性在克服贪欲中的潜能和智慧奠定了重要的人性论基础。因此,在弘扬佛法的进程中,佛教心性本净论不仅关心修行主体自身的人性清净,更注重主体体认宇宙人生实相的智慧,以及度化众生的功德智慧,注重心净与佛土净、佛国净乃至净佛世界的相互关联,提出了"心净"则"佛土净"的具有生态政治意蕴的观念。

---

[1] 《大正藏·大乘起信论》卷三二,第577页。
[2] 同上书,第576页。

所谓"心净"即令心意清净。使主体在菩萨的点化下恢复心性本净的人性。所谓"净佛土",即令"凡土"和"圣土"清净。吉藏《维摩经义疏》说:"凡土有二:一有情世间,二、器世间。圣土有二:一、菩萨,二、宝方。合此二种,假名为土……有情成菩萨,器界变宝方。菩萨本欲化诸有情,令得出世,方便变秽而为宝方。根本不为变器成净土地,器是末故,所以今标诸有情土,是为菩萨修行所严清净佛土。"① 意思是说,众生与生存的环境本身是一体的,有众生,才谈得上其所依居的生态环境。众生拥有主体地位,菩萨度化众生、净佛世界的目的是让众生清净解脱,进化使其所居的环境也相应地转化为"净土"。即实现所谓"众生净""佛土净"。

"心净"与"佛土净"之间存在着密切联系。正如《维摩诘所说经》中指出的:"菩萨随其直心,则能发行;随其发行,则得深心;随其深心,则意调伏;随意调伏,则如说行;随如说行,则能回向;随其回向,则有方便;随其方便,则成就众生;随成就众生,则佛土净;随佛土净,则说法净;随说法净,则智慧净;随智慧净,则其心净;随其心净,则一切功德净。是故宝积,若菩萨欲得净土,当净其心,随其心净,则佛土净。"② 从引文中不难看出,"心净"需要通过菩萨根据主体对佛法的"直心"即诚心加以点化为世间行,再通过"行",深化主体对佛法的诚信心和增上心,然后再根据诚信心和增上心即"深心"调化佛法意识,再让佛法意识贯彻到行为中,如此回复,便可获得诚信佛法的好处,进而度己度人,成就众生,净化佛土。因此,"净心"以主体对佛法的真如心即"心性本净""直心"为出发点,通过直心、发行、深心,修成度化众生、净佛世界的菩提心,才能实现佛土净。吉藏《维摩经义疏》说:"净土因者,一由善根。二由大愿。若不修善根,佛土无

---

① 《大正藏·说无垢称经疏》卷三八,第1023页。
② 《大正藏·维摩诘所说经》卷一四,第538页。

因。不发大愿，佛土无缘。"① 心净—行净—众生净—佛土净是具有内在逻辑关系的整体。

由此可见，佛教不仅关心佛化对象所处的世俗环境，而且将对世俗环境的净化纳入了人性关怀和佛化世界的价值体系中。充分肯定了佛化对象的主体心性、主体觉悟、主体修行、主体意识等在净化佛土中的地位和作用。对增强众生的环保意识、化解"有情世间"和"器世间"的环境问题具有积极的指导意义。特别是佛教将"有情世间"的"有情"作为度化的关键，把"器世间"看成是"末"，提出要通过点化"有情"，"令得出世，方便变秽而为宝方"的净化佛土路线是切中了问题的要害。"有情"即众生，如果众生不净，欲求无限，岂能解决环境问题，实现"严清佛土"。

不过，佛教作为一种意识形态，它对环境政治发挥的客观作用与其主观意愿并不统一。"菩萨随化从生而取佛土，随所调伏众生而取佛土"②，取佛土名义上是为了成就众生，实质是为了让佛国转虚为实，即"愿取佛国者，非于空也"③。佛教与世俗政治对众生和佛土的争夺会渗透于佛教环境政治思想发展的进程中。

二 利乐有情，戒杀放生

为了"化众生而取佛土"，佛教提出了"利乐有情"。"利乐有情"中的"有情"即"众生"，是指具有感觉，能感觉到冷热、疼痛的动物，以及昆虫和水中的微生物，不包括像蔬菜之类的植物。佛教中关于众生的分类大体上"六凡四圣"及"四生"两种。所谓"六凡"是指天、人、阿修罗、地狱、饿鬼、畜生，其主要划分依据是众生的因缘业力；"四圣"是指佛、菩萨、缘觉和声闻，这

---

① 转引自陈红兵《佛教生态哲学研究》，宗教文化出版社2011年版，第116页。
② 《大正藏·维摩诘所说经》卷一四，第538页。
③ 同上。

主要是根据修行主体的修行因缘、愿力和功德成就进行划分的；"四生"则是根据生命的出生方式，将生命形态划分为卵生、胎生、湿生、化生四种类型。① 从佛教关于众生的划分可以看出，佛教在人世间关注的重点是人和动物生命，不包括植物。所以"利乐有情"主要是关注对人和动物的"拔苦与乐"。

佛教认为，人世间是一切皆苦，苦海无边。人的一生也是在生、老、病、死，贪、嗔、痴、恨、爱、恶、欲等因果关系中痛苦轮回。为了救赎众生脱离苦海，菩萨"欲利乐一切有情"，"遂己悲心"，"以他苦为己苦，用他乐为己乐；不以自苦乐为己苦乐事，不见异益他而别有自益"。② 肯定无上菩萨能够觉悟无量众生，并随顺众生不同根性给予帮助、利益，帮助众生从六道轮回的痛苦中解脱出来。同时，从众生的福乐出发，关注众生的生存利益，以慈悲之心和慈悲之行"普度众生"，悉令解脱。如《大智度论》说"大慈与一切众生乐，大悲拔一切众生苦。"③ 说得具体点，就像《梵网经》说的："若佛子，以慈心故，行放生业"，"六道众生皆是我父母，而杀而食者，即杀我父母，亦杀我故身。一切地水是我先身，一切火风是我本体，故常放生，生生受生常住之法，教人放生。若见世人杀畜生时，应方便救护解其苦难，常教化讲说菩萨戒救度众生"。④ 因此，"利乐有情"首先要戒杀放生，救护生命。

戒杀即"不杀生"，是指不杀或故意断除有情众生的生命。明代莲池大师在所著《戒杀文》中，劝诫世人在七种情况下不宜杀生：一是生日不宜杀生；二是生子不宜杀生；三是祭仙不宜杀生；四是婚礼不宜杀生；五是生子宴客不宜杀生；六是祈禳不宜杀生；七是营生不宜杀生。

---

① 参见陈红兵《佛教生态哲学研究》，宗教文化出版社2011年版，第54页。
② 《大正藏·阿毗达磨俱舍论》卷二九，第63—64页。
③ 《大正藏·大智度论》卷二五，第256页。
④ 《大正藏·梵网经》卷二四，第1006页。

第二章 传统环境政治思想

佛教中与戒杀、"不杀生"相关的还有"放生"。所谓"放生"即是指"赎取被捕之鱼、鸟等诸禽兽,再放于池沼、山野,称为放生"。根据陈坚的研究,中国佛教的"放生"观念源于《金光明经》的传译,自东晋末年至南北朝,上自皇帝,下至百姓,不乏喜好放生者,不过,这一时期的佛教放生主要属于个人行为。而中国佛教大规模放生则始于天台智者大师。据唐代灌顶《隋天台智者大师别传》及道宣《续高僧传·隋国师智者天台山国清寺释智顗传》等的记载,智顗的放生实践主要体现在三方面:一是应临海内史计诩之邀,给渔民讲《金光明经》,使合境渔人不再"为梁""为簄"捕鱼,并舍六十三所"簄梁"作为"放生池";二是自己带头,发动僧众信徒出"衣资什物"甚至"金帛",向孔玄达等人赎"买簄簄业,永为放生之池";三是(也是最为重要的)遣门人慧拔就废舍"簄梁"之事上表陈宣帝,最后陈宣帝下旨:"严禁采捕,永为放生之池","从椒江口始,直溯灵江、澄江上游,整个椒江水系都作为放生池",不得从中采捕。

唐代,朝廷也主张和支持"放生"活动,如唐肃宗乾元二年(759年)曾经颁布圣旨,在全国的山南道、剑南道、荆南道、浙江道等地设立81处放生池,蓄养鱼虾之类,禁止人们捕捉。宋真宗于天禧元年(1017年)赦令天下重修放生池。天禧三年,天台宗遵式奏请以杭州西湖为放生池,自制"放生慈济法门",于每年四月八日佛诞日举行放生会,为天子祝圣。天圣三年(1025年),四明知礼亦奏请永久成立南湖放生池之佛生日放生会,并撰《放生文》以定其仪规。此后,放生习俗彻底佛教化了,且经久不衰。明末莲池大师云栖袾宏是历代高僧之中提倡放生最积极的一位。他写了《放生仪》《戒杀放生文》,以备大众在放生时,对所有仪式有所依准。

佛教提出和施行"利乐有情"、戒杀、放生和护生等教义、清规,这在主观上是想借助利他行为来赢得"众生",实现"佛化世界"。如《大智度论》所言:"若不利他,则不能成就众生。若不能成就众生，亦不能净佛世界。何以故？以众生净故，世界清净。"① 在客观上，则对传统社会的生态环境保护起到了积极的作用。

通过本章分析，我们发现，就儒家和道家的传统环境政治思想的发展进程来看，它们有着各自独立而又向对方异化的规律。在漫长的两千多年历史中，儒家和道家都形成了自己独特的环境政治思想的知识结构、价值认知体系和理想的环境政治范式。同时，又在冲突和联系中彼此吸纳，相互渗透，使自己的思想向对方异化。儒家从使民以时、有为而治的君主专制转向了自然主义的天道专制。道家则从法自然、无为而治的典型自然主义走向了有无统合的君主专制。与此同时，法家的法天重刑的思想被儒家、道家等不同的思想流派所吸纳，对其后两千多年的君主专制统治下环境保护的法统产生了深远的影响。

环境政治思想变迁的进程和规律给后人的启发是深远的。第一，它让我们认识到任何思想的变迁和发展都有独特的规律，但又受到多种因素的影响，尤其是受到现实的生态力、物质力和精神力的影响。传统社会生态场域的不断扩大和自然灾害的多发群发使人与自然关系的复杂性和不确定性异常突出，这也是诸子百家长期关注天人关系的重要原因之一。

第二，思想和主义的独立性是相对的，没有绝对对立的思想，也没有绝对统一的思想。社会发展需要多元思想的交互作用，儒、道、佛、法的思想和主义在交流、交锋中不断融合并形成新的自我特色。这使我们可以更加理性地审视和思考当代社会主义与资本主义的关系问题，重新反思"主义"与生态危机的问题。不过，应该注意的是，儒家之所以历久弥新，道家之所以依旧保持魅力，那是因为它们始终保持着独立而行的本质特征。

第三，传统文明的持久不断，离不开政治与环境的千年互动。

---

① 《大正藏·大智度论》卷二五，第463页。

俗话说，人无远虑必有近忧。中国几千年的长治虽然不安定，但终究创造了文明持续发展的世界奇迹。这与几千年来不同流派的思想家殚精竭虑地忧国、忧民、忧天、忧万物是分不开的。环境政治思想不仅是两千多年来政治与环境互动的重要成果，是文明发展不可或缺的重要动力，而且也是我们今天建设生态文明难得的宝贵思想元素。因此，德国哲学家赫尔曼·亚历山大·凯泽林在反省人与自然的关系时，直率地指出："在对自然的控制方面，我们欧洲人远远地走在中国前头，但作为自然意识的一部分生命却至今在中国找到了最高的表现……他们比我们站得更高。"[1] 史怀泽认为老子、孔子等中国哲学大师的著述蕴藏着丰富而且深刻的生态伦理智慧，具有迷人的超时代价值；中国传统哲学以奇迹般深刻的直觉思维体现了人类最高的生态智慧。[2] 在环境政治的视域下，审视和梳理以儒、道、法、佛为代表的中国传统环境政治思想，我们不难发现，那里有我们建设政治文明、生态文明所需要的宝贵的生态政治智慧，有我们建设中国特色、中国气派的环境政治学所不可或缺的思想资源。

---

[1] 马自立：《解读道〈德经〉中的和谐原则》，《河南三门峡行政学院（学刊）》1999年第2期。

[2] 参见徐嵩龄《环境伦理学进展：评论与阐释》，社会科学文献出版社1999年版，第256页。

第三章 传统环境政治的原则和运行机制

中国是世界上最早设立环境管理机构的国家，环境政治活动的性质、方向和方法都与传统社会条件下特定的政治主体有关。在传统环境政治发展进程中形成的制度成就不仅体现在虞衡机构的设立和机制运行中，还反映在缓解人地矛盾的土地制度、应对人水危机的申贴水册制度、响应环境问题的皇帝诏令制度、大臣和官员的朝议奏疏制度、环境法律制度等多个方面。

第一节 传统环境政治的主要原则

传统环境政治思想的发展启示我们，环境政治思想的演进是受客观条件的制约的，其中包括生态场域和经济基础、人口增长等。传统环境政治行为的动态表现也不例外。随着生态场域的变迁和农本经济的发展，传统环境政治在实践中形成了王权至上、政在中央；体国经野、山川形便；务时寄政、均平节用；无私公正、宽严有度等原则，分别用于指导环境政治权力的配置、政治统治的实施、环境管理的规范以及环境法治等政治活动。

一 王权至上，政在中央

奴隶社会和封建社会的国家机构设置都遵循集权原则，这种集权原则在中国传统社会具体体现为"王权至上""政在中央"。环境政治统治和环境政治管理的机构设置及运行也必须以此为原则。其基本内容是国家最高的环境立法、环境行政、环境司法、环境督察等大权集中于国王或皇帝一身,一切环境事务和决策均以最高统治者的意志为转移。夏、商、周三代时有"溥天之下,莫非王土;率土之滨,莫非王臣"[1]之说,秦始皇时则宣布:"天下事无大小皆决于上","六合之内,皇帝之土……人迹所至,无不臣者"[2]。所谓"权者,君之所独制也"[3],国王或皇帝拥有全面的所有权。

"王权至上"合天理合自然之法。董仲舒说:"古之造文者,三画而连其中谓之王。三画者,天地与人也,而连其中者通其道也,取天地与人之中以为贯而参通之,非王者孰能当是。"[4] 他在《王道通三》中明确指出,"天地人主一也"!"天子受命于天",所以天下要"受命于天子"[5]。所谓天子随天,民随君。这是不变的天经地义之道。唐宋的统治者面对人与自然关系的失调,进一步强调"王者居宸极之至尊,奉上天之宝命,同二仪之覆载,作兆庶之父母,为子不臣,惟忠惟孝"[6]。唐太宗等人一再声称:"天地之大,黎元为本;邦国之贵,元首为先。"[7]

"王权至上"意味着"人主操予夺之柄"[8],人主是一切事务的最高决策者和独裁者。《尚书·洪范》说:"无偏无陂,遵王之义;无有作好,遵王之道;无有作恶,遵王之路;无偏无党,王道荡荡;无党无偏,王道平平;无反无侧,王道正直。"这几句话不仅是传统社会的信条,而且在具体化为实践时就是以王权为核心的准则、规范,国家根据国王或皇帝的旨意设立机构,这些机构向国王

---

[1] 《诗经·北山》。
[2] 《史记·秦始皇本纪》。
[3] 《商君书·修权》。
[4] 《春秋繁露·王道通三》。
[5] 《春秋繁露·通国身》。
[6] 《唐律疏议·名例》。
[7] 《晋书·宣帝纪》。
[8] 《续资治通鉴长编》卷二三〇。

或皇帝负责。其主要官员均由国王或皇帝任命或撤换。

不过,君主虽然握有对一切政务的最后决定权和否决权,但一般不直接统领百官,处理政务。统领百官、处理事务由"助理万机"的宰相及其领导的中央机构班子成员负责。正如唐太宗所言:"以天下之广,四海之众,千端万绪,须合变通,皆委百司商量,宰相筹画,于事稳便,方可奏行。"随着三省六部制的确立,六部拥有了"大事上奏,小事便决"的权力。因此,中国传统社会的政治是"王权至上"与"政在中央"相联系的专制主义政治。对国家重大环境问题的管治都遵循"王权至上""政在中央"的原则。例如,为了加强水资源管理,宋神宗当政时特别制定的《农田利害条约》规定:"凡有能知土地所宜种植之法及修复陂湖河港,或原无陂塘、圩埠、堤堰、沟洫而可以创修,或水利可及众而为人所擅有,或田去河港不远为地界所隔,可以均济疏通者;县有废田旷土,可纠合兴修,大川沟渎浅塞荒秽,合行浚导,及陂塘堰埭可以取水灌溉,若废坏可兴治者;各述所见,编为图籍,上之有司。其土田迫大川,数经水害,或地势汙下,雨潦所钟,要在修筑圩埠、堤防之类,以障水涝,或疏导沟洫、畎浍,以泄积水。县不能办,州为遣官,事关数州,具奏取旨。"① 其中,明确规定了大部分事务都由有司负责,只有涉及面广,影响大的事才要"具奏取旨",即要有皇帝的圣旨才能行事。

因此,王权至上,政在中央,这是中国专制主义时代,环境政治必须遵循的首要原则,也是环境管理得以实施的前提。

二 体国经野,山川形便

王权至上、政在中央的原则为集权专制的国家机器的建立提供依据。然而,如何充分利用环境因素,实现专制统治,这是王权政治的重大历史课题。传统社会的权力主体在长期的政治活动中摸索

---

① 脱脱等:《宋史·河渠志》,中华书局1977年版,第2369页。

出的基本路子是坚持国依山水、分而治之，即依据自然生态条件特别是大江大河大山的分布、形致来进行政区划分和管治，指导原则便是体国经野、山川形便。

（一）体国经野

"体国经野"的实践早在三代前就开始了。《汉书·地理志》载："昔在黄帝，作舟车以济不通，旁行天下，方制万里，画野分州，得百里之国万区。""尧遭洪水，怀山襄陵，天下分绝，为十二州，使禹治之，水土既平，更制九州，列五服，任土作贡。"从黄帝"画野分州"到大禹"更制九州"表明"体国经野"从神话传说逐渐变成事实。《尚书·禹贡》《周礼》《尔雅》《吕氏春秋》等关于九州体系的记载虽各有不同，但都认同九州之分。

周初分封制的实施使"体国经野"的原则得以确立。据《周礼》载："惟王建国，辨方正位，体国经野，设官分职，以为民极"。周天子按照"体国经野"的原则，将王畿以外的天下土地分给诸侯建国，诸侯再把国都以外的地域分封给卿大夫，卿大夫还可以进一步分封自己的子弟和家臣。《左传》称这种制度为"天子建国，诸侯立家"。从这种分封制中我们不难发现，周王直接拥有"天下"即王畿之内的区域，受封的诸侯国则是周王治理国家最重要、也是最关键的区域，是周天下实行政治统治的主体，其国王都由周天子直接分封和任免。"野"一般是在地理上离国都较远并由诸侯王层封下去的区域，其受封者并不直接对周天子负责。因此，周王朝的分封制实质上是根据"体国经野"的原则将周王朝统治的天下层层分封下去，形成天下—国—家三个基本的地域层次，进而形成《大学》所谓"齐家、治国、平天下"的政治治理模式。也正是在这种原则下，西周才正式形成了奴隶主君侯分治型的环境政治模式，使"象天立官"和"体国经野"的原则有机结合到一起，周天子在王畿中"象天立官"而创设的虞衡机制在诸侯国中也得到了传播，但诸侯国的虞衡机制在环境管理和治理中只是各为其主。

"体国经野"原则在春秋战国时期因天下分裂和战争而动摇和

瓦解。土地私有制的发展和诸侯国的兴起与独立,使"国"与"野"的差别渐趋消灭,商业和手工业的发展则加速了体国经野的瓦解。范蠡在19年中"三致千金",孔门弟子子贡因经商而可以与国君分庭抗礼。但总的来说,春秋时期,奴隶主贵族垄断了大部分土地、山林、渔盐事业,严禁人民樵采渔猎;并设立关卡,"暴征其私"(向工商业者抽取重税);宠臣官吏"肆夺于市"。使"民人苦病,夫妇皆诅(zǔ)。"① 真是"积邪在于上,蓄怨藏于民。"② 社会上逐渐流传起"兽恶其网,民恶其上"③的谣谚。列宁说:"人民中的被剥削部分反对剥削部分的,是政治变革的基础,并且最终决定一切政治变革的命运。"④ 在战乱中被迫逃亡、流徙的奴隶和平民,冲破重重关卡,公然啸聚在奴隶主的专属禁地、山泽林薮,他们摆脱贵族的控制,垦荒种田,甚至夺取贵族豪富人家的"车马衣裘"⑤,据险与统治者抗衡。这种对抗性的斗争不仅改变了影响国家政治的生态场域,也使统治者进一步认识到山林川泽在政治活动中的功用。于是,政治统治区域的划分和管理朝着更加重视环境、经济和人文等因素的方向发展。逐渐形成了山川形便和犬牙交错的新原则。

(二)山川形便

山川形便就是以天然山川作为行政区划的边界,使行政区划与地理、地利相一致。山川形便的原则是最自然最直观的生态政治原则,尤其在高山大川两边的地域,不同的地貌、气候、土壤、植被等形成不同类型的农业经济区,也形成不同的风俗习惯。古人对此早有认识,《礼记·王制》载:"广谷大川异制,民生其间者异俗"。山川形便原则意味着政区的划分是以环境、经济、社会和文

---

① 《左传·昭公二十年》。
② 《晏子春秋》卷三《内篇问上》。
③ 《国语·周语上》。
④ 《列宁全集》第9卷,人民出版社1986年版,第316页。
⑤ 《墨子·兼爱下》。

化等综合化为基础而进行政治活动的。

在多种因素的综合影响下，统治者为了加强中央集权的政治管理，在实行"山川形便"的同时，又将"犬牙相入"作为补充。

"山川形便"的原则与"边界"的概念在中国历史上是同时出现。春秋战国时，列国的边界就以山川作为标志。例如，齐、赵两国不断扩张，最终止于大河。因此，《史记·河渠书》载两国之间"以大河为境"。战国时，人们希望全国统一后分置九州也以高山大川作为分界标志，并托词大禹所定而作《禹贡》。秦始皇统一后，"分天下以为三十六郡"[①]也是以山川形便为划界的基本依据。如今天山西省的边界在秦代已基本形成，其东、南、西三面分别以太行山、黄河为界，这恰是秦太原、河东、上党郡的边界。汉代的豫章郡，几乎与今江西省完全一致，三面以山一面以江为界。两汉魏晋的州界基本与山川大势相一致。但南北朝后，由于国家的分裂，州郡不断分割，幅员不断下降，政区划界无一定的规则。

隋王朝在完成政治统一后，革除前朝旧弊，兴行简化层级，减并州郡，郡界多以山川形势而定。如河东诸郡边界又重新与黄河、太行山相吻合，恢复到秦时的状态。唐代开国后则正式提出山川形便的原则。《新唐书·地理志》载："然天下初定，权置州郡颇多。太宗元年，始命并省，又因山川形便，分天下为十道。"唐代州的幅员比隋代的郡小，但州界多与山川走向相一致。三百多州分为十道，这十道又与自然地理区域相符合。这种双重关系对后世影响很大。一方面，十道后来分成十五道，到唐后期又衍化为四十多个方镇，其中南方一些方镇奠定了今天皖、浙、闽、赣、湘、粤、桂等省的部分或全部边界。另一方面，唐代的州界有许多被延续下去，成为宋代的州（府）、元代的路和明清的府的边界。这些边界长期稳定达数百上千年之久。

实行"山川形便"虽然有环境、经济、文化等方面的多种益

[①] 《史记·秦始皇本纪》。

处，但就稳定中央集权制的角度而言，存在一种很大的弊端，即如果一个以山川形便划定的政区，是完善的形胜之区、四塞之国，且幅员足够大，政区长官又有一定权力欲，就可能出现凭险割据的现象。东汉末年各地州牧的割据，接踵而来的三国鼎立，唐代的藩镇割据，以及五代十国的分裂，就多有凭借地利而长期独霸一方的政权。如岭南山地、四川盆地、山西高原等都是地理环境极佳的割据区域。诸葛亮叫刘备割据隆中就是一例。正如《易》所指出的："天险不可升也，地险山川丘陵也。王公设险以守其国，险之时用大矣哉。"

为了防止封建割据，从秦开始，统治者就有意识地采用"犬牙相入"原则加以制衡。犬牙相入的正式表达可见于汉文帝刘恒给割据岭南的南越国王赵佗的附信。汉文帝在信中建议双方罢兵停火，和平共处，在附信中说："朕欲定犬牙相入者，以问吏，吏曰：'高皇帝所以介长沙王土也'，朕不得擅变焉。"[①] 湖南长沙马王堆汉墓发掘出的西汉帛地图向我们形象地印证了这一原则。汉朝犬牙相入的原则不但用于山地，还应用于平原地带，不但用于郡与郡之间，还应用于王国与王国之间，目的都是为了更好地利用地理环境，使下属之地相互牵制，维护汉王室的稳固。《史记·孝文帝纪》载："高帝封王子弟，地犬牙相制，此所谓盘石之宗也。""犬牙相制"在《汉书》叫作"犬牙相错"，其意思一样。这一策略原则在吴楚七国叛乱时曾发挥重要作用，使中央政府得以迅速各个击破。

秦汉时期萌芽的"犬牙相入"原则只是使郡界与山川走向不完全吻合，并非与之完全背离，它是山川形便的补充原则。例如，隋唐大部分州郡的划分都采用山川形便。安史之乱后，唐朝政府在各地遍设方镇，"要冲大郡，皆有节度之额"。这时朝廷开始更多地考虑以犬牙相入的原则来控制方镇。如昭义军节度使辖有太行山东

---

① 周振鹤：《体国经野之道》，中华书局（香港）有限公司1990年版，第117页。

西之地。不过唐代方镇以犬牙相入为原则的也不多。因此，从秦到唐，犬牙相入原则在行政区划中处于从属地位。宋代以后，犬牙相入原则使用则更为普遍。

从交错的程度看，秦代不相一致的不过一二县，或二三县，到宋代出入已达三四州。金与南宋时情况又有进一步发展。如金代的京东西路的部分领域形成一条狭窄的走廊伸入京东东路与河北东路之间。到蒙元时期则发生了根本性变化，形成了犬牙相入的极端化和肥瘠搭配原则。无论是作为高层次政区的行省，还是降为县级政区的路，犬牙相错原则都走向了极端。元代无视历代划界依据的几条最重要山川边界——秦岭、淮河、南岭、太行山的存在，使任何一个行省都不能成为完整的形胜之区。如陕西行省越过秦岭而拥有汉中盆地，湖广行省以湖南、湖北为主体而又越过南岭拥有广西，江西行省跨过南岭而有广东，河南江北行省则会淮水南北为一，中书省直辖地既跨太行山东西两侧，还兼有山西高原、华北平原和山东丘陵三种不同的地理区域，江浙行省则从江南平原逶迤直到福建山地。只有四川省稍成四塞之国，但其北面撤去了秦岭屏障，难以养成长期割据的气候。行省破除了山川之险，使实行割据的地理环境基础、文化基础动摇，不易产生分裂局面。同时，便于进行由北向南的控制，其行省的形状也与唐代道的东西横向布局刚好相反。

元代这种以服从中央集权统治为唯一目的的行政区划，实际上使行政管治的生态基础破碎化，客观上必然伴生许多弊病：一是地方无险可守，于长治久安颇为有碍；二是将不同气候土壤的地理区域合而为一，对农业经济发展带来不利；三是行省地域过大，对于和平时期的行政管理很不方便，省与路之间不得不再设道一级监察区域，增加了管理层次。所以明代兴起以后，对这些弊病有所改革，出现了对前朝山川形便的回归，清代基本上沿袭了明代的政区划分。

"体国经野"和"山川形便""犬牙相入"等原则，融政治目的、政治需要与特定的生态环境因素于一体，为充分利用环境因素创设政治统治的机制提供了指导，增强了环境因素的政治统治功能，对矫治政治对生态系统的破碎化起到了一定的抑制作用

三　务时寄政，以时禁发

"务时寄政""以时禁发"是环境政治活动和环境管理的重要指导原则。"时"在古人心中是"天规"，它不可抗拒、不可违背、不可逆转。同时，"时"又是人们对中国季风气候季节性变换规律的一种认识和总结。四季变化的时序在人们的心中是"时令"和法则，农事、政事、人事以及法事等都要顺从并遵循"时"。例如，打官司或执行处斩多要放在秋天即遵循所谓"秋杀"。此外，对于"时"的体悟和政治应用，还因为长期坚持"农为邦本"而得到强化。传统社会的所谓明君都懂得国以民为本、民以食为先、食以农为本等道理，并以此作为治国之道。因此，"天规""时令"的遵循与否，不只是经济的问题，也是关系邦本、政本的政治问题。"务时寄政""以时禁发"的政治活动原则和管理原则正是在这样的社会文化背景下形成的。

"务时寄政""以时禁发"的原则形成于先秦。早在西周时，周天子就根据天象、天时来设官分职，将其政治体系划分并命名为天官、地官、春官、夏官、秋官和冬官，分掌全国的治、教、礼、政、刑和事等。

春秋战国时，诸子百家都非常重视"敬天"守时，强调要顺应自然规律来保护自然资源，保护各种生物的生长。例如，儒家的思想代表孔子说："天何言哉，四时行焉，万物生焉，天何言哉！"[①]他认为天、天的四时变化是不以人的意志为转移的，第一个提出了要"使民以时"。[②]孟子则明确指出"不违农时"是"王道之始

[①]《论语·阳货》。
[②]《论语·学而》。

也",他讲:"不违农时,谷不胜食也;数罟不入洿池,鱼鳖不可胜食也。斧斤以时入山林,材木不可胜用也。谷与鱼鳖不可胜食,材木不可胜用,是使民养生丧死无憾也。养生丧死无憾,王道之始也。"① 道家的庄子也认为,"四时有明法而不议"②,主张"四时得节"③,即按四时规律办事。黄老思想认为:"四时有度,天地之李(理)也。"④

明确提出"务时寄政""以时禁发"原则主张,并将其思想内涵系统化的代表人物是春秋时齐国的管仲。管仲说:"圣王务时而寄政焉,作教而寄武,作祀而寄德焉。此三者圣王所以合于天地之行也。"⑤"务时寄政"就是要求明君、圣王按四季时节与天象变化发布政令,组织生产,实行刑赏与礼乐教化等。《管子·四时》说:"令有时,无时则必视,顺天之所以来。"意思是说,王者命令必有其时,如果不得时令,则必须观而察之,以秉顺天道,"则天"而行。例如,春季时节,万物蠢动,"其时号令……治堤防,耕芸树艺,正津梁(即正桥梁),修沟渎……然则柔风甘雨乃至,百姓乃寿,百虫乃蕃"。也就是要以春季气候特点来确定并发布农田水利等政令。管子在提出"务时寄政"的同时,还主张对山泽林木管理实行国家垄断并坚持"以时禁发"。他说"敬山泽林薮积草,夫财之所出,以时禁发焉"。⑥

"务时寄政""以时禁发"的基本内容可概括为"四禁""四政""五毋"等。"四禁""四政"即"春无杀伐,无割(割谓掘徙)大陵(陵谓大土山),倮(倮谓焚烧草木令荡然无存)大衍(衍谓山坡或低平之地),伐大木,斩大山,行大火,诛大臣,收谷赋。夏无遏水(遏水谓偃塞小水)达名川,塞大谷,动土功,射

---

① 《孟子·梁惠王上》。
② 《庄子·知北游篇》。
③ 《庄子·缮性篇》。
④ 《黄帝四经·经法·论约》。
⑤ 《管子·五行》。
⑥ 《管子·立政》。

鸟兽。秋毋赦过、释罪、缓刑。冬无赋爵赏禄，伤伐五谷（谓五谷之藏）"。"四政"即所谓春仁、夏忠、秋急、冬闭之政，这就是，"春勿杀生以息长""夏赏五德以功劝"，"秋行五刑以禁邪"，"冬收五藏以为民"。管仲说："春政不禁，则百长不生；夏政不禁，则五谷不成；秋政不禁，则奸邪不胜；冬政不禁，则地气不藏。四者俱犯，则阴阳不和，风雨不时……天冬雷，地冬霆，草木夏落而秋荣；蛰虫不藏……六畜不蕃，民多夭死，国贫法乱。"① 此外，为了便于管理和落实，管仲还将"四政""四禁"有机融合，并具体化为"五毋"，即"毋杀畜生，毋扮（扮谓击剥）卵，毋伐木，毋夭英（英谓草木初生），毋扮竿（竿谓笋之初生）"。"务时寄政""以时禁发"的生态政治理想就是保护农业社会生产和生活的环境基础，顺天时，尽地利，保障生物资源的再生产能力，防止生态灾难和严重社会问题、政治危机的出现，以求风调雨顺，五谷丰登，国富兵强，天下太平。即"春（按：生也）仁、夏（按：长也）忠、秋急、冬闭，顺天之时，约地之宜，忠人之和，故风雨时，五谷实，草木美多，六畜蕃息，国富兵强，民材（材谓材艺）而令行，内无烦扰之政，外无强敌之患也"。②

"务时寄政""以时禁发"原则的具体表现形式有《月令》、礼法等。例如，《礼记·月令》就以礼制的方式将一年四季时令变化与天子役使臣民的各种政事活动联系起来，并对活动内容作出了明确规定，提出了各种禁忌。这在客观上起到了保障动植物正常生长，保护自然资源，促进天下持久发展的功用。如《月令》说："孟夏之月，日在毕，昏翼中，旦婺女中。其日丙丁，其帝炎帝，其神祝融，其虫羽，其音徵，律中中吕，其数七，其味苦，其臭焦，其祀灶，祭先肺。"因此，天子应该"居明堂左个，乘朱路，驾赤骝，载赤旗，衣朱衣，服赤玉，食菽与鸡，其器高以粗"。在

---

① 《管子·七臣七主》。
② 《管子·禁藏》。

立夏那天，天子则应"亲帅三公、九卿、大夫以迎夏于南郊。还反，行赏，封诸侯，庆赐遂行，无不欣说"。作为臣子的大史，应该在立夏的三天前，拜谒天子，告诉天子"某日立夏，盛德在火"。在这个月，天子还要"乃命乐师，习合礼乐。命太尉，赞桀俊，遂贤良，举长大。行爵出禄，必当其位"；"命野虞，出行田原，为天子劳农劝民，毋或失时"；"命司徒巡行县鄙，命农勉作，毋休于都"；"是月也，天子饮酎，用礼乐"。那么，假如天子乱了时令又会怎样呢？《月令》进一步阐述道："孟夏行秋令，则苦雨数来，五谷不滋，四鄙入保。行冬令，则草木蚤枯，后乃大水，败其城郭。行春令，则蝗虫为灾，暴风来格，秀草不实。"①

战国时，儒家的思想代表荀子明确提出要将山林川泽管理的"时禁"原则强化为圣王之制和王者之法。《荀子·王制》指出："养长时，则六畜育；杀生时，则草木殖；政令时，则百姓一，贤良服"，因此，"圣王之制也，草木荣华滋硕之时，不夭其生，不绝其长也；鼋鼍（yuán tuó 爬行动物，也叫鼍龙或扬子鳄）鱼鳖鳅鳣孕别之时，网罟毒药不入泽，不夭其生，不绝其长也；春耕、夏耘、秋收、冬藏，四时不失也，故五谷不绝，而百姓有其食也；污池渊沼川泽，谨其时禁，故鱼鳖优多而百姓有余用也。斩伐养长不失其时，故山林不童而百姓有余材也"。②荀子认为："序四时，裁万物，兼利天下。"③明确主张："王者之法，等赋，政事，财万物，所以养万民也。山林泽梁，以时禁发而不税。"主张"修火宪"以实行"以时禁发"。④这些思想主张为进一步将"务时寄政""以时禁发"的原则推进到政治制度和法律层面奠定了基础。西汉景帝、武帝时期的淮南王刘安召集宾客集体撰写的《淮南子》提出了顺时变法的主张。《淮南子·泛论训》说："法制礼义者，

---

① 《礼记·月令》。
② 《荀子·王制》。
③ 同上。
④ 同上。

治人之具也，而非所以为治也。……天下岂有常法哉！当于世事，得于人理，顺于天地，祥于鬼神，则可以正治矣。"《淮南子·天文训》几乎抄录了整部《礼记·月令》。公元77年（汉章帝二年）正月汉章帝下诏说："方春生养、万物莩甲，宜助明阳，以育时物。"三年又告诫御史、司空："方春，所过无得有所伐杀，车可以引避，引避之……人君伐一草木不时谓之不孝"。① 其意思是，春天正是万物养育生长的时候，人们应该帮助万物成长，车马经过的地方不应乱砍滥伐草木，而应该主动避让。他告诫下属说，要知道人君不按时节地砍一草一木都是违反孝道的。北魏贾思勰在《齐民要术》中则把"顺天时，量地利，则用力少而成功多"作为重要的农业经验加以记述和推广。在国家级法律《秦律》《唐六典》等法典中都有体现"时禁"原则的相关法律条文。详见本书第四部分。在此不赘述。

总之，正如荀子所言"天地合而万物生，阴阳接而变化起"，②并非人力所能为。人与自然是"应之以治，则吉；应之以乱，则凶"的关系。因此，"所志于四时者，已其见数之可以事者矣。所志于阴阳者，已其见和之可以治者炙。官人守天，而自为守道也"。③ 四时、阴阳是自然变化的规律，它们内在地要求只有人事与天道相互统一，才能实现人与自然和谐共处的发展。"故养长时，则六畜育；杀生时，则草木殖"④，"物其有矣，唯其时矣"⑤，"时"是自然规律，是人们从事各种活动必须遵循的原则，只有"上不失天时，下不失地利，中不失人和"⑥，才能实现"上得天时，下得地利，中得人和"的生态政治目标，达到"春耕、夏耘、

---

① 《汉书·章帝纪》。
② 《荀子·礼论》。
③ 《荀子·天论》。
④ 《荀子·王制》。
⑤ 《荀子·不苟》。
⑥ 《荀子·王霸》。

秋收、冬藏,四者不失时,故五谷不绝,而民有余粮",① 同时避免出现"天下敖然,若烧若焦"的环境政治问题。

四 公平公正,均平节用

公平公正、均平节用也是传统社会政治管理、资源和利益分配、环境法一贯强调和遵守的原则。《周礼·天官冢宰》规定的官府六职,其中"治职"就是"平邦国""均万民""节财用";"政职"则是"服邦国""正万民"。六职根据"六典"治理天下,其中"政典"的目标、旨宗和原则就是"以平邦国,以正百官,以均万民"② 由此可见,在西周时,人们就把"平""正""均""节"等作为设官分职的基本原则。

"平""正""均""节"等思想原则同样源自于人们对人与自然关系的整体性思维及认识。庄子言:"天地虽大,其化均也。"③《老子》曰:"天之道损有余而补不足,人之道则不然,损不足以奉有余。"④《黄帝四经·经法·道法》载:"公者明,至明者有功。至正者静。"管子说:"天公平而无私","地公平而无私","人公平而无私"。⑤ 认为公平、公正是天地法则,因而也应该是人类社会遵循的原则,"天主正,地主平,人主安静"。⑥ 因此,为政首先要公正无私。孔子说:"政者,正也。子帅以正,孰敢不正。""正"是掌邦治国的关键,"君正,莫不正",君子"其身正,不令而行;其身不正,虽令不从"。"苟正其身矣,于从政乎何有?不能正其身,如正人何?"⑦ 其次,在资源利用方面要"节用而爱人"。

---
① 《荀子·王制》。
② 《周礼·天官冢宰第一》。
③ 《庄子·外篇·天地》。
④ 《老子·五十三章》。
⑤ 《管子·形势解》。
⑥ 《管子·内业》。
⑦ 《论语·子路》。

春秋战国时期，统治者的骄奢极欲，使人们对公平公正、均平节用等原则的思考进一步发展。荀子认为："君人者，欲安、则莫若平政爱民"，"刑政平，百姓和，国俗节，则兵劲城固，敌国案自诎矣。"① 在政治上明确提出"节用裕民"是"足国之道"② 的主张，在经济上提出了"强本而节用"③ 的方针。庄子说："礼乐不节，财用穷匮。"④ 墨者坚持"不侈于后世，不靡于万物"，"生不歌，死无服"，"以裘褐为衣，以跂蹻为服，日夜不休，以自苦为极"。⑤ 韩非认为："俭于财用，节于衣食，宫室器械，周于资用，不事玩好，则入多。"⑥《吕氏春秋》认为："天地大矣，生而弗子，成而不有。故万物皆被其泽，得其利，而莫知其所由始。此三皇五帝之德也。"⑦ 提出为政之道应该"去私而立公"，⑧ 只有"兼爱无私"，才能使"民亲其上"。⑨

在秦汉时期，黄老学派把"苛事，节赋俭，毋夺民时"作为君主为政亲民的基本方针。在实践中主张"人之本在地，地之本在宜，宜之生在时，时之用在民，民之用在力，力之用在节"。⑩ 要求统治者轻徭薄赋，节省民力。董仲舒把"有度而节"说成是"天之道"，他说："天之道，有序而时，有度而节，变而有常，反而有相奉，微而至远，踔而致精，一而少积蓄，广而实，虚而盈。"⑪ 于是，他在政治上提出了"故圣人之制民，使之有欲，不得过节；使之敦朴，不得无欲；无欲有欲，各得以足，而君道得矣"。⑫

---

① 《荀子·王制》。
② 《荀子·富国》。
③ 《荀子·天论》。
④ 《庄子·杂篇·渔父》。
⑤ 郭象：《庄子注·天下第二十二》卷十。
⑥ 《韩非子·难二》。
⑦ 《吕氏春秋·贵公》。
⑧ 《黄帝四经·经法·道法》。
⑨ 《黄帝四经·经法·君正》。
⑩ 同上。
⑪ 《春秋繁露》卷一一。
⑫ 《春秋繁露》卷六。

第三章 传统环境政治的原则和运行机制

魏晋南北朝的政治大分裂、大动荡，使王弼高瞻远瞩地认识到"居难履正"，才是"正邦之道也"。[①] 只有"居不失正，履不失中，执德之长，不改其节。如此，则同志者集而至矣"。[②] 与此同时，他认为，君王在处理国家事务中要"心存公诚，着信在道"[③]，"用心存公，进不在私"。[④] 存公去私才能使天下恢复和平安宁。

唐宋时期，唐代统治者励精图治，十分注意在实践中贯彻公平公正、均平节用的原则，例如，在唐朝颁布的中国历史上第一部水利法典——《水部式》中，明确规定："凡浇田，皆仰预知顷亩，依次取用；水遍，即令闭塞。务使均普，不得偏并"；"节其水之多少，均其灌溉"，不使"用水不平，并虚弃水利"。[⑤] 宋朝时，则由于理学对"至公""无私""无欲"的极端化，要求圣王、臣民都与天理为一，做到"灭人欲"、杀"心中贼"，"无我至公""与天为一"。[⑥] 这种极端的公平正义、节欲节用，抑杀了人的正当需求和利益，妨碍了公平公正、均平节用思想的正常发展，导致均贫富、等贵贱等问题更加突出。

综上所述，我们认为，传统社会生态政治原则的发展和演变有三点值得关注：

（1）就原则本身而言，它们在服务于君主专制统治的进程中，深受专制主义的影响，从体国经野到山川形便，从务时寄政到以时禁发，从公平公正到无我至公，从均平节用到节欲、灭欲等逐渐显现出倾向于专制主义的特点。

（2）原则发生变化的根本动因在于生态矛盾和社会矛盾的渐变与激变。在两千多年的农耕社会中，统一与分裂相随，农与战相伴，垦与荒不断，建设与破坏不绝。每一次分裂、破坏都会激发政

[①] 《周易注·蹇卦》
[②] 同上。
[③] 《周易注·随卦》。
[④] 《周易注·干卦》。
[⑤] 汪家伦、张芳：《中国农田水利史》，农业出版社1990年版，第269页。
[⑥] 《朱子语类》卷六一。

治家、思想家"究古今之变"的思想力量。加强君主专制往往成为许多思想家和政治家的现实选择。因为战乱破坏生态，祸害社会，带给人们的灾难是双重的。

让一些学者困惑的是为什么封建王朝统一时对生态环境的破坏更甚。从原则的变化中，我们似乎能领悟些许。战乱的焦点通常是政治权力，因而破坏与争斗首先集中于社会子系统内部，农民、流民以及所谓"草莽"的开垦、滥伐进入一种暂时的无序状态，其生态破坏不可谓不严重。例如，经历隋末战争后，"自伊、洛以东，暨乎海岱，灌莽巨泽，苍茫千里，人烟断绝，鸡犬不闻"①，生态系统和社会系统都遭到严重破坏。但国家一旦统一，社会子系统内部秩序得以恢复，外部安全保障以及政治扩张便会进入有组织的、系统化的发展状态，并往往有政策跟进、制度保障和思想指导等，因而开发力度更大，生态环境破坏也越烈。例如，从体国经野、山川形便到犬牙相入，强化的是统一的中央集权，打破的是自然山川对政治的束缚。再比如，在唐朝政府的领导和组织下，开元、天宝年间，"耕者益力，四海之内，高山绝壑，耒耜亦满"②。

（3）传统生态政治原则的嬗变是基于中华文明发展进程中特有的大统一、大分裂、大融合的现实挑战。在民族统一与分裂的进程中，政治的征服与文化的征服往往并不同步。宋明理学是在隋唐大统一后再次遭遇民族挑战的时候发展起来的。当民族面临被征服的时候，往往有利于集权和专制的加强。尤其是宋以后，少数民族的政治统治使其自身面临被先进政治文化同化的现实压力。为了巩固政权，思想钳制与文化高压成为统治者的政治选择。因此，宋以后，一改大唐的开放之风，政治集权、文化专制一朝盛过一朝。其中，大明王朝虽非少数民族，但其统治者是崛起于社会底层的农民阶级，几千年的愚民政治、愚民文化，使农民及其领袖们不可能比其对

---

① 《旧唐书·魏征传》卷七一。
② 《元次山集·问进士》卷七。

立的集团更先进。相反，落后、保守、平均主义的小农意识使他们在政治上更容易选择以其人之道还治其人之身的专制、集权道路。

第二节　传统环境政治的运行机制

一　皇帝的决策地位及环保职责

决策权是以权力分配为基础、对国家政务作出选择的权利。它是决策主体权利意志的体现。在四千多年的传统社会中，虽然王朝有盛乱兴衰、帝王有圣明昏暴之分，但是，最高统治者——国王或皇帝，都拥有最高决策地位和最后决定权。

夏商周三代的天子就已拥有了生杀予夺的军政经济大权，但因受社会发育水平的限制，以血缘、亲缘关系为基础的王权并不像封建帝皇那么强大，即使是到了西周，天子也不直接掌控诸侯国的军政和民人。虽然周王也派监督人员对受封贵族进行制约，但其控制力有限。因此，在《周礼·地官司徒第二》中记载的虞衡机制，只有在内服王畿地才直接受周王及周王室管辖。换句话说，周王的环境决策权主要体现在王畿之内，对其他封国只是间接管控。相应地周朝国王的环境职责也主要限于内服之地。

秦朝统一六国后，秦王嬴政自以为"德高三皇，功过五帝"，采三皇五帝之名而成"皇帝"之号，进而建立了与之相应的一套制度，[①] 皇帝不仅可以集国家的决策权、行政权、军事权、财政权、司法权于一身，还能直接将权力伸向地方和民间，使以权力集中为前提的君主专制趋向制度化、合法化。西汉王朝建立后，上承秦制，与皇帝有关的许多礼仪、制度逐渐制定和完备。"汉天子正号曰皇帝，自称曰朕。臣民称之曰陛下。其言曰制诏，史官记事曰上。车马衣服器械百物曰乘舆。所在曰行在所，所居曰禁中，后曰省中。印曰玺。所至曰幸，所进曰御。其命令一曰策书，二曰制

[①] 《史记·秦始皇本纪》。

书，三曰诏书，四曰戒书。"① 为了确保皇帝的至尊地位和权力永续集中，汉朝还沿用或确立了封号制、后宫制、外戚宦官制、嫡长子继承制、封侯制、宗法制、礼制、避讳制等，使"天子受命于天"，天下"受命于天子"②的君主专制逻辑体系化。皇帝至高无上的权力地位反映到环境政治中，那就是皇帝拥有协调人与自然关系的最大决策权和最终裁决权，当然也需要担负环境治理和保护的相应职责。

第一，皇帝的权力地位决定了环境管治的中央决策系统由皇帝掌控。皇帝通过主持或命令召集的御前会议、宰辅会议、百官会议等进行决策，其中重要的是朝议。立君、郊祀、封建、功赏、法制或重大的环境治理工程等国家政务都要经过朝议来决定。如"二十八年（公元前219年），始皇东行郡县，上邹峄山。立石，与鲁诸儒生议，刻石颂秦德，议封禅望祭山川之事"。③ 在三公、九卿构成的中央决策机构中，不同机构决策权力的大小因皇帝的喜好和需要而异。汉武帝时，三公在皇朝的重大决策中所起的作用被削弱，皇帝比较依重于大将军、尚书等中朝机构。东汉建立以后，"虽置三公，事归台阁"④，尚书台在决策中起的作用更大。但是，无论是丞相主持的外朝朝议或者由领尚书事的大将军主持的中朝朝议，最后都要经皇帝裁决后，以诏、制、敕、令等形式发布，才能实施。因此，环境管治的最终决策权也属于皇帝。例如，宋孝宗淳熙元年春，下诏"禁淮西诸关伐林木"⑤。

第二，秦汉之制将皇帝决策权的运行建立在对不同渠道反馈的各种信息的掌握之上。一是通过上计制度，定期了解各郡国的人口、垦田、税收状况。二是各级官吏奏章疏报制度，及时掌握各地区各部门发生的情况。三是依靠监察系统如御史、刺史等官员通过

---

① 《后汉书·光武帝纪》。
② 《春秋繁露·通国身》。
③ 《史记·秦始皇本纪》。
④ 《后汉书·仲长统传》。
⑤ 脱脱等：《宋史》，中华书局1977年版，第657页。

遍布全国的亭组成的信息网络传递系统汇总信息而上的奏报，掌握全国信息。四是皇帝和丞相不定时派出大员有目的有计划地到全国各地巡视，以重点了解某一地区或某一事件的情况。此外，几乎所有皇帝都会亲自到全国各地巡行，以便了解情况，解决问题。秦始皇巡视的足迹东至大海，西至鸡头山，北至逶迤万里的长城，南至碧波浩渺的洞庭湖。汉武帝不仅数次亲临边塞，视察国防工程，而且也亲临黄河决口处，督导臣民修复大堤。秦汉时期，以皇帝为代表的中央机构作出决策的程序一般为：皇帝提出问题、有关机构和臣下讨论问题并提出方案、交皇帝批准、交御史府拟定诏、制、敕、令，经丞相副署后交有关方面执行。一些简单的问题皇帝会自行决断。

第三，作为天子，皇帝要尊天、敬天，并像天一样爱利于下，防灾救灾，泛爱群生。既要专门主持郊天、籍田、山川、时享、巡狩、田猎等礼仪制度，也要对重大的环境问题作出决策，承担责任。如果不能消灾减难，就是罪责自己，并寻求政治变革，努力思索并实现"膏露降，百谷登，德润四海，泽臻草木，三光全，寒暑平，受天之祜，享鬼神之灵，德泽洋溢，施乎方外，延及群生"①的生态政治理想。

早在先秦时期，如果发生自然灾害，天子就要"布德行惠，命有司发仓廪，赐贫穷，赈乏绝"②。采取如散利、薄征、缓刑、弛力、舍禁、去几、眚礼、杀哀、蕃乐、多昏、索鬼神、除盗贼等十二种政策措施，以稳定人心，缓解灾情。如果遭遇"大荒大札，则令邦国移民通财"③。秦汉时期，人们借"灾异天谴"论明确地把灾异的发生与国家政治相联系，认为"凡灾异之本，尽生于国家之失"④。要求君主"泛爱群生，不以喜怒赏罚，所以为仁也"⑤，进

---

① 《汉书·董仲舒传》。
② 《礼记·月令》。
③ 《周礼·地官·司徒》。
④ 《春秋繁露·必仁必智》。
⑤ 《春秋繁露·离合根》。

而促成了帝皇"罪己诏"的制度化和程式化发展。秦汉以后不管是因自然或人为的原因引发了的重大自然灾害，皇帝常常会通过颁罪己诏来向上天和民众检讨治理的不善，以求改过自新。汉文帝前元二年（前178年）十一月的日食诏首开汉代罪己之先河，但是罪己诏的制度化则要在汉武帝执政之后。据不完全统计，东汉一代，皇帝因为自然灾害而下诏罪己约有30次。同时，罪己诏也逐渐形成了相对固定的格式，其基本逻辑是由天及人，最后落实到政治调节。罪己诏一方面彰显了帝王通天致圣的至尊地位，另一方面也成为帝王更化变制，行使决策权以调节政治的重要途径。

到唐宋时，面对人与自然关系的失调，一方面，统治者进一步强化了王权至上的思想。强调"王者居宸极之至尊，奉上天之宝命，同二仪之覆载，作兆庶之父母，为子不臣，惟忠惟孝"。[①] 唐太宗等人一再声称："民者国之先，国者君之本"，"天地之大，黎元为本；邦国之贵，元首为先"。[②] "人主操予夺之柄"。[③] 另一方面，细化和完善了皇帝决策的运行体系和防灾、救灾的政策措施。一旦环境灾难发生，皇帝便会施行灾异自谴、避正殿、减膳、出宫女、祈禳、祭祀、因灾虑囚、求言、出太仓等政策措施。据两《唐书》《册府元龟》等史料统计唐代历朝皇帝因灾虑囚共有67个年份、75次（参见表3-1）。[④]

表3-1　　　　　　唐代历朝的因灾虑囚的次数统计

皇帝	高祖	太宗	高宗	武后	中宗	睿宗	玄宗	肃宗	代宗	德宗	宪宗	穆宗	敬宗	文宗	武宗	宣宗	懿宗	僖宗
次数	2	5	16	3	3	1	10	2	3	4	2	3	1	10	2	4	1	3

[①] 《唐律疏议·名例》。
[②] 《晋书·宣帝纪》。
[③] 《续资治通鉴长编》卷二三〇。
[④] 参见阎守诚《自然灾害与唐代社会危机与应对》，人民出版社2008年版，第224页。

第三章 传统环境政治的原则和运行机制

　　这些活动突出了皇帝沟通天地、"君权天授"的特殊地位，也显示了皇帝以及各级官员在缓解灾情和救济民生中的主体作用，有利于调动各方面的积极因素，缓解危机，稳定秩序。唐朝皇帝决策地位及职责履行的具体情况可以用下图来表示（参见图3－1）：

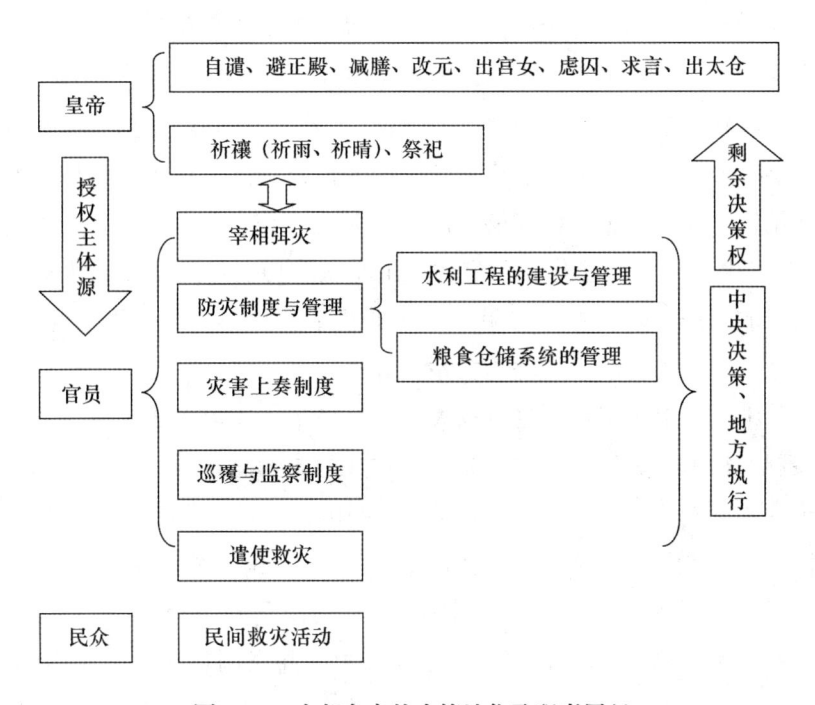

图3－1　唐朝皇帝的决策地位及职责履行

　　从图中可知，一是皇帝既是授权主体，又是决策主体，各级官僚政府及官员是行政主体，民众参与只具有补充意义。也就是说，协调天人关系的一切权力集中于皇帝。相对于皇帝而言，中央政府及地方政府的权源在上，此外，一切剩余决策权在理论上也归于皇帝。因此，皇帝作为主宰一切政治权力的天子，天降祥瑞归功于他，天降灾异也理应由他承受。在"灾异天谴"说的思想指导下，凡遇灾异，皇帝首先要引咎自责，检讨自己的德行不济和为政不力，采取种种政策措施，亲力亲为，表示知过改错，以回应天谴，并希望以此从根本上消弭灾害。二是由皇帝及皇室成员、中央到地

· 157 ·

方各级政府及官员、社会各阶层的民众构成的自上而下、上下互动的环境决策运行体系，其权力归属明确，层级清晰，职责分明，相互制衡。以巡覆与监察制度为例，在唐朝为了调解灾害治理过程中暴露出来的中央与地方、长吏与百姓等之间错综复杂的矛盾，在加强法律规范的同时还加强了对灾情奏报、申报的一系列检覆、巡察和核实工作。根据唐代中央巡覆、监察灾情的资料，通常有御史出使监察、监察使臣巡抚监察、救灾使臣监察、宦官巡抚监察、巡院监察等形式。通过分权制衡，使不同的行为主体发挥各自的职责和作用，保证了灾害救济能够及时、顺利地完成。正如 B. A. 罗西所说："生态形势的恶化在一定程度上是人类历史的每一个重大时代的组成部分，并促进了文明发展中的技术和社会文化水平的完善，消除了该历史阶段人与环境关系的危机。"[①]

不过，由于国王或皇帝权大于法，皇帝的决策权成为一个不受限制的权力，因而决策往往是人治主义的或随意盲目的。秦始皇二十八年（前219年），他"浮江，至湘山祠"时，遇到大风，便问博士："湘君何神？"得到的回答是"尧女，舜之妻"。"于是皇帝大怒，使刑徒三千人皆伐湘山树，赭其山"。[②]秦始皇三十二年（前215年）派蒙恬率军30万进攻匈奴，并强制移民，使约30万人迁入河套地区，从事开垦和农耕，使农业区北界北移。这种人地关系的改变不仅使河套地区脆弱的生态受到影响，而且成为劳民伤财、不可持续的事情。三十七年秦始皇死后，"蒙恬死，诸侯畔秦，中国扰乱，诸秦所徙適戍边者皆复去，于是匈奴得宽，复稍渡河南与中国界于故塞"[③]。汉高祖刘邦为了取悦于父亲，在丽邑建新丰，完全按故乡丰县的样子改建丽邑，"立城社，树枌榆，令街庭若

[①] 转引自肖显静《生态政治——面对环境问题的国家抉择》，山西科学技术出版社2003年版，第47页。
[②] 《史记·秦始皇本纪》。
[③] 《史记·匈奴列传》。

一"①，还强行迁丰县之民到关中。关中政治移民的增加，加剧了人地矛盾、人水冲突。到东汉时，关中生态基础的劣变使统治者不得不将政治中心东移。

二 中央与地方的环保权职

任何国家管理环境的政策、制度和法规的执行都有赖于相关管理机构的设立和设官分职的科学合理。环保机构是贯彻环境管理政策和保护法规的组织保证。中国是世界历史上最早设置环境管理和保护机构的国家。这是因为在黄帝时代，中国先民就遭遇了"人民众多，禽兽不足"的现实矛盾；在唐尧、虞舜时代则因气候变迁而不得不直面洪水横流和禽兽逼人的生态问题。为了解决矛盾，改善生存和发展的条件，虞舜设虞官置司空，首开了设置环境管理机构的先河。虞官和司空的主要职责是驱驯鸟兽和平治水土。根据关于三皇五帝的传说，伯益被舜帝任命为虞官而"佐舜调训鸟兽"②，成为"知鸟兽"的第一位"环境部长"。③伯禹作司空，"掌土治水"④，成为中国古代首任司空。此后，随着生产力水平的不断提高和统一的中央政权的建立，传统社会中央及地方环保机构的设官分职经历了奴隶社会和封建社会两种不同的社会发展时期。

周代是奴隶制君侯分治型环境政治的典型时期，中央政府由天官、地官、春官、夏官、秋官、冬官六大办事机构组成。其中，地官大司徒拥有了六卿的政治地位。在设立的常任政务官中，司徒（土）既负责籍田之事，又负责郑地的园林、山场及牧地的管理工作。"山泽，天地之藏财之渊、国家之所资者，厚民生之所赖者"⑤，因此，仅仅依靠地官大司徒一己之力是远远不够的。于是

---

① 《水经注·渭水注》。
② 《史记·秦本纪》。
③ 参见袁清林《中国环保史话》，中国环境科学出版社1990年版，第156页。
④ 《尚书·舜典》。
⑤ 王与之：《周礼订义》卷二七。

在地官下又设有山虞、林衡、川衡、迹人丱（矿）人等管理山川、森林、湖泊沼泽、渔猎、矿产资源的下属机构，并依据机构的类型和所辖范围的大小分官定职，形成了并行于中央和地方各级的环境管理机制即虞衡机制。正如清代学者所考证的：周代"山立三虞，泽立三衡。三虞者：大山、大林麓；中山、中林麓；小山、小林麓。三衡者：大川、大泽薮；中川、中泽薮；小川、小泽薮。当时侯国之制并同，盖皆以官分地而巡守之，故非一职"。①

封建专制型环保政治通过皇帝制度、官僚制度和以地缘分权为原则的郡县制、客卿制等，使高度组织化的官僚体制的行政水平远远超过了同期的罗马帝国，并已和近代的超级国家具有了可比性。②因此，春秋各国除控制赋税外，国家对山林川泽之利实行垄断，并设置专人看管。如齐国的山、泽、薮、海皆设专人把守，百姓无权利用。战国时，在"百官之长"③即相领导的中央行政机构中专门设立一类事务性职官称为虞人主管山林泽海等自然资源，下面还有专门主管某一项资源的职官，如主铁官、铜官、水官、主渔吏、衡官等。④官府对经济园林、畜牧、手工业作坊等实行官营，这就使生态资源的所有权和管理权主要集中于中央政府手中，使政府机构的分官设职等更加细致。

宰相从西汉时就被赋予了燮理人间阴阳之气的政治职责。到唐宋时，宰相之责仍然是："上佐天子理阴阳、顺四时，下遂万化之宜，外镇抚四夷，内亲附百姓，使卿大夫各得其职也。"⑤既然燮理阴阳是宰相的职能，因阴阳不和而造成的"灾异"，宰相便难辞其咎。因此，两汉以来因灾策免宰相之事史不绝书。久而久之，每逢灾荒发生时，宰相往往提出避位退让的要求，以示谢过负责；也

---

① 《钦定历代职官表》卷十。
② 参见 H. G. Creel, "The Beginning of Bureaucracy in China: The Origin of Hsien", *Journal of Asian Stuedies*, Vol. 23, No. 2, February 1964, p. XXXII.
③ 《荀子·王霸》。
④ 白钢主编：《中国政治制度史》上卷，天津人民出版社2005年版，第185页。
⑤ 《续资治通鉴长编》卷三六四。

会参加皇帝弭灾的一些活动，或者亲自弭灾请求上天责罚。当然，更主要职责还是领导中央机构执行皇帝的命令，并根据地方的上奏作出决策，非权力范围的事则把剩余决策权上交皇帝，由皇帝裁定。

在秦汉的中央机构中，设置少府，直接为皇帝掌管山泽之利。少府是直属于皇帝的内朝机构，王莽时一度改为共工。据《汉书·百官公卿表》载：少府"掌山海池泽之税"，以供国君为首的皇室之用，薪俸中二千石，属大臣系列。少府经管山海池泽收入主要包括山泽税、江湖陂海税与租、园池收入、苑囿池收入、公田收入等。在少府下分门别类地设置了都水长、丞和均官长丞主管山、水之税；十池监主管上林苑；钩盾主管京城"诸近池苑囿游观之地"。同时，在中央机构中还有水衡都尉"掌上林苑"，薪俸二千石，位居官员之列。秦时的将作少府在汉景帝时改称将作大匠，位居三公九卿之列，其职责是"掌治宫室"①，包括宗庙、宫室、陵园等，下设有丞、左中右侯、石库令、东园主章令、左右前后中校令等。

在地方政府的层面上，由于秦汉政府将地方一切事务的处理全权交给了郡县乡里的负责人，因此，郡县乡里的政府负责人及其相关机构也该担负山林川泽的保护之职。但总的来说，秦汉作为封建科层化环保机制全面确立的重要时期，全国生态资源的管理、利用和开发主要由中央政府直接执掌。例如，西汉时还在全国设置盐官35处、铁官48处，在有水池及鱼利之处设水官，它们都属于中央派出机构。东汉虽然经历了王莽改制，但在光武帝更始元年便"除王莽苛政，复汉官名"。其环境政治体制的变化主要表现在：一是由二千石尚书执掌水火、盗贼、词讼、罪法；二是由民曹尚书掌缮治、功作、盐池、苑囿等。②魏晋南北朝时，由于国家的分裂、动

---

① 《汉书》卷一九《百官公卿表上》。
② 《宋书》卷三《百官志上》。

荡，各国虽然在体制设计上有所差异，例如，北齐由司农寺卿，"掌仓市薪菜，园地果实"①，以储存粮食为主要职务；曹魏时设置材官校尉掌管木材等，但基本上还是沿用了秦汉体制。

与唐宋不同的是这个时期以少府为代表的环境管治体制直接服务于皇帝，其主体可以说是皇帝的私臣、私官。其直接原因是秦汉时期确立的官僚政治体制家、国不分，使科层化的环境政治体制呈现出"内重外轻"的格局，整个机构以皇权为中心，少府等直接为皇室服务的机构的地位十分突出。在西汉时，少府和水衡都尉所经管的财政收入超过大司农管理的国家财政收入。"汉定以来，百姓赋敛，一岁为四十余万万，吏俸用其半，余二十万万，藏于都内，为禁钱。少府所领园地作务之八十三万万，以给宫室供养诸赏赐"。②所以，少府虽然也被称"小府"，但"小府"在九卿中却位居第一，其权位之重不言而喻。西汉元帝时，大司农的属官都内藏钱40万万，水衡钱25万万，少府钱18万万。③少府、水衡钱合计58万万。此外，皇室弟子照例要封王封侯，公主、后妃则给予汤沐邑，他们在王国、封邑之内也享受着"山川园池市井租税之入"。换句话说，秦汉时期，山林川泽的管治、利用及保护直接由上至少府，下至虞衡等不同层级的职官构成的垂直官僚系统担负，其主要职责是获取山林川泽之利为皇帝、皇室成员生活和赏赐诸侯大臣所用，同时，少府作为君主专制的内朝机构，是皇帝用以制衡丞相为首的"外朝"机构的重要工具。皇帝也主要通过少府掌握的山海池泽之利来控制并换取诸侯、臣下对皇家天下的忠诚度。

唐宋时期是中央和地方的权力在总体上呈扩大趋势。这主要表现在以下几方面：（1）山林泽海、造林绿化的控制与管理外延化，即主要由宰执领导的中央机构负责。隋唐中央官僚机构完成了三公六部二十四司的建制。首先，生态资源的经营管理和环境问题的应

---

① 《隋书》卷二七《百官志中》。
② 桓谭：《新论》，载《太平御览》卷六二七《赋敛》。
③ 《汉书》卷八六《王嘉传》。

对主要隶属于工部四司。其中城池土木工程由工部司佐助工部尚书、侍郎掌管；京都营缮之事则少府监与将作监负责；屯田司掌全国屯田及在京文武官的职田及公廨田，以及京城街巷种植、山泽苑囿、草木薪炭、供顿、田猎之事。水部司掌渡口、船舻、桥梁、堤堰、沟洫、渔捕、运漕、碾硙之事。其次，在九寺五监等事务官中，少府、将作、都水三监都与土木工程和山泽水利的营造、管理有关。特别是都水监是专职管理水务的中央机构之一，其职位高于虞衡，或者说是虞衡的上级管理机构。据《唐书·职官志》记载，水部都水监："掌天下川泽津梁，虞衡之采捕，渠堰陂池之坏决，水田斗门灌溉之政令"，辖舟楫、河渠二署及诸津。其中，河渠署，掌修补堤堰、渔钓、川泽渔醝之事。[①] 因此，隋唐时期除了在政府机构中设置虞部，专职管理天下林木花草的种植，管理采摘捕捉开放禁闭的时间外，还设立了权限更大、管理范围更广的水部，以管理天下的大小江河、湖泽、沟渠塘堰、池塘水利的兴修和农田水利的灌溉。宋朝掌管天下山泽之货的是三司下的盐铁部，三司是宋的中央财政管理机构，执掌关市、河渠、军器之事，以资邦国之用。与此同时，为了适应城市发展的需要，北宋时期在京都开封开始设立城市环境卫生的管理机构——街道司，专管城市街道的清扫和积水的疏导工作，"宣和三年诏……街道司，掌辖治道路人兵，若车驾行幸，则前期修治，有积水则疏导之"。[②]

（2）监察、考核制度趋向独立和系统。独立的国家监察机构从魏晋开始设立后，经隋唐的完善得以健全。唐御使台不仅对中央和地方的官员进行监察，还对礼仪、尚书各部和司农寺、太府寺等进行监察。宋朝的监察制度在中央通过台谏监察系统和封驳监察系统来执行，在地方有路的监司、帅司监察系统，还有走马承受所和通判厅，自上而下构成了严密的监察网络，形成了比较完备的监察

[①] 白钢主编：《中政治制度史》上卷，天津人民出版社2005年版，第416页。
[②] 脱脱等：《宋史》卷一六五。

制度。

（3）地方政府区域环境资源管治的权限有所扩大。唐朝的地方行政体制初为州（郡）、县两级制，后演变为道、州、县变相的三级制。府是州的特例，都督府是掌理一州政务兼监督数州的防务的军政机关，作为地方机构，其权力明显大于秦汉的地方政府组织。县以下的乡、里组织基本未变。宋朝地方实行府州军监（都是同级）、县、镇以及乡都里保等行政管理系统。神宗熙宁二年（1069年）设提举常平官司，掌管本路的常平义仓、水利，并荐举官员等。地方官员的考课由每年上级对下级功过的考核，也有审官司院、吏部等的复查，考查标准因职务而异。

唐宋体制变化的成因主要在于生产力水平的提高和生产方式的改变，使政治关系和社会结构出现了许多新变化。如经济重心南移、统治疆域复杂化等，导致行政权力的演进出现了两极化，一是皇帝的集权越来越严重，二是权力层层下放。正如《贞观政要》记载的唐太宗所言那样："以天下之广，四海之众，千端万绪，须合变通，皆委百司商量，宰相筹画，于事稳便，方可奏行。"这种理性的认识，使中央集权的官僚政治逐渐摆脱了汉以来内廷决策，外廷执行的传统模式。宰执议政成为唐宋后朝议制度发展的主要路子。以尚书、门下、中书三省和吏、户、礼、兵、刑、工为代表的三省六部二十四司体制的形成，使中央政府的决策系统和执行系统的层级化更加明确、分工更加细致和合理。特别是宋朝，从宋太祖开始，逐渐建立起由皇帝、宰执、侍从和台谏组成的中枢权力结构。在这一权力结构中，皇权处于主导地位，皇帝成为决策的中心。同时，宋朝按照"人主苞权，大臣审权，争臣议权"的原则建立专制主义中央集权制度，形成了环环相扣、层层相连、互相制约的中央决策系统。皇权因此也受到一定限制。例如，皇帝任命或责降官员不当，负责起草诰词的知制诰和中书舍人可以"封还词头"，以加拒绝。运行的机制包括：中央最高决策主要由御前会议和宰相会议按既定程序和惯例进行；朝政处理有宰辅制度、百官奏事制度等。其中，宰辅由1—5名宰相和执政构成，其职责是辅助皇帝处理朝政。中央机构有中书门下、枢密院、三司、三衙、翰林学士院、三省、御史台和谏院等。中书门下是宰相处理政事的最高行政机构，下设孔目、吏、户、兵礼、刑五房，其官员称为堂后官司。宋元丰改制后，确立了由中书省、门下省和尚书省分掌决策、审议和执议的三权分立体制。

唐宋环境政治体制的创新和完善对少数民族政权产生了重要影响，更为元、明、清各代奠定了坚实的基础。金朝模仿唐宋制度，赋予宰相、执政官等"政事之臣"的经天纬地之职是"和阴阳，遂万物，镇抚四夷，亲附百姓，与天子经纶于庙堂之上者也"。①同时，其中央机构设置近似于中原政权。在六部中由工部负责修造营建事务，规定凡修建营造法式、屯田、山林川泽之禁、江河堤岸、道路桥梁之事，均由工部掌管。元朝沿用了六部与寺监组成的中央行政体制，并将环境保护之职责隶属于工部。规定工部"郎中一员，从五品。掌修造营建法式、诸作工匠、屯田、山林川泽之禁、江河堤岸、道路桥梁之事。员外郎一员，从六品"。"置令史分掌名头，以尚书为长"。其中，分掌"山林川泽之禁"，注明"旧虞部"；"都水监都水"，注明"旧水部"；均"以令史分掌"。②在具体制度的改革中则将"汉法"与蒙古旧制杂糅，使寺监体制发生了较大变化。唐宋时三省六部领导下的九寺五监在金、元两朝演变为十寺、十二监、十五院、三司、五府等机构。其中，兴修水利等事务性工作并非都由都水监专门承担。据史料记载："凡兴作仍领于工部，都水监不过司其料估程式"。③元朝的土地由户部掌管，全国工役、营造由工部负责，部下设提举司、局。地方实施行省、路、府、州、县、乡都、社等制度。其中，行省的出现与定型是中国古代地方行政制度史上的一件大事。它出现于金朝后期，定型于

---

① 《金史·陈规传》卷一〇九。
② 《事文类聚·六曹部》卷一六。
③ 《历代职官表·工部下》卷一五。

元朝，是政府应对环境挑战的制度成果之一。公元1194年（金章宗明昌五年），黄河屡发水患，都水监丞田栎上治河策，金廷遂派朝官前往黄河沿岸进行考察，分别以行尚书省和行户、工部事系衔。不久河决于阳武（今河南原阳），又命令参知政事马琪、胥持国以行省名义往督河工，节制行户、工部、都水监及沿河地方官员，"许便宜从事"①。此后，行省制还经常被用于治军需要，不过多为临时性举措，直到公元1291年（元至元二十八年）设立河南行省、调整江淮、湖广行省，行省制度才基本定型。监察制度由中央的御史台、地方的行御史台和提刑按察司等构成。官员考核以户口增，田野辟，词讼简，盗贼息，赋役均为内容，中央政府官员三十月一考核，地方路府州县三周年一考核。

　　明清两朝中央都实行三省六部制，但明朝工部掌管全国"百官、山泽之政令"②，权力更大。工部下属机构有虞衡司、上苑监和都水司等。虞衡不仅"典山泽、采捕、陶冶之事……"，还负责对飞禽走兽、鸟鱼的课征，以及帝皇陵山、功德园区的环境保护。上林苑的监正则"掌苑囿、园地、牧蓄、种树之事"。都水司"典川泽、陂地、桥道、舟车……以时修其闸坝、洪浅、堰圩、堤防。谨蓄泄以备旱潦……凡道路时葺治"③。工部、少府、都水监、水官、地方都督、刺史等各级官员的迁转、升降、赏罚由尚书省吏部考功司根据一年一小考、四年一大考的考课等第来确定。清朝沿用了明代的六部制，工部只负责工程建筑、水利兴修、钱币鼓铸等，在工部里设虞衡、都水司，"虞衡掌山泽采捕，陶冶器用"，"都水掌河渠舟航，道路关梁，公私水事"④。如果有司官吏失职则要依法问责。大清律例规定："凡部内有水旱霜雹及蝗蝻为害，一应灾伤，田粮有司官吏应准告而不即受理申报检踏及本官上司不与委官

---

① 吴宗国：《中国古代官僚政治制度研究》，北京大学出版社2005年版，第371页。
② 《明史·职官志》卷七二。
③ 同上。
④ 《清史稿·职官志》卷一一四。

复踏者，各杖八十……"①诸如黄河、海塘等重大修建，都由皇帝指示调度，工部并不过问。

从山衡、虞人到少府、工部，从诸侯同制到中央集权的垂直领导体系的演变和设官分职，反映了环境管治在权力结构和权力分配中的地位与作用。其中心内容是权力的分化、重组及职能大小的变化。等级森严、权职分明、依制而行的科层化环境政治体制的形成既满足了封建君主加强中央集权的需要，也表明了古代统治者对山林川泽的管理和环境保护的重视程度不断提高，其政治效益主要是保障皇家天下的生态政治安全。

三　虞衡的设官分职

虞衡是中国古代掌管山林川泽的政府机构的泛称，也是环保官员的一种职务名称。虞即虞部、虞衡，它设有专职官员，如虞部下大夫、虞部郎中、虞部员外郎，虞部承务郎，虞部主事等。其中，虞师总管山林川泽政令，虞侯管理湖草，贮备薪柴等。虞人是各级专职虞官，分管山林、狩猎，湖泽，称为山虞、水虞、兽虞、野虞等。衡官是虞官的下属，有林衡、川衡等。虞衡堪称世界上最早的国家环境保护机构。

传说中的虞衡制度萌芽于夏商周之前。据《史记》和《尚书》记载，中国在帝尧时期就设官分职以司生态保护之职。当时，帝舜设立了管理山林川泽草木鸟兽的官员——虞，以后又设立虞部下大夫、大司徒等。据说，最早的虞官名伯益，产生于4000多年前的帝舜时期，人称"百虫将军"。他被当代一些学者称为是世界上最早的一位环境部长。②

有比较可靠和完整的文字记载的虞衡制度的产生应该在西周时期。周人提倡"上律天时，下袭水土"的风水观念，特别重视因地

---

① 《大清律·户律》卷九。
② 余谋昌：《公平与补偿：环境政治与环境伦理的结合点》，《文史哲》2005年第6期。

制宜，建章立制。他们根据关中河渠道路纵横交错的生态条件，创立了井田制，使人们有序地在不同的田块里进行耕种，并由农官进行统一管理，掌管水稻种植的官员利用遂、沟、洫、浍等排灌系统保障水稻生产。他们任命"草人"负责改良土壤等，由"草人，掌土化之法，以物地，相其宜而之种"，用粪肥改良土壤，而且懂得分类施肥，"以物地，相其宜而为之种。凡粪种，骍（xīng）刚用牛，赤缇用羊，坟壤用麋，渴泽用鹿，咸舄用貆，勃壤用狐，埴垆用豕，强坚用蕡，轻爂用犬"，以"粪田畴"①。据《周礼》记载，周朝不仅设有大司徒"以土宜之法……以阜人民，以蕃鸟兽，以毓草木，以任土事"，而且设有两类分工明确的具体官职掌管山林、川泽、鸟兽、虫鱼之事。

第一类是天官冢宰之属。兽人：掌管用网捕捉野兽，辨别猎物的名称、毛色。冬天进献狼，夏天进献麋鹿，春秋两季进献各种野兽；渔人：掌管按季节捕鱼，建造捕鱼的鱼梁……渔人还掌管打鱼的政令，一切捕鱼的税收交给王府；鳖人：掌管猎取有甲壳的动物，按季节叉捕取鱼、鳖、龟、蛤蜊等，同时掌管全国用叉捕取水中猎物的事务；腊人：掌管干肉，即把所有猎到野兽制成干肉。

第二类是地官司徒之属。《周礼·地官》记载，周王朝设立"山虞掌山林之政令，物为之厉而为之守禁"，设立"林衡掌巡林麓之禁令，而平其守"。山虞：掌管有关山区的政令，分为大山虞、中山虞、小山虞三等，各有配员；林衡：掌管有关山林的政令，分大林虞、中林虞、小林虞三等，各有配员；川衡：掌管有关河流的政令，也分大、中、小川衡三等，各有配员；泽虞：掌管有关获泽的政令，分大、中、小泽获三等，各有配员；迹人：掌管有关公私打猎场所的政令。

此外，周朝还对这些官员和管理者建立了考核制度。《逸周书·大匡解》就有"山林之匵一官考其职，乡问其利"的记载。

---

① 《周礼·地官》。

第三章 传统环境政治的原则和运行机制

吕思勉在《中国制度史》中记载了周代的虞官设置："山虞'掌山林之政令，物为之厉，而为之守禁'，林衡'掌巡林麓之禁令，而平其守'，柞氏'掌攻草木及林麓'"[1]。川衡掌"巡川泽之禁令而平其守，犯禁者执而诛罚之"[2]。

春秋战国时期，虞衡制度的发展主要表现在三方面：（1）虞师的权责增强。他们不仅掌握保护山林、川泽的禁令执行，而且拥有"修火宪"的权力，即为森林防火立法。荀子说："修火宪，养山林、薮泽、草木、鱼鳖百索，以时禁发，使国家足用而财物不足，虞师之事也。"[3]（2）出现了类似于后世专门负责林木种植林场的"场圃"以及管理者"场师"。孟子讲："今有场师，舍其梧檟，养其樲棘，则为贱场师焉。养其一指而失其肩背，而不知也，则为狼疾人也。"[4] 这一方面表明当时已有场圃、场师，另一方面反映了当时一些场师比较急功近利。因此，孟子认为管理场圃的场师，如果不种梧桐、梓树这样的上好树材就是下等的场师。言下之意是，希望场师不图短利，多种好的、优质的木树。（3）应社会所有制变革的需要，虞师有了新的职责，即收税。随着私有制的发展，春秋战国时期的湖泊、山林、牲畜都要纳税。"收敛关市、山林、泽梁之利，以实官府"，"命水虞渔师，收水泉池泽之税"[5]。对山林征税还细分为三种情况："握以下者为柴楂，把以上者为室奉，三围以上为棺椁之奉"[6]，也就是说对于当柴火用的、建房或做棺椁用的木材都要征税。

秦汉时期，随着政治体制的转型，中央专门设置了少府管理山林川泽，其下属机构和官员有林官、湖官、陂官、苑官、畴官等。

隋唐时期，虞衡从属于水部都水监，其职责有了进一步的扩

---

[1]《周礼·地官》。
[2]《周礼·地官》。
[3]《荀子·王制》。
[4]《孟子·告子上》。
[5]《墨子·尚贤中》。
[6]《管子·山国轨》。

展，管理事务范围不断扩大。公元618年，唐高祖李渊建立唐朝后，即"设虞部职掌种植山泽苑囿，草木薪炭之事，凡采拼写捕鱼必以时"①。据《旧唐书》记载，虞部郎中、员外"掌京城街巷种植、山泽苑囿、草木薪炭供顿、田猎之事"。概括地说，唐朝虞的职责有五项：一为京城街道绿化；二为掌管山林川泽政令；三管苑囿建设；四管草木薪炭供应；五管田猎之事，当然这几项职责大多仍属于古代环境保护的范畴。但是，由于唐朝的发展是史无前例的，因而虞衡的职责范围和责任性也远非前朝能比。就拿京城长安街道绿化的职责来说，唐朝的都城长安堪称当时世界的"纽约"，它是许多外国人向往的地方。长安周围达七十多里，全城呈长方形，分宫城、皇城和外郭城等三个部分。外郭城占地广阔，划分为一百零八个坊，遍布寺院、府第和民宅，还有东、西两市各占两坊。"四方珍奇，皆所积集"②。因此，京城街道绿化并非易事。

宋朝时，由于商品经济和城市的发展，国家采取不遏制土地兼并转而承认土地契约化买卖的政策，这使得虞衡制度一度松弛并造成严重的生态后果。比如，宋代魏岘在他的《四明它山水利备览》中说道：四明它山堰区本来"占水陆之胜，万山深秀"，但是人为的"斧斤相寻"，使其"靡山不童，而平地竹木亦为之一空；大水之时既无林木少抑奔湍之势，又无包缆以固沙土之积，致使浮沙随流而下，淤塞溪流，至高四五丈……舟楫不通，田畴失溉"。③ 因此，宋代理学家程颢曾上奏宋神宗呼吁恢复和健全虞衡之制。他指出："圣人奉天礼物之道，在乎六府。六府之任治于五官，山虞、泽衡各有常禁，故万物阜丰，而财用不乏。今官不修，六府不治，用无节，取之不时，岂唯物失其性！林木所资，天下皆已童赭，斧斤焚荡，尚且侵寻不禁。而川泽渔猎之繁，暴殄天物，亦已耗竭，则将若之何？此乃穷弊之极矣。唯修虞衡之职，使将养之，则有变

---

① 《唐书·职官志》。
② 朱绍侯主编：《中国古代史（上册）》，福建人民出版社1985年版，第188页。
③ 魏岘：《四明它山水利备览》卷上。

通久长之势，此亦非有古今之异者也。"① 程颢提出通过健全虞衡机制来加强环境管理，使自然资源和环境得到保护和休养，这确实是古今不变的长远之计。

唐宋以后，元、明都设有专门的虞衡司，归属于中央政府机构中的工部。同时，上苑监里设良牧、蕃育、林衡、嘉蔬四署，以保护自然环境。明清时期，虞衡机构除继续主持环境保护工作之外，还增加了采捕、陶冶和保护各种功德陵园的职责，以及负责备办鸟兽之肉、皮革、骨角、毛羽，以供祭祀、宾仪、膳馐之需及礼器军实之用，其分工更加明确细致。如史料所载："虞衡典山泽、采捕、陶冶之事……凡水课禽十课，兽课十二，陆课兽十八，禽十二，皆以其时……凡诸陵山麓不得入斧斤、开窑冶、置墓坟。凡帝王、圣贤、忠义、名山、岳镇、陵墓、祠庙有功德于民者，禁樵牧"②。

虞衡制度是中国传统社会创立的最早的用来保护自然资源和生态环境的机制。作为官僚政治体制的一部分，虞衡制带有科层制的显著特征，层级分明，权职清晰，不同层级的虞衡官履行各自的职责。虞衡机构制定管理山林川泽的政令，虞衡官员执行这种政令，并必须依法行事。上下级之间领导与服从的关系不能逾越。官员的考核任免和薪俸由传统官僚政治体制的相关机构统一进行。他们共同的目标是保护各种生物和自然资源，使民众有其食，有其用，有其材，使人与自然能和谐相处。与此同时，中国古代环境保护的虞衡制度较好地体现了传统生态政治的环境保护思想和原则，体现了先人"为人君不能谨守其山林菹泽草莱，不可以为天下王"的生态政治意识，"山林虽广，草木虽美，禁发必有时；国虽充盈，金玉虽多，宫室必有度；江海虽广，池泽虽博，鱼鳖虽多，网罟必有正，船网不可一财而成也。非私草木爱鱼鳖也，恶废民于先谷也"。③ 通过思想原则的制度化，为保护好山林川泽及自然资源提

---

① 赵汝愚：《宋名臣奏议·总议门·总议五》卷一四九。
② 《明史·职官》卷七二。
③ 《管子·八观》。

供了有力保障,其价值取向是富国裕民,防止物种与物资资源的匮乏。虞衡制度一直延续至清代,成为世界上沿用时间最长的一项国家级环境保护制度,是中国传统社会生态政治文明的重要成果。

四 林政管理和植树造林

中国独特的地理位置和气候环境,决定了四五千年前的古老神州拥有极为丰富的森林资源。尤其是"东南半壁"即年均降水量400mm等雨量线以东以南地区,包括中国东北、华北、华中、华东、华南和西南地区东部更是处处林海茫茫,郁郁葱葱,森林覆盖率约为90%。[①] 那时的森林不仅分布广、面积大,而且森林植物和动物资源种类繁多、种群数量庞大,为人类的生产生活提供了十分丰富的动植物资源和薪炭能源。为了防止森林资源的减少和破坏,人们在顺天守时、因地制宜,节用材木、用养结合,以法治林、持续利用等护林思想的指导下,较早地开始了对森林资源的管理。据《左传·襄公二十五年》载,楚国令尹子木命司马蒍掩调查,规划国土资源时,其中就有一项为"度山林"。传统社会依据"度山林"而实施林政管理主要表现在:

(1) 设置机构,依法管林。中国很早就通过设置的虞衡机制对林业资源进行依法管理。如在《国语·鲁语》中提到了"山虞"。在《周礼·地官·司徒》中明确载有"山虞,掌山林之政令";"林衡"则"掌巡林麓之禁令而平其守,以时计林麓而赏罚之。若斩木材,则受法于山虞,而其政令"。秦以后,林政管理无论是属于少府兼管,还是隶属于工部,其管理的主要依据始终是礼法。如《礼记·月令》《淮南子》中的《时则训》和《四民月令》《大明会典》《大清会典》等。在儒、法、墨等诸家护林思想的影响,依据"以时禁发"原则,统治者往往对林木实行冬伐,其他时间则依法封山、禁伐林木。例如,管子作为齐国的宰相,他主张在一年四

[①] 樊宝敏、李智勇:《中国森林生态史引论》,科学出版社2008年版,第14页。

季中,"以秋日至(秋分)始,数九十二日……趣山人断伐,具械器;趣苴人薪蓁苇,足蓄积"。在其他季节则为封山期,对山林进行依法禁伐。"有动封山者,罪死而不赦。有犯令者,左足入,左足断,右足入,右足断。"① 唐朝时,政府也规定"春夏不伐木"②等。针对"焚林而田"的生态恶果,管子、荀子都主张"修火宪",并且至迟在春秋时已出现山林用火管理的官员。如《周礼·地官·司马》记载,"司爟"是掌管放火政令的官司员。如果国家失火,或在野外烧荒,由他负责量刑予以处罚。汉代以后,人们对护林防火更加注意,这在《淮南子·说山训》《后汉书·王符传》《北齐书·文宣帝纪》等文献中都有记载,其中对野外用火时间还作了具体规定。

(2) 分类管理公益林。公益林主要指天然国有林或公有林。其主要功能是发挥水土保持、涵养水源、防风固沙、护堤、护路、防防农田、军事掩护、美化环境、人文标示、文化传统等生态社会效益。古代公益林的类型众多,依据所有权的不同,在总体上可划分为国有林和公有林,细分时则可分为国有林、府有林、县有林、村有林、姓氏宗族林、民族林、寺庙林等。如果按功能划分,可分为水土保持林、水源涵养林、防风固沙林、护堤林、护路林、农田防护林、军事林、风景林、城市林、风水林、陵墓林、纪念林、古树名木等。对公益林的分类管理突出表现在对皇家公益林的管理和民间风水林的管理方面。

对皇家公益林的经营管理采取设立专门的公益林管理机构进行管理的方式。如清代对陵墓的管护归工部的屯田清吏司负责。屯田清吏司"掌陵寝修缮之事,凡供薪炭皆核焉",并"申其禁令",负责陵园树木的补栽与管护,"凡岁修,则敬供其事,种仪树,杂树亦如之"。③ 东北三省的林业则由盛京工部负责。即"盛京工部

---

① 《管子·地数》。
② 《新唐书·百官、工部三》卷四六,中华书局1975年版,第1203页。
③ 《大清会典》卷六一。

侍郎，掌盛京营作之政令，稽其采伐，制其经费"。① 同时，皇家公益林也通过法律形式进行强制性管理。如《大明律》规定："凡盗园陵树木者，皆杖一百，徒三年……若计赃重于本罪者，各加盗罪一等。"在木材管理方面，宋以后，封建王朝加强了对木材的统管和官营。开宝六年（973年）和太平兴国五年（980年）分别严厉惩处了违法贪污官款，将官府木材私作人情和私贩木材的供备库使李守信和三司副使范旻等。② 元代则设置了一些官营竹园，据《元史·食货志》载："山林川泽之产……竹木之类，皆天地自然之利，有国者之所必资也……竹之所产不一，而腹里之河南怀孟、陕西之京兆，凤翔皆有在官竹园"。

　　对于民间风水林的管理主要采取法律强制保护与乡规民约相结合的方式。如《明律》规定："若盗他人坟茔内树木者，杖八十"③。同时，在明清和民国时期出现了大量的护林碑，尤其是清代。在已知的213通护林碑中，明代占15通，清代占175通。护林碑依据立碑者的身份可分为官方型、民间型和混合型等三种基本类型。④ 在发现的清前期47通禁碑中，官司府约15通，知县或县令立的约10通，其余多为民间所立。同时，通过设置"树头""树长""山甲"等人员对山林进行保护；明确封禁的边界、保护对象和禁山时期；采取明确的奖惩办法，包括经济的、人身的惩罚等。如云南楚雄紫溪禁碑："如有违犯砍伐者，众处银五角、米一石、罚入公。"⑤ 乾隆年间四川通江浴溪禁碑曰："禁止砍伐蚕林和松、柏成材树木；禁止树木荫芽之季放牧牛羊。沿有不遵，打、罚重究，议祭山林。"⑥ 清代出现大量护林碑刻的史实，既显示出群众保护森

---

① 《大清会典》卷六二。
② 李涛：《续资治通鉴长编》卷一四、卷二一，中华书局1979年版，第300—301、478页。
③ 《明会典》卷八三。
④ 倪根金：《明清护林碑研究》，《中国农史》1995年第4期。
⑤ 金振发：《古碑上的护林法》，《云南林业》1990年第6期。
⑥ 张浩良：《绿色史料札记》，云南大学出版社1990年版，第65—66页。

林意识的觉醒和提高,同时也说明由于人口、经济等压力,对山林的破坏,以及由此所引发的生态环境问题已相当严重。人民通过"护林碑"这种乡规民约的形式来保护山林,在一定程度上起到地方性法规的作用,对制止滥伐森林、保护野生动植物的确发挥了积极作用。

(3)对林木资源的利用采取开发与保护相结合的政策。这类政策除了表现为"四时之禁"《田律》"尼雅森林法"等律令法规外,还体现在按林木的生长规律禁伐山林的具体做法中,正如《齐民要术》中所概括的:"凡伐木,四月七月则不虫而坚韧,榆荚下桑葚落,亦其时也,然则凡木有子实者,候其子实将熟皆其时也,凡非时之木,水沤一月或火燎取干,虫则不生。《周官》曰:'仲冬斩阳木,仲夏斩阴木。'《礼记·月令》:'孟春之月禁止伐木,毋有斩伐;季秋之月,草木黄落,乃伐薪为炭;仲冬之月,日短至,则伐木取竹箭。'孟子曰:'斧斤以时,入山林材木不可胜用也。《淮南子》曰:草木未落,斧斤不入山林。'崔寔曰:'自正月以终季夏不可伐木,必生蠹虫,或曰,其月无壬子日以上旬伐之,虽春夏不蠹,犹有剖析间接之害,又犯时令,非急无伐,十一月伐竹木。'"① 关于禁止伐木的季节性规定,不仅能保护树木的正常生长,还能保证木料的质量,并有利于规范人们的伐木活动。

(4)采取国家调控与商品经济手段相结合的方法,实现森林资源的利用和保护并举。一方面,把大部分山林掌握权归于国家,所谓"山林、廪械器之高下在上,春秋冬夏之轻重在上"②。这样,国家可以通过调整租额、四季林产品价格、赋税、开禁的时机和程度等,来平衡山林资源的消长和保持国家经济的稳定,促进森林资源的可持续利用和发展。以清代为例,清代关于林业赋税计分两种:一种是各省上缴中央政府的林产品贡赋;另一种是各地税关征

---

① 贾思勰:《齐民要术》卷五。
② 《管子·山国轨第七十四》。

收的木税。第一种，各省上缴中央政府的林产品贡赋，有明确的品种和数量规定。这部分贡赋的征收由工部的营缮清吏司负责，根据工程计划下达任务指标，责令各省地方政府完成，并交皇木场验收。"营缮清吏司，掌营建之事，凡木税苇税皆核焉"①。"凡致物材，曰陶、曰木，皆辨其等而定直"②。皇木场具体负责各省上交的木材的验收和存储。第二种，各地税关征收木植税。于各省交界及崇山峻岭多设木厂、纸厂、竹厂、耳厂（生产木耳的林场）等，或官营，或私营，这些厂纳税统由各省税关管辖。这部分林业税的征收也由工部总负责，但分别隶属多个部门。营缮清吏司只负责一部分木税征收。另一方面，发挥市场和商人的积极作用。"商人于国，非用人也，不择乡而处，不择君而使，出则从利，入则不守。国之山林也，则而利之。市廛之所及，二依其本。"即言商人有利国的一面，国家对山林的管理也要遵循市场原则，"让工商二族依之以为本"③。

  值得注意的是，林政管理很重要的一项内容是植树造林，但植树造林又往往与农桑经济、国防、帝王龙脉等诸多因素联系在一起，因此，植树造林又有自身独特的政治经济内涵。传统社会的植树造林不只是为了"绿化祖国""保护环境"，它涉及行道树、经济林、城市绿化树、护堤林、边防林、陵墓林、风水林等多种类型的林木种植和管理。即使是同类型的植树，意义和功用也不同。如行道树的种植，在周代时，人们就"列树以表道"，还将"列树以表道"定为制度。即种树除了绿化道路，给路人带来阴凉外，更重要的是具有"里程碑"作用。《韩非子·外储说》载，子产在郑国做宰相时，在街道旁种植了许多的桃树和李树，而且管理得很好，他植行道树更注重经济价值和美化环境的价值。秦始皇二十七年，在拓宽道路的同时规定在路的两旁每隔三丈种植松树一株，不仅开

---

① 《大清会典》卷五八。
② 《大清会典》卷六〇。
③ 《管子·侈靡第三十五》。

中国古代大规模种植行道树的先声，而且是"列树以表道"的极致，是国力强盛的象征。《前汉书·贾山传》载，秦国的驰道以咸阳为中心，"东穷燕齐，南极吴楚"，辐射全国，其行道树种树规模大、影响深远。贾山说："秦不驰道于天下……道广五十步，三丈而树，厚筑其外，隐以金椎，树以青松，为驰道之丽至于此。"①植树造林的林政管理主要表现在：

一是皇帝和政府官员对植树造林高度重视并以身垂范。如汉代要求地方官员以身作则，并把植树造林作为"德政"来考量。据《汉书·龚遂传》和《汉书·黄霸传》记载，龚遂和黄霸在分别出任渤海太守、任颍川太守时都曾号召民众种桑榆。并提倡在行道旁种椅、桐、梓、漆等树木。②还常用杨、松、柏等树种绿化行道。宋代一些官员以种植行道树作为德政的标志。著名书法家蔡襄在福州任职时，率领百姓"植松七百里，以庇道路"，绿化了道路，方便了行者，后来"闽人刻碑记德"③。可见，官员们率领百姓种树，不但方便了他人，而且也给自己身后立下了久远的纪念碑。唐玄宗专门下令，要求在两京（长安、洛阳）之间的道路边种果树，具体工作也有专人——殿中侍御史郑审负责。大历八年（773年），朝廷下令"诸道官路不得令有耕种及斫伐树木"④。在长安城内，街道和水渠两旁都栽种着各种树木，并且整齐划一。凡发现有病虫枯缺者即于当年八月替换添补。街道旁以青槐为主，槐树成为唐长安都城的"市树"。⑤水渠旁以垂柳为主，形成了"渠柳条长水面齐"美景。长安城东南的曲江池更是树木茂盛，风景迷人。城市绿化使长安城成为一充满诗情画意的地方，兼有了"垂杨十二街""园林树木无亲地"等美誉。

---

① 陈耀文：《天中记》卷一六。
② 《后汉书·百官志》第二十七，中华书局1974年版，第3610页。
③ 《宋史》卷三〇，中华书局1977年版，第10397页。
④ 王溥：《唐会要》卷六十八，商务印书馆1935年版，第1573—1574页。
⑤ 王钦若、杨亿等：《册府元龟》卷一四。

二是高度重视防护林的种植和管理。防护林主要有护堤林和边防林等。早在春秋时期，管仲就曾提出在江河水道两岸应植树造林，以备决水。隋炀帝时大运河两岸大规模植柳，留下了今天大家所熟知的"杨柳"。宋朝时，人们进一步认识到应该选用根系发达的榆树或柳树来保持水土，保护堤岸，"令其根盘错踞，岁久沙积，林木茂盛，其堤愈固，必成高岸，可以永久"①。乾道九年户部侍郎兼枢密都承旨叶衡提出在"濒水一岸种植榆柳，足捍风涛"②。据《宋史·河渠志》记载，宋朝政府经常诏令百姓在河堤上植柳。③ 在明代时，治黄专家刘天和为保护黄河堤防，发明了护岸固堤的6种植柳方法，并在自己的著作《问水集》中记下了嘉靖十四年（1535年）治黄"植柳二百八十万株"的史实。为加固护城河堤，清乾隆十年（1745年）"又覆准晋省水西门外，城堤两旁种树，俾根深盘结以资巩固"④。边防林的营造也始于春秋战国时期。据《荀子·疆国》记载，战国时秦国和赵国之间就有边境林，"其在赵者剡然有苓而据松栢之塞"⑤。秦朝沿长城广种榆树，造就了中国历史上第一条边防林。秦朝名将蒙恬"为秦侵胡，辟地数千里，以河为境，累石为城，树榆为塞，匈奴不敢饮马河"。⑥ 这条绿色防护带后经汉人多次修复而成为著名的"榆溪塞"。明朝时，为防止蒙古人的侵扰，一些官吏反复强调军事防护林对于限制北方敌骑奇袭的重要性。丘濬在"驭外藩，守边固圉之略上"一文中指出破坏边境森林的做法极为有害。他还详细地考虑了植树的劳力来

---

① 魏岘：《四明它山水利备览》卷上。
② 马端临：《文献通考》卷六。
③ ＊如开宝五年，朝廷令："应缘黄、汴、清、御等河州县，除旧制种桑枣外，委长吏课民别树榆柳及土地所宜之木"（《宋史》卷九十一，2259页）。宋真宗时还"申严盗伐河上榆柳之禁。"重合元年有："滑州界万年堤，全藉林木固护堤岸，其广行种植，以壮地势"。（卷九十三，2315页），另外，建隆三年熙宁五年都有在河边植树的诏令河建议。（见卷九十三、九十五）。
④ 《钦定大清会典则例》卷一三四。
⑤ 《荀子·疆国》卷一一。
⑥ 《前汉书》卷五二。

源，认为可让犯人种树赎罪；还可官府出价，百姓承包，包种包活。为了保护植物成果，还要有关部门经常巡视、守卫，严惩破坏者。清朝康熙十七年（1678年），清圣祖诏令治理河患，"按里设兵，分、驻运堤，自清口至邵伯镇南，每兵管两岸各九十丈，责以栽柳蓄草，密种菱荷蒲苇，为永远护岸之策"①。

三是别具特色的陵园林和风水林的种植与管理。例如，清乾隆十二年（1747年），不但准奏在陵墓周围栽种树木，而且作了进一步规定："陵寝栽树每二丈种树一株……各陵遇有枯树，应行补栽，累年笼统造报，并无定例，嗣后各陵大树，以乾隆十三年为始，如有枯树，作为五年一次由承办事务衙门，详细核明，应否补栽，分别具奏，由部给发钱粮令，该处内务府及石门工部官督，令树户拣选栽种，至隆恩门以后及两旁，树株毗近宝城围墙，屡行栽种有关风水，嗣后如有枯树，递年别行注册，期满五年，将所记之数，分别奏请办理。"这种规定既有强化陵墓林、风水林的长效管理的取向，又进一步明确了相关政府部门和树户的职责，强调了上报、奏请、注册等制度的执行规范，对清陵森林植被的保护起到了重要作用。

此外，封建统治者为了维护和促进林业发展，还采取了免除百姓徭役或委派专人监种、监督、巡察等措施，规范和加强林政管理。永乐二十三年（1424年），明成祖下令："天寿山种树人户，免杂泛差役"②，以调动当地百姓植树造林的积极性。清康熙帝时规定：按"旧例委官监种，限以三年，限内干枯者，监种官自行补足，限外者，由部核给钱粮补种"。③ 这表明清朝时有专门委派官员监督种树的制度安排，并且监官的职责明确，还配有上级部门考核制度。清雍正皇帝主政期间还专门派钦差大臣督导地方官员种树，并要求文武官弁与兵民订立禁约，不得任意伤害所种林木。如

---

① 《清史稿·志一百二》卷一二七。
② 徐溥：《明会典》卷二二。
③ 《钦定大清会典则例》卷一三七。

果违约，那么官员问责，兵民要从重治罪。"雍正七年，特遣大臣官员前往督率地方官，修理平治，不惜帑金，成功迅速，又令道旁种树，以为行人憩息之所，比时河东总督董率河南官，种树茂密较胜他省，经过之人皆共见之，凡此道路树木，皆朕降旨交与地方官随时留心保者。近闻官吏怠忽日渐废弛，低洼之处每多积水，桥梁亦渐折，陷车辆难行，道旁所种柳株残缺未补，且有附近兵民砍伐为薪者，此皆有司漫不经心，而大吏又不稽查训诫之故，着谕该督抚等转饬有司，照旧修理，务令平坦整齐，或遇雨水泥潦，随损随修，不得迟缓，其应补柳株之处，按时补种。并令文武官弁禁约兵民不得任意戕害，倘有不遵，将官弁题参议处，兵民从重治罪，钦此。"①

总之，保护林木、植树造林是传统环境政治的优秀传统之一，从轩辕黄帝提倡"时播百谷草木"，到西周设立"林衡""山虞"等专职管理机构；从《周礼》规定"不树者无椁"的礼制到提出"一年之计，莫如树谷；十年之计，莫如树木；终身之计，莫如树人"②，并将植树定为国家的重要国策。这充分表明林政管理和植树造林是中国传统环境政治的有机组成部分。为了鼓励植树，加强林政管理，皇帝和封建中央政府采取了诸多的政策措施，促进了传统社会林业的发展，并在一定程度上迟滞了森林递减的速度，维护了农业社会必需的森林生态基础。但是，由于缺乏科学的指导思想和林业科学技术进步的支持，森林破坏和林业资源的减少并没有从根本上得以解决。

五　生物资源保护的诏令和政策

由于孕育华夏文明的黄河流域河流纵横，森林沼泽密布，气候温润，古代的生物资源远比现在要丰富得多，物种分布也较当代广

---

① 《钦定大清会典则例》卷一三五。
② 《管子·权修》。

泛。《史记》中就有殷商之地"麋鹿在牧,飞鸿满野"的记载。仅《山海经·山经》中记载的兽就有35种、鸟76种、鱼43种、虫蛇33种。[1] 因此,"昔者昊英之世以伐木杀兽,人民少而禽兽多"[2],生物资源相对富裕,这为采集、狩猎、驯养动物、发展畜牧业和养殖业奠定了基础。除了作为生产和生活资料外,生物资源还在古人的祭祀和战争这两件最重要的政治大事中扮演着重要角色。[3] 如《战国策·魏策》中记载秦国攻进魏国时实施了使魏国"文台堕,垂都焚;林木伐,麋鹿尽"的极端行动,其目的是要摧毁魏国的生产和生活赖以进行的动植物资源,瓦解其统治的经济和生态基础。在夺取天下、治理国家的进程中,君王通常以诏令为便宜之措施,出台保护鸟兽虫鱼、禁止捕猎和宰杀的政策措施。其中有些政策措施虽然时紧时松,但贯穿于整个封建时代。如时禁时弛的政策;有的政策措施则为某些朝代所特有,如"赎生"政策。具体而言,古代保护生物资源的政策和措施可以分为保护鸟兽虫鱼的诏令和措施、保护牲畜的禁屠政策、维护生命共同体的赎生、放生政策、设置苑囿和封禁地等。

(一) 保护鸟兽虫鱼的诏令和措施

诏令在君王专制的政治体制下,虽形同法令,但其属性并不能直接等同于法律法规。通常情况下,它只是如《唐大诏令集》所解释的那样,是"用皇帝口气发布的官文书",是皇帝及其所领导的中央政府发布政策措施的重要方式和途径。关于保护鸟兽虫鱼的政策措施的发布也不例外。

商汤"网开三面"的限猎措施和周文王对周武王禁猎孕、幼生物的告诫标志着保护生物政策措施的萌芽。据《逸周书·文传解》记载,周文王告诫武王要"畋猎以时,童不夭胎,马不驰骛,土不

---

[1] 转引自樊宝敏《先秦时期的森林资源与生态环境》,《历史学》2008年第3期。
[2] 《商君书·画策》。
[3] 《左传·成公十年》有"国之大事,在祀与戎"。

失宜"①。同时，自己以身垂范，"姬昌……畋猎唯时，不杀童羊，不夭胎，童牛不服，童马不驰，不鸷泽，不行害……"②，还设置"迹人"专门掌管狩猎事务，即"迹人掌邦田之地政，为之厉禁而守之。凡田猎者受令焉，禁麛卵者与其毒矢射者"③，为后人留下了保护生物的古制。《左传·隐公三年》曾提到："鸟兽之肉不登于俎；皮革、齿牙、骨角、毛羽不登于器；则公（君）不射，古之制也"。

秦汉以后，由于皇帝至高无上的权威，使生物资源保护除了颁行比较明确的法规外，常常以皇帝发布诏令为便宜的形式，以增强政策的威慑力和执行力。如汉宣帝元康三年（前63年），朝廷发布禁令，春夏间不得在京都地区掏拾鸟卵和射鸟。④汉成帝"诏除正旦杀鸡与雀"⑤，即禁止在正旦杀鸡与雀。东汉吴郡主簿包咸杖责探雀卵者的史实则印证了汉朝春禁摘巢、探卵政策的执行是有法律保障的。《汉旧仪》中载："吴录包咸为吴郡主簿，太守黄君行春，咸留守其郡。郎君缘楼探雀卵，咸责之曰：'春月不宜破卵升危，非子道。'杖之二十。"⑥

汉以后，儒、释、道"三教"并流使"好生恶杀"渐成共识。生物资源的保护成为统治者"繁阜民财"和"养遂生德"的战略选择，皇帝诏令所涉及的生物资源保护的内容更加广泛和具体。如北魏文成帝和平四年（463年）诏曰："朕顺时畋猎，而从官杀获过度，既殚禽兽，乖不合围之义，其敕从官及典围将校，自今以后不听滥杀，其畋获皮肉别自颁赉。"⑦ 公元557年，北齐文宣帝下诏："诸取虾蟹蚬蛤之类悉令停断，唯听捕鱼。乙酉诏公私鹰鹞俱

---

① 孔晁注：《逸周书·文传解》卷三。
② 孙珏：《古微书》卷三十五。
③ （唐）贾公彦疏：《周礼注疏》卷一六，郑玄注。
④ 《汉书》卷八，中华书局1962年版，第258页。
⑤ 《古今图书集成·岁功典·元旦部纪事》卷二四，第3页。
⑥ 《古今图书集成·岁功典·春部纪事》卷一四，第11页。
⑦ 秦蕙田：《五礼通考·田猎下》卷二四三。

亦禁绝。"意思是对水生动物和天上飞鸟都要进行保护，以保障动物的正常生长。北齐"后主天统五年（569年）春二月乙丑诏：禁网捕鹰鹞及畜养笼放之物"。① 《唐大诏令集·禁弋猎勅》记载："春夏之交，稼穑方茂，永念东作，其勤如伤，况时属阳和，令禁麛卵，所以保兹怀生，下遂物性，如闻京畿之内及关辅近地，或有豪家，时务弋猎，放纵鹰犬，颇伤田苗，宜令长吏常切禁察，有敢违令者，捕系以闻。"这实际上是一个关于京畿禁猎的政策。同样，唐朝还规定在每年前5个月，"禁畿内渔猎采捕"并且"永为常式"。② 针对皇后公主引发的以大量珍禽异兽的羽毛制作服饰的奢靡之风，唐朝皇帝在正直官吏的进谏下采取了果断措施，"玄宗悉命宫中出奇服，焚之于殿庭，不许士庶服锦绣珠翠衣服。自是采捕渐息，风教日淳"③，终于使对动物资源的一场空前浩劫得到制止。

随着商品经济的发展，宋辽时期政府松弛了对土地和部分动植物的禁令，但四时之禁及一些珍奇异兽的禁捕、禁猎仍然得到了贯彻。宋建隆二年（961年），朝廷下诏禁止春秋间捕鱼打猎④。引人注目的是，开宝六年（公元973年），宋太祖还下令"禁岭南诸州民捕象，藉其器仗送官"⑤，这是较早对这种大型珍贵动物进行保护的法令。与宋对峙的金统治者虽然出身游牧民族，但在狩猎时也不忘保护动物的繁殖生长，让其延续。金世宗大定二十四年（1184年）考虑到"上京春月鸟兽孳孕，东作方兴，不必蒐田讲事"⑥，即春季禁止狩猎。大定二十五年（1185年）曾有过"禁上京等路大雪及含胎时采捕"并强调"礼经"的保护教条，"豺未祭兽，不许采捕"。辽的情况与此类似，清宁二年（1056年）政府下令：

---

① 《古今图书集成·禽虫典·禽虫总部汇考一》卷一，第14页。
② 同上书，第15页。
③ 《旧唐书·五行志》卷三十七，中华书局1975年版，第1202页。
④ 《宋史·太祖本纪》卷一。
⑤ 李焘：《续资治通鉴长编》（第2册）卷十四，中华书局1979年版，第304页。
⑥ 《古今图书集成·禽虫典·禽虫总部汇考一》卷一，第23页。

"方夏长养，鸟兽养育之时，不得纵火于郊"①。元初的统治者受汉文化的影响，采用过一些保护生物资源的管理措施。至元九年（1272年）规定只有七月至十一月可以打猎②，另外还规定不准在京畿五百里内射猎等。元世祖忽必烈虽然松弛了辽阳、江淮部分地区的渔猎禁令，但仍不许捕杀天鹅、鹿羔等，使弛禁政策成为政府应对饥荒等突发灾难的重要策略。《元史·世祖本纪》载：元世祖二十五年（1288年）"春正月戊戌敕弛辽阳渔猎之禁。二月壬戌敕江淮勿捕天鹅，弛鱼泺禁，三月甲午禁捕鹿羔。至元二十八年弛渔猎诸禁，以利民生，而樽节爱养乃设为令。二十八年春壬戌赈辽阳武平饥，仍弛捕猎之禁。夏四月已巳禁屠牝羊，庚辰弛杭州西湖禽鱼禁，听民网罟。秋七月戊申禁屠宰马牛。冬十一月武平、平滦诸州饥，弛猎禁，其孕子之时勿捕"。③

明代为保护生物资源和文化古迹，就生物资源的开发时间和地点作了具体的规定，有关部门明令冬春之交，不准放置捕鱼网具于河流川泽；春夏之交不准放毒药于原野。④ 入主中原的满清统治者也曾根据传统礼法，做过一些保护生物资源的规定，不过没有新的内容。居于青藏高原的五世达赖喇嘛在清顺治五年（1648年）曾颁布禁猎法旨："圣山的占有者不可乘机至圣山追赶捕猎野兽"⑤。延至民国时期，十三世达赖喇嘛又向各寺院颁布了"旧垄法章"，规定每年"从藏历正月初七至七月底期间内，寺庙规定不许伤害山沟里除狼以外的野兽、平原上除老鼠以外的动物，违者皆给不同惩罚。总之，凡是在水陆栖居的大小一切动物，禁止捕杀的文告已公布，文武上下等任何人不准违犯"。同时，强调："为了本人（即达赖）的长寿和全体佛教众生的安乐，在上述期间内，对所有大小

---

① 《辽史·道宗本纪》卷二十一。
② 《元史·世祖纪》卷七，中华书局1976年版，第143页。
③ 《古今图书集成·禽虫典·禽虫总部汇考一》卷一，第25—26页。
④ 张廷玉：《明史·河渠志》，中华书局1974年版，第1760页。
⑤ 中国社会科学院民族研究所等编：《西藏社会历史藏文档案资料译文集》，陆莲蒂译，中国藏学出版社1997年版，第90页。

动物的生命，不能有丝毫伤害。"①

纵观这些诏令和措施，它们始终贯彻了先秦以来"以时禁发"、保护生物正常生长和代际持续的思想原则，并且在生产力水平提高、民族融合的基础上，这些保护鸟兽鱼虫的政策措施得到了中华各民族的广泛认同和推广，孕育了中华几千年尊重生命，爱护生物的优秀传统，发挥了调节人与自然矛盾关系的重要功效。随着人口的急剧增长和林地垦辟，明清律令大多成为一具空文，效果越来越差，以至于引起了一些"知书达礼"人士的严重关注。这些"知书达礼"之士的眼光比较远大，在发展环境保护思想、推动环境保护事业的进程中起了不容忽视的作用。

(二) 保护牲畜和生物的禁屠、赎生政策

禁屠政策主要是针对农战所需要的牛马等家畜。众所周知，在农业文明时代，马既是重要的军用物资，又是骑兵和战车不可或缺的有机构成。牛则是农业生产的主要动力。为了保障农业生产和战争、战备的供给，古人十分重视保护牛马等牲畜，不少王朝禁止屠杀牛马。在佛教不杀生观念的影响下，一些王朝甚至在"斋月""斋日"禁屠杀所有动物。

在佛教和道教的影响下，唐朝统治者从唐高祖到唐哀帝，大多数皇帝都颁布过"禁屠"令。如《唐会要·禁屠钓》就记载有："武德二年 (619年)，正月二十四日诏：自今以后，每年正月九日及每月十斋日，并不得行刑，所在公私宜断屠钓。如意元年 (692年) 五月，禁天下屠杀。圣历三年 (700年)，断屠杀"。② "十日斋"是指每月的初一、初八、十四、十五、十八、二十三、二十四、二十八、二十九、三十等10日为斋日，加上每年正月九日，这样，唐高祖武德二年所下的这一"禁屠"令涉及每年121天不能屠宰动物和钓鱼，约占全年的三分之一时间。武则天在位时，曾两

---

① 中国社会科学院民族研究所等编：《西藏社会历史藏文档案资料译文集》，陆莲蒂译，中国藏学出版社1997年版，第90页。
② 王溥：《唐会要·禁屠钓》卷四一。

次下令全国禁止屠杀，甚至有一次要求全年"断屠杀"，进而引发朝廷官员异议。舍人崔融认为："春生秋杀，天之常道，冬狩夏苗，国之大事，豺祭兽，獭祭鱼，自然之理也。"他以"三不可也"反对朝廷把完全禁止捕杀动物作为大政方针，主张按照《月令》的有关规定实行季节性捕杀动物的政策，这样可以做到"人得其性，物遂其生"，使人的利益和动物正常生长的权利得到兼顾。[1]禁屠政策对遏制人们的杀生行为，保护畜力无疑是有益的，但禁屠作为国家的大政方针，它关系着国计民生和人们食肉的现实需要，如何做到禁弛有度这是关系禁屠政策成败的关键。

除了禁屠政策，唐朝还开创了依靠官府力量保护生物的新途径，即赎生。所谓"赎生"政策就是由官府出资赎买人们所捕捞的鱼虾等生物，以保护其正常生长。"赎生"充分表明了统治者对生物保护的高度重视。但它所要面临的现实挑战也是可想而知的。例如，唐中宗景龙元年（707年）"遣使往江淮分道赎生，以所在官物充直。中书舍人李乂上疏曰：'江淮水乡采捕为业，鱼鳖之利，黎元所资，虽云雨之施，有沾于末类，而生成之惠，未洽于平人，何则？江湖之饶生，育无限府库之用，支供易殚费之，若少则所济何成，用之倘多，则常支又阙，与其拯物，岂若爱人，且鬻生之徒惟利，斯视钱刀日至，网罟年滋，施之一朝，营之百倍，未若回救赎之钱物，减贫户之徭赋，治国爱人，其福胜彼'"。[2] 中书舍人李乂的上疏劝谏不仅言之有理，而且建议采用更加现实的轻徭薄赋政策来替代"赎生"，以首先解决百姓的生存问题。唐代"赎生"政策遭遇的两难选择也常常是我们今天在保护环境时要面对的。保护环境与发展经济、满足百姓生存需要之间并不总是协调统一的。为了解决实际矛盾，唐统治者采取了变通措施。"景龙二年九月八日敕鸟雀昆虫之属不得擒捕以来赎生，犯者，先决三十。宜令金吾及

---

[1] 王溥：《唐会要·禁屠钓》卷四一。
[2] 杜佑：《通典》卷一六九。

县市司严加禁断。"在此后的实践中，赎生与禁屠互相贯通，成为保护牲畜和鸟兽虫鱼的措施之一。《唐会要·禁屠钓》记载："先天元年（712年）十二月勅，禁人屠杀鸡犬。二年（713年）六月勅，杀牛马骡等犯者科罪，不得官当阴赎公私。贱隶犯者，先决杖六十，然后科罪。"[1] 从712—904年，唐高祖、唐中宗、武则天、唐玄宗、唐肃宗、唐德宗、唐文宗、唐武宗、唐宣宗、唐懿宗、唐哀宗等皇帝先后颁布了二十二道禁屠令，内容涉及斋日或斋月、节日、忌日的禁屠，禁屠时间的长短则在一定程度上反映了统治者保护牲畜、鸟兽的决心大小。唐肃宗至德二年（747年）曾规定："三长斋月（即正月、五月、九月），并十斋日，并宜断屠钓，永为常式"，即一年的一半时间不许屠宰，可见唐代保护鸟兽鱼鳖的力度之大，在世界环保史上都是罕见的。

唐以后，虽然国家政局有统有分，但禁屠的政策措施在一定程度上得到了延续。如五代时后唐的统治者于天成三年（928年）下诏："天下州府至国忌日，并令不举乐、止刑罚、断屠宰"[2]。元世祖忽必烈至元年间（1264—1294）三次严禁屠宰牛马，三次禁猎怀孕的野兽，并禁春三月、秋七月捕猎。《元史·世祖本纪》曰："世宗至元三年冬十一月丁未申严杀牛马之禁。十二年春二月甲辰勅……春夏毋猎孕挚野兽。夏五月丁亥严屠中马之禁。十九年春三月丙戌禁益都东平沿淮诸郡军民官捕猎。冬十月庚寅以岁事不登，听诸军捕猎于汴梁之南。"

（三）维护生命共同体的放生政策

所谓放生，原指赎取被捕的鸟兽鱼虫并将其放归于池沼、山野之中，后泛指一切放还生物的行为活动。放生作为一种积德行善的习俗早在春秋战国时期就已经出现。《列子·说符篇》载："邯郸之民以正月之旦献鸠于简子，简子大悦，厚赏之。客问其故，简子

---

[1] 王溥：《唐会要·禁屠钓》卷四一。
[2] 王溥：《五代会要·忌日》卷四。

曰：'正旦放生，示有恩也。'客曰：'民知君之欲放之，竞而捕之，死者众矣。君如欲生之，不若禁民勿捕，捕而放之恩过不相补也。'简子曰：'然。'"① 这段记述一方面表明了正旦放生已然成习，另一方面，放生也面临故意捕抓以换取奖赏或赎金的可能，因此，"客"认为不如干脆禁捕。不过，随着佛教在中国的广泛传播，佛教关于众生平等、一切众生皆有佛性，众生在无量劫中同为六亲眷属等教义使人与生物在因果轮回中结成了生命共同体，放生成了与佛结缘，消灾免难，修得善果的重要路径。正如明末高僧憨山大师作《放生偈》所云："人既爱其寿，生物爱其命。放生合天心，放生顺佛令，放生免三灾，放生离九横，放生寿命长放生官禄盛，放生子孙昌，放生家门庆，放生无忧恼，放生少疾病，放生解冤结，放生罪垢净。放生观音慈，放生普贤行，放生与杀生，果报明如镜。放生又念佛，万修万人证。"因此，从南北朝起，放生发展成为持续而广泛的社会习俗，放生的政策措施也随之产生。

南朝的开国皇帝梁武帝主张儒、道、佛"三教同源"，不仅自己断肉，而且还通过行政命令和强制手段禁止杀生、吃荤，并要求各个寺庙设放生池，废止宗庙供奉牺牲的制度，使佛教"戒杀""不杀生""不应食肉"等戒律和教义政治化。而隋代浙江天台山智者大师为使临海居民莫以捕鱼杀生为业，曾自舍身衣，劝募众人购置放生池，复传授池中族类"二皈戒"，为彼等说《金光明经》《法华经》等，以结法缘，不仅开天台放生会之滥觞，也使放生习俗迅速佛教化。

在放生政治化、佛教化的进程中，唐宋的放生政策和措施颇具代表性。唐肃宗乾元二年（759年）曾下诏在山南道、剑南道、荆南道、浙江道等地设置放生池81所。唐穆宗长庆二年（822年）下诏解放五坊鹰隼，并销毁了打猎工具。唐文宗开成元年（836

---

① 薛虞畿：《春秋别典》卷十。

年)"二月乙亥停献鸷鸟畋犬",开成二年三月"纵五坊鹰隼"。①此后唐宣宗、唐懿宗等都曾纵放五坊飞龙鹰鹞。宋真宗天禧元年(1017年)不但"纵岁献鹰犬",并于"冬十一月壬寅诏淮浙荆湖治放生池,禁渔采"。天禧三年,天台宗遵式奏请以杭州西湖为放生池,自制"放生慈济法门",于每年四月八日佛诞日举行放生会,为天子祝圣。天圣三年(1025)四明知礼亦奏请永久成立南湖放生池之佛生日放生会,并撰写《放生文》来规范放生活动。这在客观上进一步强化了放生在动物保护中的地位和作用。辽和元的统治者不仅将纵放五坊鹰鹘的政策发扬光大,还曾下令焚毁渔具。辽兴宗重熙二十四年(1055年)"秋八月戊子纵五坊鹰鹘,焚钓鱼之具"。②元英宗硕德八剌至治三年(1323年)曾一次将十万只"笼禽"放生,并"令有司偿其直"。③

因此,在上行下效的专制体制下,统治者的以身作则及政治推动具有特殊的功效,自上而下的诏令和政策不仅在合理利用和保护生物资源中发挥了直接的作用,而且增进了人们众生平等、生命共同体等生态意识。

六 水资源综合管理举措

水作为一种资源在中国漫长的农业社会中算得上比较丰沛,但由于生态场域内大陆性季风气候典型,地形地貌复杂多样,因而水资源的季节分布和地域分配极不平衡,可利用的水资源在特定的季节或特定的区域内常常出现水多为患、水少为旱的灾害问题。同时,长期的人口增殖和土地垦发,使部分流域人水关系发生了质的变化。例如,唐代关中及周围黄土高原地区,过度开垦和政治冲突的频发等导致了人地关系、人水关系的恶性循环。水土流失和土壤表层土质的破碎化,在转暖变干的气候作用下,形成了频繁的"雨

---

① 《古今图书集成·禽虫典·禽虫总部汇考一》卷一,第18页。
② 同上书,第19页。
③ 同上书,第28页。

土"现象。仅《新唐书·五行志》记载的关中"雨土"次数就有13次,其中9次发生于天宝之后。这种"雨土"的出现,一方面表明了关中及周围黄土高原地区因耕作、人为改造土壤、气候变化而发生了劣变,另一方面也反映了唐末农民战争对关中生态和经济的严重破坏,使"土无再易之力","举先王尽力沟洫之良田,听命于旱蝗"①。纵然后世如宋初一样努力恢复生态和生产,但郑白渠灌溉的面积已不足秦汉的1/22。② 因此,古代水的问题不是一个单纯的自然生态问题,水资源的综合利用和管理等必须依靠政府和民间各方的力量,齐心协力,依规律进行综合治理才能取得成效。

水资源的有用性和可控性是水资源有效管理的前提,而水资源的公共性以及防洪、灌溉和漕运的现实需求、水利工程的兴修又使政府在水资源的综合管理中发挥着决定性作用。因此,传统社会关于水资源综合管理的路径除了制定法律制度、兴修水利外,还表现为加强对水资源的行政化管理,实行"弛禁山泽"政策以调节人、水矛盾等方面。

第一,设置司空、都水监等部门对水资源实行兼管。

水资源管理的机构较早与"司空"有关。传说中的禹曾是负责行使水利职权的"司空"。通过禹平水土,为遭受"洪水横流,氾滥于天下"的炎黄子孙改善了生存和发展的生态条件。殷周时,人们就已经懂得"凿井而饮"③,注意"井泥不食"④,并十分重视井水的清洁,采取了"井收勿幕"⑤ 即给井加盖的保护措施。还设专人"掌管金玉锡石之地,而为之厉禁以守之"⑥,严禁乱采矿产资源。

春秋战国时,兴修水利,综合管理水资源的职责一般都由司空

---

① 《读通鉴论》卷二三《肃宗》。
② 《宋史会要辑稿·食货七》。
③ 陈应润:《周易爻变易缊》卷六。
④ 《周易注疏》卷八,王弼注,(唐)陆德明音义,孔颖达疏。
⑤ 《周易注》卷五,王弼注。
⑥ 《周礼·地官》。

掌管。《管子·立政》曰:"决水潦,通沟渎,修障防,安水藏,使时水虽过度;无害于五谷。岁虽凶旱,有所秎获,司空之事也。"同书"水地"篇中强调水资源管理的重要性时说:"圣人之治于世也","其枢在水"①的论点。后来历代都有相应的机构,如工部、水部对水利等进行管理。如唐代设有"都水监,使者二人"。其职责是"掌川泽,津梁渠堰、陂池之政,总河渠,诸津监署。凡渔捕有禁。溉田自远始,先稻后陆。渠长、斗门长节其多少而均焉,府县以官督察",另外"京畿有渠长、斗门长;诸州堤堰;刺史、县令以时检行,以准其决筑。有埭则以下乃分牵,禁争利者"②。这种管理遍及边疆,对水资源的合理利用和开发起到了积极作用。

古代水资源管理机构实行依法治水和制度化分水、管水。在依法管水方面,早在汉武帝时,兒宽在关中修六辅渠时就"定水令,以广溉田"③。汉元帝时,南阳太守召信臣便制定了农田灌溉的"均水约束"法令,"刻石立于田畔,以防分争"④,到唐时有了较全面的法规《水部式》,具体规定了斗门的设置、节约用水、维修、管理人员的配备等。从所存《水部式》残卷内容看,各大型灌溉渠系上的分水工程都要设闸门进行分水管理。闸门的大小由官府核定,不得私造。关键的配水工程订有分水比例,按比例分水用水。支渠上只能设临时的堰,各级灌溉渠道水量的分配依据各处农田面积核定,做到:"凡浇田皆仰预知顷亩,依次取用。水遍,即令闭塞,务使均普,不得偏耕。"按规定实行轮灌,全面计划用水。同时,规定"诸渠长及斗门长,至浇田之时,专知节水多少,其州县每年各差一官检校,长官司及都水官司,时加巡察"。并规定了灌溉优先,碾硙为次的管理原则,要求将"用水所得,田畴丰殖及用水不平并虚水利者,年终录为功过附考"。此外,这部法规还对

---

① 《管子·水地》,中华书局1986年版,第238页。
② 《新唐书·百官志》,中华书局1975年版,第1202、1276页。
③ 《汉书·兒宽传》卷五八,中华书局1962年版,第2630页。
④ 《汉书·循吏传》卷八九,中华书局1962年版,第3642页。

水利设施的维修作了具体规定，且得到了较好执行。元代李好文著的《长安图志》中的"用水则例"，也有涉及当时泾渠用水管理的法规。其中包括颁发用水凭证，按证用水；禁止砍伐渠道两旁树木，违者受罚等。此法规也一直为后世所沿用。在制度化管理方面，随着黄河流域水资源由多到少的演变和控水技术的进步，分水、用水的制度化管理成就集中表现在申贴制和水册制的创立上，参见本书第三章，在此不赘述。

第二，实行"弛禁山泽"的政策，以调节人水矛盾。该类政策主要受道家道法自然、无为而治思想的影响，通常在国家遭遇灾难或主张予民休养生息时采用。

"弛禁山泽"的政策是通过颁布弛山泽之禁的政令，或将皇家园辅假民种植；或开放禁山，得令人民入内采捕；或减轻人民的林业赋税等，以促进民生的恢复和森林资源的利用等来施行的。其典型的史实就是汉初在黄老思想的影响下，实行的弛禁山泽政策。《史记·货殖列传》明确记载曰："汉兴，海内为一，开关梁，弛山泽之禁。"此后，类似的政令不绝于史书。如《汉书·高帝纪》载："（二年）故秦苑囿园池，令民得田之。"文帝时，"（后六年）夏四月大旱，蝗。令诸侯无入贡。弛山泽"。

魏晋南北朝时，长期的分裂、战乱使百姓生计遭到严重破坏，因而，曾出现过三次"弛山泽之禁"的现象，据《古今图书集成·草木典·草木总部汇考一》记载，这三次弛禁分别发生于东晋元帝元年（317年）、梁武帝太监七年（508年）以及北魏高祖太和六年（508年）。隋朝建立之初隋文帝为了予民休养生息也于"开皇元年（581年）三月戊子弛山泽之禁"。[①] 据陈嵘统计，苑囿园池仅秦汉以后"封禁九次，而开放至二十三次之多"[②]。森林弛禁虽然对扩大耕地、赈济灾荒，缓解社会矛盾发挥了一定的积极作

[①] 《古今图书集成·草木典·草木总部汇考一》卷一，第11—12页。
[②] 参见陈嵘《中国森林史料》，中国林业出版社1983年版。

用，但森林资源的破坏却与道家的施政初衷相悖，开禁的结果是因管理松弛而使森林生态严重失衡。以至于到宋朝时，著名理学家程颢惊呼："林木所资，天下皆已童赭，斧斤焚荡，尚且侵寻不禁。而川泽渔猎之繁，暴殄天物，亦已耗竭，则将若之何？"① 而元代不仅没有设置"虞部"这样的环境管理机构，而且帝王频频因灾荒而发布"弛禁"诏令。元世祖忽必烈在不到10年的时间内，就因自然灾害而三次下诏放松对益都、辽阳、江淮等地区的渔猎之禁，元成宗七年（1303年）因为地震，弛平阳、太原之禁，"山场河泊听民采捕"。② 明朝的明仁宗"敬天体道，纯诚至德"，他将"山林园林、湖池、坑冶、果树、蜂蜜官设守禁者悉予民"。③ 这使许多地区在利益的驱动下，不再坚持因地制宜，过度围湖造田导致圩田"遏湖水，每遏泛滥，害即及民"④。后来，道教在全国各名山大川兴建道观，通过把周围林木作为风水龙脉这样的文化路径，使山林得到了一定程度的保护。

水资源的综合管理保障了农耕时代的基本用水安全和百姓的用水权利，使防洪、灌溉和漕运三大水政得以正常运行，使传统社会的人水矛盾得以缓解，从而巩固了封建统治的秩序。同时，在水被认为是"万物之本原""诸生之宗室"的传统社会里，农业越发展，人们对水的重视程度也越高，防洪灌溉、兴修水利、水资源管理的水平也与日俱进，进而促使中国传统社会的水利文明走在了世界前列。经过历代王朝不断地兴修水利，古代中国的水利工程远远多于西方国家。唐朝之前修建的灌溉工程每百年为10—16项，唐朝之后的1300多年里，每百年修建的灌溉工程大幅上升，1400年和1820年的灌溉面积大约占耕地面积的30%，而1850年的印度这

---

① 赵汝愚编：《宋名臣奏议·上神宗十事·程颢》卷一四九。
② 《古今图书集成·禽虫典·禽虫总部汇考一》卷一，第26—27页。
③ 《明史·食货志》。
④ 《明史·河渠志》。

一比例只有3.5%。① 可以说，没有哪个国家像中国那样投入大量的资金和动员大量的劳动力进行大规模的水利设施建设。

总之，尽管现实的环境问题使许多学者更愿意关注工业化所造成的不可持续的后果，但我们认为以农耕为主的发展方式，同样会造成足以使文明中断的生态问题。世界三大文明的消失就是很好的例证。传统政治对环境问题的响应让我们意识到，在世界四大文明中之所以只有中华文明能死里逃生，其重要原因之一是国家和政府高度重视生态场域的拓展和生态环境的保护，重视生态基础建设，对在生存和发展中出现的人地矛盾、人水矛盾、人与动植物资源保护的冲突等现实环境问题能作出积极的回应。尽管一些政策和措施未必科学，但许多政策和措施对维护农业文明发展所需的生态基础是有效的，政治响应的最大政治效益是环境安全。因此，到1912年中华民国诞生前，清朝统治者仍以泱泱大国、地大物博而深感骄傲。

第三节 重大环境问题的制度响应

一 人地矛盾的制度化调节

土地作为传统社会中最重要的资本，是社会各个阶层生存和发展的重要环境资源。调节人地关系的土地制度是稳定国家经济基础的重要政治保障。三代时期的井田制、汉朝时的限田制与王田制、魏晋南朝时期的屯田制、占田制以及均田制等都有效地调节了土地垦发能力增强后人与人之间的土地占有关系，缓解了人地矛盾，巩固和促进了经济政治的稳定发展。然而，随着生产力水平的提高和人口的增长，土地由公而私、国有民营成为趋势。如何利用土地制度协调好人地关系、保障家天下的长治久安，成为土地制度变革遭遇的重大现实问题。

---

① 参见王亚华《水权解释》，上海三联书店、上海人民出版社2005年版，第61页。

(一)废井田,开阡陌

夏商周三代时,由于生产力水平低下,人口稀少,人地矛盾并不突出。在体国经野原则的指导下,土地分配实行名为公有、实为王有的井田制。所谓"溥天之下,莫非王土"。[1] 周王有权将全国土地及其土地上的民众分封赏赐给诸侯贵族。同时,规定"田里不鬻"[2],即土地不得买卖。

然而,自西周中后期起,随着社会生产力水平的不断提高、宗族制度的削弱以及周天子权势地位的不断下降,其名义上的土地所有权发生动摇。土地私有逐渐成为一种普遍现象。公元前594年,鲁国宣布"初税亩",在原来对公田征税的基础上,宣布对私田按亩征税,这就在客观上承认了私田的合法地位和个人土地所有权。公元前350年,商鞅在秦国进行第二次变法,制定了"为田开阡陌封疆"的法令,并宣布"除井田,民得买卖"。[3] 这一法令的颁行,其实际意义在于以法律形成正式废除已经瓦解的井田制,封建土地私有制在秦国正式确立。马克思说:"私有财产的真正基础,即占有,是一个事实,是不可解释的事实,而不是权利。只是由于社会赋予实际占有以法律的规定,实际占有才具有合法占有的性质,才具有私有财产的性质。"[4] 土地制度的私有化变革促进了土地垦发,诸侯国境内的旷土隙田,逐渐得到开辟,成为"庐田庑舍"。井田却因"民不肯尽力",变成了"维莠桀桀"、茂草丛生的荒原。不过,战国末年,虽然各国纷纷实行土地私有,但土地买卖现象极少,"没有土地买卖的自由,这种私有制的真正自由是不可想象的"[5]。土地私有制的全面确立,必须以法律上承认土地自由买卖为基础。

---

[1] 《诗经·小雅·北山》。
[2] 《礼记·王制》。
[3] 《汉书·食货志》。
[4] 《马克思恩格斯全集》第1卷,人民出版社1965年版,第382页。
[5] 《列宁全集》第16卷,人民出版社1959年版,第279页。

（二）从"令黔首自实田"到均田制的实施

公元前216年，秦始皇颁布了"令黔首自实田"的法令，让占有土地的封建地主和自耕农自己向官府报告实际占有土地的数额，按定制缴纳赋税，取得土地所有权，从而在法权关系上确立了土地私有权。这一法令反映了在全国范围内土地私有的合法化，土地私有制取得了法律保障。这是随着秦统一六国，地主阶级政权日益强大和巩固，地主阶级土地私有制进一步发展所产生的必然结果，是一件有利于地主阶级的法令。只要缴纳赋税，占有土地就可以不受限制。因而，可以说，这一法令的颁行，就等于在法律上鼓励土地兼并，因此出现"富者田连阡陌，贫者无立锥之地"①的现象也就不足为奇了。

土地私有化和"令黔首自实田"后，如何控制土地经营中对环境的破坏，保障人与鸟兽虫鱼等动植物的协调发展呢？也就是如何保障天时地利人和能够落到实处呢？秦始皇、秦二世的专制纵欲和急风暴雨式的制度变革使秦王朝因短命而无法解答这一新的现实问题。汉初，虽然汉承秦制，与民休息，迎来了中国封建时代第一个太平盛世——文景之治，但是，面对土地私有的蓬勃发展、愈演愈烈的土地兼并以及第一次人口增长高峰的到来，却试图通过"限田"②制或"王田制"③来解决，结果是有始无终。

魏晋南北朝时期，大分裂与大融合推动了土地制度的创新。各朝在坚持江海田池与民共利的同时，为了使民重农桑，顺天时，尽地利，恢复被战争破坏的生态环境，开创了将植树造林、保护环境纳入田制的新政。公元485年北魏孝文帝太和九年下诏："男夫一人给田二十亩，课莳余，种桑五十株、枣五株、榆三株。非桑之土，夫给二亩，依法课莳余枣。奴各依良，限三年种毕。不毕，夺

---

① 《汉书·食货志》。
② 《汉书·哀帝纪》。
③ 《汉书·王莽传》。

其不毕之地。于桑榆地分，杂莳余果，及多种桑榆者不禁。"① 即土地按男性分配，每个男人获得二十亩土地后除了种粮缴税、栽种莳秧外，必须种桑树五十株、枣树五株、榆树三棵，限定三年内种完，如果谁不种完，就要收回不种树之地。还要求在种桑榆树的地内套种些杂果树，鼓励多种桑榆树，多种不禁。这是中国历史上第一个规定分田栽种林木的法令，标志着环境保护与土地分配制度的融通，也标志着树木保护新阶段的到来，即由简单地禁止乱砍滥伐、单纯地保护林木进入植树造林发展林业的阶段。

由于这种新型的土地制度顺应了土地私有化的发展要求，促进了新的庄园经济的发展，并有利于在战乱的背景下巩固小农经济、恢复和保护生态环境，因此，在南北各朝便广泛流行起来。北齐的土地制度规定："每丁给永业二十亩为桑田。其中种桑五十根、榆三根、枣五根。不在还授之限……不殖桑者，给麻田，如桑田法"。② 公元557年，宇文宽建立北周后，规定"其丁男永业田皆尊北齐之制。并课以桑榆及枣"③。公元581年隋文帝杨坚称帝建立隋朝后，统一了中国，并实行"丁男、中男永业田，皆尊后齐之制，棵树以桑榆及枣。其园宅，率三口给一亩，奴婢则五口给一亩"④。由于田制直接关系到百姓的切身利益，并且涉及面广、可控性强，因而将环境保护纳入土地制度的生态效果非常显著。公元558年，北周武帝时梁州出现了"凤凰集于枫树，群鸟列侍以万数"⑤的壮观景象。

唐朝时，由于均田制在理论和实践上的成熟，不仅男丁可以分得田地，而且授田对象日益广泛。从只授男丁到男女都可受田，从农户到工商、官户、杂户，从农民到官员、军人、工商人士、道

---

① 《魏书·食货志》。
② 《隋书·食货志》。
③ 同上。
④ 同上。
⑤ 《周书·武帝纪》。

士、和尚、尼姑、女冠等都逐渐成为均田制的受益者，老弱病残、僧道、女人等都能获得田地。对土地买卖和耕种也作了明确规定。桑田等永业皆传子孙，可以买卖；口分田在某些情况下亦可买卖，这是唐朝均田制最显著的特点。但是，"凡买卖，皆须经所部申牒，年终彼此除附。若无文牒，辄卖买，财没不追，地还本主"①。"在永业田上，树以榆、枣、桑及所宜之树"。②唐宪宗时还确立了上报制度，即"敕天下州府民户，每田一亩，种桑二树，长吏逐年检计以闻"③。要求官吏每年检查统计并完成数字逐年上报。公元784年，唐德宗下诏，"置大田，择其上腴，树桑环之，曰公桑。自王公至于匹庶，差借其力，得谷丝以给国用"④。这是唐德宗为了保障国家供给，诏令王公、百姓在上等田里栽公桑养蚕，生产谷丝。

（三）不立田制，不抑兼并的土地买卖契约化

均田制失效于天宝年间的安史之乱。安史之乱不仅对生态和民生是一场灾难，也使一切典章制度荡然无存。均田制也因此被废。

在经历了五代十国的分裂割据后，宋初的统治者加强了环境保护的土地法令和刑法处置。公元960年，宋太祖赵匡胤登基之初，就"申明周显德三年之令，课民种树，定民籍为五等，第一等种杂树百，每等减二十为差，桑枣半之，令佐春秋巡视，书其数、秩满，第其课为殿最，野无旷土者，议赏。……民伐桑枣为薪者罪之：剥桑三工以上，为首者死，从者流千里；不满三工者、减死配役，从者徒三年"⑤其中涉及发展林木和保护林木两方面的内容，并要求县佐官吏巡回检查，完成任务好的给予奖励，砍伐或破坏者则处以最高为死刑的重罚。公元963年，宋太祖再次颁布法律，规

---

① 《通典·食货·田制》卷二。
② 《唐书·食货志》。
③ 《唐书·宪宗纪》。
④ 《唐书·食货志》。
⑤ 《宋史·食货志》。

定对破坏自然环境者予以严肃处理:"户内永业田课植桑五十根以上,榆、枣各十根以上……应课植而不植者,每一事有失,合笞四十。"①"诸毁伐树木,稼穑者,准盗论"。"心生蛊害,剥人桑树,枯死至三工绞。不三工及不枯死者等第科断"。②元朝的土地制度则更侧重于因地制宜,而且要栽活才算数,近水的可以养鸭、养鹅,种菱角、莲藕等。规定"每丁岁种桑枣二十株,土性不宜者听种榆柳等,其数亦如之;种杂果者,每丁十株,皆以生成为数,及种苘、莲藕、鸡头、菱角、蒲苇等以助衣食"。③同时,"禁征戍军士及势家毋纵畜牧伤其禾稼桑枣……劝诱百姓开垦田土,种植桑枣"。④

明朝的开国君主朱元璋由于崛起于阡陌之间,加上农工商业规模化发展的需要,在田制中对林木种植的数量和规模有了不同于以往的新规定,造册回奏制度也强化了保护植树造林的土地制度,进一步增强了中央政府的对树木保护和农业生态的调控能力。公元1368年,明太祖朱元璋下令:"凡民田五亩至十亩者,栽桑、麻、木棉各半亩,十亩以上倍之"⑤。公元1393年,明太祖又"令凤阳、滁州、卢州、和州每户种桑二百株、枣二百株、柿二百株"⑥。

所以,宋元以来,虽然封建政府采取了"不立田制""不抑兼并"的土地政策,加速了土地的垦发和商品化,出现了"苏湖熟,天下足""湖广熟,天下足"的新局面,使私人土地所有权成为占主导地位的所有权形式。但是,垦发与保护不断融合的国有土地制度的变革和创新,使土地不断集中、人地矛盾日益加剧的农耕社会维持了必要的生态基础。当然,国家为了维护地权的正常流通,推动土地权利转移的速率,并促进使用权以更快的速度从所有权中独

---

① 《宋刑统·户婚律》。
② 《宋刑统·杂律》。
③ 《元史·食货志》。
④ 《元史·世祖纪》。
⑤ 《明史·食货志》。
⑥ 《明会要·劝农桑》。

立出来，对田土买卖做出了许多实质要求与限制。如自愿交易、卑幼及寡妇田土买卖权利受限制，对田讼进行规定等。

　　综观先秦到明清土地制度的变革，有以下几点值得关注：（1）土地垦发始终受到鼓励，前提是只要不威胁家天下的统治秩序。（2）土地经营模式因田制变革而改变。（3）土地制度调节着不同时期的人地矛盾，保障了人地关系的基本协调，在保护和改善农业文明时期人与自然的总体和谐方面发挥了积极的作用。（4）田制的调整和变革贯穿于整个农业文明时代，继承和创新是土地制度保持先进性的活力所在，也是土地制度能够在一定程度上调节人地关系的前提。上报制度、造册回奏制、田制与法制结合等制度化创新，使人地矛盾在制度层面上得到了较好的解决。

二　人水冲突与水权制创新

　　中华文明也被称为大河文明。这意味着大河对传统社会的政治文明具有特殊的意义。大河不仅是传统社会生存和发展的重要生态条件，而且也是挑战和推动政治发展的重要因素。水多为涝，水少为旱，水缺为祸。据乾隆《古浪县志》记载："河西讼案之大者，莫过于水利，一起争讼，连年不解，或截坝填河，或聚众毒打，如武威之吴牛、高头坝，其往事可鉴已。"[①] 治水挑战治国，治国先治水，治水即治国。"善治国者，必善治水"。治水成为传统社会最为典型的公共事务，具有大范围集体行动的性质，在文明的早期成为推动中央集权产生和发展的重要影响因子。大江大河引发的人水冲突高度依靠政府的领导和组织。即传统社会水环境的改善、水安全的获得依赖于政府的治国理念和治国方略，依赖于国家发展道路的选择和公共水利事业的发展。治水之道与治国之道高度吻合。除了自然旱涝灾害外，人口增长和经济政治发展造成的局部性水资源稀缺问题也较早地凸现出来。因此，早在汉代，任意取水就逐渐

[①] 张之浚、张昭美：《五凉全志》，乾隆十四年（1749年）刻本。

受到有限用水制度的约束。改善水环境，协调人水矛盾和水事纠纷的水权制度在均平节用的思想指导下得以产生和发展。

水权是一种客观存在的权利义务关系，只要有水的治理、开发和利用行为，就存在水权问题。广义的水权指所有涉水事务的相关活动的决策权，它反映各种决策权实体在涉水事务中的权利义务关系。狭义水权专指水资源产权，是与水资源用益（如分配、利用）相关的权利，它反映各种主体在水资源用益中相互的权利义务关系。狭义水权包含了配置权、提取权和使用权等。水权的制度化是治水和治国的内在要求，水权制度是规范、约束人们的用水行为的规则，旨在获得水收益和水安全。

（一）封山占水与水权制的诞生

古代水权制度的建立和变迁主要围绕防洪、漕运和灌溉三大社会需求而展开。由于传统社会是个"溥天之下，莫非王土；率土之滨，莫非王臣"[1]的社会，历代水利法律法规并没有明确强调水资源的所有权问题，也没有像土地那样通过赋税表明国家对它的权利，虽然魏晋南北朝时曾出现过"封山占水"[2]这样的政策，但总的来说，水被认为是公有的，实质是从属于地权的王有或国有制。所以，水权制度的创立、创新、转换和发展主要体现于管水、分水、用水方面。

在先秦时期，人们逐水而居，感受最大的是水害而非水利，"汤汤洪水方割，荡荡怀山襄陵，浩浩滔天，下民其咨"[3]，洪水一到，田园被淹，人畜飘没，经常把人逼向"人相食"的境地。因此，在生产力极其低下的社会发展阶段，通过强制性的力量来应对水威胁，改善水环境，赢得生存和发展的水安全成为一种现实的选择。

春秋战国的集权运动和生产力的发展为兴修水利以及水权制度

---

[1] 《诗经·小雅·北山》，上海古籍出版社1987年版，第102页。
[2] 《宋书·谢灵运传》，中华书局1974年版，第1775页。
[3] 《尚书·尧典》。

的产生奠定了基础。春秋后期人工灌溉开始后，引水灌溉、发展农田水利成为提升各国综合实力的重要基础。西门豹引黄治邺，郑国渠对洛水流域大片盐碱地的改良，都江堰分洪减灾、变害为利的奇迹等，使人水关系大为改善。在政府的主导下，防洪、灌溉工程空前发展，水事管理机构也应运而生，司空、水官的职官制度得以确立。改良水生态、保障水安全、维护农业发展所需要的水环境成为"司空"的主要职责。据《荀子·王制》记载，司空负责"修堤渠，通沟浍，行水潦，安水藏，以时决塞。岁虽凶败，使民有所耘艾"。"水官"则是除水害的专职官员。"除五害之说，以水为始。请为置水官，令习水者为吏。大夫、大夫佐各一人，率部校长官佐各财足，乃取水（官）左右各一人，使为都匠水工，令之行水道城郭堤川沟池官府寺舍及洲中当缮治者，给卒财足"①。"常令水官之吏，冬时行堤防，可治者，章而上之都。都以春少事做之。已作之后，常案行。堤有毁作，大雨各葆其所，可治者趋治，以徒隶给。大雨堤防可衣者衣之，冲水可据者据之，终岁以毋败为固。"② 简言之，水官需要根据季节变化和气候状况修堤护堤，疏通水道沟渠，以趋水利而防水害。这标志着水事管理意识已经萌芽，管水机制的雏形已经出现。

  秦汉时期，一是初步确立了地方性的用水、分水制度。国家的统一、社会的繁荣和人口的增长，使这一时期土地和水资源的稀缺性开始显现。统治者对水资源与发展农业的关系有了更加深刻的认识。正如汉武帝所认识到的："农，天下之本也。泉流灌浸，所以育五谷也。左右内史地名山川原甚众，细民其知其利，故为通沟渎，蓄陂泽，所以备旱也"③。防洪灌溉的水利工程不仅保障了农业和国计民生，而且增强了水资源的可控性，为水权制度的创立奠定了基础。于是，有了"定水令""作均水约束"的先例。据史籍

---

① 《管子·度地篇》。
② 《汉书·倪宽传》。
③ 《汉书·沟洫志》。

记载，西汉的倪宽在管理关中六辅时"定水令，以广溉田"①，南阳太守召信臣在南阳地区"为民作均水约束，刻石立于田畔，以防纷争"②。北魏时期，刁雍在河套地区制定了"一旬之间则水一遍，水凡四遍，谷得成实"③的新灌水制度。

二是建立起了比较完善的水事管理机构。秦、汉两朝均在中央设立了都水长、丞，并设太长、少府等官职，部门下设都水官。凡沿河的府、郡官员均有护理治河等职责。汉武帝时设专官管理关中水利，哀帝时任命息夫躬"持节行护三辅都水"。对灌区实施了点面结合，全面管理与专业管理结合，统一管理与分级管理结合的管理制度。

三是确定用水顺序权，以兵船航行、漕运、润陵为先，然后是灌溉用水。例如，蜀中的离碓"此渠皆可行舟，有余则用溉浸，百姓飨其利"④。汉武帝时开挖的漕渠"三岁以通。通，以漕。大便利。其后漕稍多，而渠下之田，颇得以灌田矣。可见汉人之言漕事者尚多，兼计灌溉也"⑤。秦汉时期对用水的严格管理，有效地保障了农业生产和军需、漕运，缓解了因人口增长而造成的人地矛盾和粮食危机。

（二）"申贴""水册"，依法管水

唐宋时期，封建王朝的强盛使水权制度变迁在强制性制度变迁和诱致性制度变迁两个维度并行发展。唐朝颁发了中国历史上第一部具有真正国家法律意义的"水法"——《水部式》，同时，地方法规、乡规民约也分别出现，并发挥着补充作用。在利则均平的原则下，分水、管水、用水的制度化、规范化、法律化程度进一步提高。皇家用水也不再具有优先权，大部分地区执行灌溉最先，航运

---

① 《汉书·倪宽传》。
② 《汉书·召信臣传》。
③ 《魏书·刁雍传》。
④ 《史记·河渠志》。
⑤ 同上。

次之，水硙最后的分水制度。

第一，上至中央、下至灌区斗门和末级渠道，设置了系统的管理机构。中央开始设置农田水利专官，隋、唐、宋都在工部之下设水部，负责全国的农田水利行政管理，并设都水监系统，这是中央主管水利工程规划、施工和管理的专职技术机构。灌区管理由政府派专员主持，灌区各级官员和管水人员的设置都有明确规定，即使是基层管理人员，如渠长、斗门长、堰长等，亦由官方指定。这使得官方在灌区管理中处于绝对主导地位。例如，唐代无论是分水设施斗门的安装，还是渠系、灌区内部分水制度的制定，都由官方直接实施。

第二，水权管理的"申贴制"正式形成并广泛应用。由于分水技术显著提高，已能利用干支渠的闸门调节渠系内的分水比例。分水、用水的"申贴制"正式形成，"申贴制"的广泛应用，实现了使水量在渠系内的不同渠道之间按照资源配额进行分配。

第三，治水的法制化水平空前提高。唐朝颁布的《水部式》是中国历史上第一部系统的水利法典。北宋王安石在变法期间颁布的《农田水利约束》是中国第一部比较完整的农田水利法。《水部式》对灌溉用水制度有详细规定，反映当时农田水利管理达到了很高水平。

第四，资金投入转向国家和利户分摊，并且利户还需承担出工纳粮分摊灌区运营费用的义务，也就是要缴纳"水粮"以获取用水的权利，这成为后世的惯例。所谓"利户"又名"利夫"，就是"食水之利者"，现代称灌溉用水户。另外，在宋代的文献中，已有政府鼓励民间兴修水利的记载。

唐宋时期，以国家法律为主导的正式制度极为完善和发展，国家力量对灌溉的控制达到古代社会的高峰。与秦汉时期相比，中央政府的职能转向制度建设和宏观管理，地方政府非常重视水利工程的管理，灌区内部已经建立了完整的用水权行政分配机制，赋权体系开始出现资源配额方式。此外，由于民办小型水利工程的增多，民间力量已经开始参与管理灌溉事务。实现了上下互动，以法管水，以制用水的治水局面，保障农本社会的水安全、水利用和水生态。

明清时期是中国封建社会由盛转衰的时期，也是传统灌溉管理制度发展成熟的时期。除了继续以往的制度体系外，这一时期治水制度体系的新发展有：

第一，水权制度从"申贴制"逐渐演变为"水册制"。水册制是在官方监督下，由所涉及渠道的利户在渠首主持下制定的一种水权分配登记册。这是现代"水权登记制度"的雏形。

第二，民间自治机制加强。元代以后，灌区基层管理人员通常不再由政府直接任命，改行民主选举或推举。至明清，基层灌溉管理与乡里制度相结合，使灌溉的自治管理水平空前提高。

第三，量水技术取得进步，使得分水制度有了新发展。形成了"额时灌田"，即以渠道过水时间分配水权，分配的结果称为"水程"。所谓"水论时，时论香"，即以点香来度量水程。"点香分水"是明清时期各灌溉渠道普遍遵行的水权分配制度。[1]

第四，部分地区出现水权买卖现象。虽然从唐宋到明清，国家都明文规定禁止水权交易，但实际上明清时期某些灌区已经存在水权交易。据刘屏山《清峪河和龙洞渠记事》记载，在陕西关中龙洞灌渠，"地自为地，而水自为水，故买卖地时，水与地分，故水可以随意当价……地可单独卖，水亦可以单独卖"，并且指出水权与地权分离而单独买卖的情况在关中各灌区"大体如此"。[2] 明清出现的事实上的水权交易是以特定的历史条件为背景，同时也是技术进步对制度变迁的累积效果。

（三）分水、用水，"利则均衡"

值得注意的是，传统环境政治"均平节用"的原则体现到水权

---

[1] 参见萧正洪《历史时期关中地区农田灌溉中的水权问题》，《中国经济史研究》1999年第1期。

[2] 参见常云昆《黄河断流与黄河水权制度研究》，中国社会科学出版社2001年版，第78—79页。

制度的变迁中则表现为"利则均衡"、节用高效。明广济渠引水闸室侧门顶上不仅明确写着"利则均衡"4字，而且在实际的制度变革和执行中高度重视一个"均"字。唐朝的《水部式》《唐六典》都强调分水、用水"务使均普，不得偏并"。① 明清时期的水册制度更是以"均"为最高准则。"各坝各使水花户册一样二本，钤印一本，存县一本。管水乡老收执，稍有不均，据薄查对。"② 在管水的过程中，"如有管水乡老，派夫不均，致有偏枯受累之家，禀县拿究"③。利则均衡是通行于各县之间、各渠坝之间、各子渠之间、各使水利户之间的原则，例外是极个别的。在长期的分水实践中形成的分水三原则即按修渠出人出夫多寡分水、计粮均水、计亩均水都贯穿着均平的思想。乾隆《五凉全志·古浪县志》载：古浪"今更勒宪示碑文，按地载粮，按粮均水，依成规以立铁案"④。道光《镇番县志》表明到道光年间，镇番县仍计粮均水。"四坝（渠）俱照粮均分"⑤。在山丹、扶彝、高台等县则实行计亩分水⑥。同时，为了维护水的可持续利用，水权制度讲求节用。即使是皇家用水也"需节用之"⑦。《唐六典》规定："凡京畿诸水，禁人因灌溉而有费者，及引水不利而穿凿者，其应入内诸水。有余则任诸公、公主、百官家，节而用之。"《水部式》则明令："百姓灌溉处令造斗门节用，勿令废运。"为了保障节约用水制度的执行，《水部式》对管水、分水、用水中的人员配备、放水时间、作物的种植、渠道的维护等都作了规定："水遍则令闭塞"；"深处设置斗门节水"；"若灌溉周遍，令依旧流，不得因年弃水"；"若渠堰破坏，即用附近人修理"。此外，为了提高用水效率，还允许各县各渠坝，

---

① 《开元水部式》残卷。
② 张之浚、张昭美：《五凉全志》，乾隆十四年（1749年）刻本。
③ 同上。
④ 同上。
⑤ 许协：《镇番县志》，道光五年（1825年）刻本。
⑥ 升允、安维峻：《甘肃新通志》，宣统元年（1909年）刻本。
⑦ 《唐六典》。

因水因地而异进行分水、用水。清朝时，武威县有6渠：金渠、大渠、永渠、杂渠、怀渠、黄渠。6渠分水，"凡浇灌，昼夜多寡不同，或地土肥瘠，或粮草轻重，道里远近定制"①。

水权制度虽然没有完全避免水害、水案的发生，但是，在长期的治水、管水实践中对缓解人与人之间、人与环境之间的涉水矛盾发挥了重要作用。有资料记载："回忆均水未定之时，正值用水，而上流遏闭，十岁九荒，居民凋敝，苦难笔馨。今则水有定规，万家资济，胥赖存活"，人民"期于均水长流，为吾民莫大之利"。②在河西走廊的古浪县由于分水制度："次第浇灌，或时加修浚，士民无不均田效力，水利老人实董成焉，现在奉宪碑文可据。……渠坝水利碑文：古浪处在山谷，土瘠风高，其平原之地，赖水滋灌，各坝称利"。③

此外，传统社会的水权制度具有王权至上、下级必须绝对服从上级的科层制特点。上级可以根据需要介入或干预下级的任何决策。最高决策层拥有最高的干预优先权，底层的用户永远是义务的最先承担者和利益的最后享有者。自上而下、垂直领导的官僚体制决定了下层所持权利的不确定性，而最下层的用户持有的权利最为不确定，是随时可能被剥夺的权利。与此同时，同级之间的权利也具有不确定性。在上下级科层治理结构中，上下级的权利义务关系是明确的，即所谓"命令与服从"的关系，而同级之间的关系是不确定的。其信息交流也主要是上下之间的，缺少水平方向的信息流动。在实践中，表现为社会横向之间缺少合作的传统。同级决策实体之间关于水权的相对优先权在很大程度上取决于上级的偏好。特别是下级的权利严重依赖于上级实体是否介入、在多大程度上干预，以及同级决策实体对权利的诉求。这种权利依存性源于自然环境和社会环境的不确定性。

---

① 张之浚、张昭美：《五凉全志》，乾隆十四年（1749年）刻本。
② 《新纂高台县志》，民国十四年（1925年）刻本。
③ 张之浚、张昭美：《五凉全志》，乾隆十四年（1749年）刻本。

（四）水权买卖直接动摇了传统水权制度的根基

水权买卖在实际操作中并不是一个单纯的经济问题，而是带有浓重的政治色彩。市场的主要功能是追求效率，但是，行政分配水权追求"均平"，这更多地是一个政治目标。据山西介休县水利条规碑（1588年）记载，介休水利开发始于北宋，前人曾经计地立程，次第轮转，并设水老人、渠长专负其责。但随着时间的推移，豪强侵夺，弊端百出。明嘉靖二十五年（1546年），知县吴绍为恢复前法而进行干预，其后又有买水、卖水之弊。隆庆元年（1567年），又有知县刘旁将现行水程立为旧管新收，每村造册查报，虽然暂时缓解了矛盾，但仍无法克服有地无水、有水无地、水和地可分别买卖的弊病。万历十五年（1587年），知县王一魁重新丈量土地、分配水程，造水册每家一本，同时规定买地与卖水应同时进行。① 其中，所谓买水和卖水之弊是指水权兼并使富人的旱地有水可用而无须纳粮赋，穷人的水地纳粮赋而无水可用，由此导致了社会不稳定问题。其实，弊因利而生，买卖水在水资源配置方面的好处和少数人利益集聚的需要才是其屡禁不止的根源。另外，据清末关中源澄渠的史料，该渠在乾隆十六年、嘉庆年间和道光二十二年三次重造水册，每次都是援照旧册，核实地亩，如果有地权的转移，则更换利夫之名，以均平水权。由于水权买卖的大量发生，此后水册所载之地亩数与水权限额之间逐渐不相吻合，只能起到查看各村、各斗水之起止的作用。② 到清代中后期，灌溉用水权的市场方式对行政方式发挥了更大的替代作用，并达到了中国历史上的最高峰。不过，总的来说，水权市场化程度还是非常有限，不可能从根本上推翻科层治理结构。

因此，水权制度是中国传统社会应对水问题、善治国家的制度

---

① 参见黄竹三、冯俊杰等《洪洞介休水利碑刻辑录》，中华书局2003年版，第37、163页。

② 参见刘屏山《清峪河各渠记事·道光清峪河源澄渠水册序附注》，转引自萧正洪《历史时期关中地区农田灌溉中的水权问题》，《中国经济史研究》1999年第1期。

成就，是国家保持对治水事务的控制力量的重要保障制度。它促成了中国处理涉水事务的两大传统：一是政府主导。大江大河的水生态条件使中国从古至今保持了水权公有的社会选择，在公有的名义下，国家对水的政治权力被一再强调，水的行政管理权和财产权高度重叠，水的私人收益被认为寓于公共利益之中，私人意义上的水权长期被忽略。二是上下统筹。尤其是在明清时期民间力量与国家力量的有机结合，使水资源管理达到了前所未有的水平。这种经验值得我们今天在水权改革中学习和借鉴。

三 回应自然灾荒的赈恤制

华夏民族立国于灾变危难之际，进化于统与分、战与和、自然灾害的突变与渐变交替的进程中。"当尧之时，天下犹未平。洪水横流，泛滥于天下；草木畅茂，禽兽繁殖，五谷不登；禽兽逼人……舜使益掌火，益烈山泽而焚之，禽兽逃匿。禹疏九河，瀹济漯而注诸海；决汝汉，排淮泗而注之江。"① 这表明，夏禹立国于自然灾害严重之时。据史料记载，中国古代除了三年两头天灾人祸不断之外，还经历了四大灾害突发、群发期，首当其冲的是夏禹时期，其后是汉代。明清是中国古代自然灾害最频繁的时期，明代，水、旱灾实际上各发生241、216次以上，其中大水、大旱各30余次。风暴潮灾害也格外突出，死亡万人以上的特大潮灾20次，七级以上大地震有12次，八级以上特大地震2次。清代除个别年份外，几乎年年有水旱灾。特别是15—17世纪，由于灾害多发、群发而成为中国历史上第三大灾害群发期，学者称之为"明清宇宙期"。② 晚清则是第四大灾害群发期，其中光绪二年至五年（1876—1879年）山西、河南、陕西、河北、山东等省连续5年的特大旱灾，造成赤地千里，饿殍遍野，死亡达1000万人之多。③

---

① 《孟子·滕文公上》。
② 参见赫治清《中国古代灾害史研究》，中国社会科学出版社2007年版，第9页。
③ 参见李文海等《中国近代十大灾荒》，上海人民出版社1994年版，第81页。

与此同时，无论是战争还是和平，分裂还是统一，各种对抗性政治行为所造成的生态后果和社会灾难同样惨烈。例如，公元前260年，秦赵长平之战，秦军获胜后将投降的40多万赵军除年幼的240人放回外，其余全部活埋。① 战国时代诸侯混战，一场大战所费"十年之田而不偿也"②。秦始皇称帝后"欲出周鼎泗水"，弗得；在渡江时又遇大风，乃迁怒于湘君，竟然"使刑徒三千人皆伐湘山树，赭其山"③。也就是说，秦始皇为泄愤便下令砍秃了湘山！正是持续不断的天灾人祸使古代中国形成了一种特殊的政治形态，人们称之为"荒政"，这种荒政不仅由一系列政治活动构成，而且由一系列制度和政策措施支撑。它通过对由天文活动、大气活动、水圈活动、地壳活动、生物活动、人类活动等致灾因子造成的灾情进行勘报和救灾，对人类社会和生态环境等承灾体进行补救和修复，力图使社会和生态恢复和谐。赈恤制度是古代典型的荒政制度之一，是传统社会响应生态灾难的制度成果。

（一）赈恤制度的界定及其思想渊源

赈恤制度包含赈济和养恤两个方面。赈济是指灾后以钱款、粮食或其他实物等方式救济灾民的规定。赈济之事，自周以来已有定制。赈谷、赈银是施赈于灾民的一种直接救灾方式，工赈则是一种间接的救济方式，是现代以工代赈的雏形，它往往选择灾情最重的地方开工施赈。据考证这种方法最早为春秋齐国大夫晏婴筑路寝所用。《晏子春秋·内篇杂上》评论说："晏子欲发粟于民而已，若使不可得，则依物而偶（寓）于政。"工赈的方法多用于灾区的恢复重建或减灾工程等的建设方面，这种措施一举两得，为后世所倡导并广泛使用。养恤是指对灾民进行供养、临时进行收容养护等的制度规定。其实践活动主要有施粥、居养、赎子等。施粥早在汉代已成为一种普遍的救灾办法，到明代更出现了粥厂等专门从事施粥

---

① 参见朱绍侯主编《中国古代史（上册）》，福建人民出版社1985年版，第213页。
② 《战国策·齐策五》。
③ 《史记·始皇本纪》。

的机构。居养是依据安民、给药、抚婴等法令,在各地设立灾后救济的种种机构,有临时的,也有固定设立的,如居养院、安济院、福田院等。居养制度历代时有兴废,名称和办法也不尽相同,但基本做法一直延续到了民国。赎子是指由政府出资为饥民赎回被迫卖掉的子女。赎子最早记载于商汤时代,广泛见于汉、魏、宋等时期。赎子也不排斥义举,但更多地是由行政法令进行约束。赈恤也是最流行的一种消极救灾措施。

赈济养恤的思想源于应对生态场域内自然灾难和人为灾祸的思考,也是参天地,施仁政,平天下的政治诉求。赈济思想产生很早。例如,《国语·周语》就有"古者天灾降戾,于是乎量资币、权轻重以赈救民……夏书有之曰:关石龢钧,王府则有"。这说明赈济灾民是国君得民心的重要措施。《礼记·月令》说:"天子布德行惠,命有司发仓廪,赐贫穷,振乏绝,开府库,出币帛周天下。"《左传·文公十六年》也有"振禀同食"的记载。赈济思想所追求的价值目标是保民安邦,正如在清代《康济录》中陆曾禹所说:"百姓之身家,国之仓廪所由出。年岁丰登,民则为上实仓储。旱潦告灾,君即为民谋保聚。盖君犹心,而民犹体。体安心始泰,未有百姓困厄于下,而君臣能相安于上者也。诚能发积储以救群黎,则一方安乐,薄海内外皆安乐矣。"在传统社会中,由于天灾人祸不断,养恤思想经久不衰,所谓"一民饥,曰我饥之,一民寒,曰我寒之"。宋代司马康说:"自古圣贤之君,非无水旱,惟有以待之,则不为甚害。愿及今秋熟,令州、县广籴民食,所余悉归于官。今冬来春,令流民就食,候乡里丰穰,乃还本土。凡为国者,一丝一毫,皆当爱惜。惟于济民,则不宜吝。诚能捐数十万金帛,以为天下大本,则天下幸甚。"[①] 乾隆钦定的《康济录》引清陆曾禹的话认为:"时至饥年,以守土牧民官视之,则曰流民,以下子宰相相视之,莫非赤子。忍令其冒雨冲风,吞饥忍饿,而流离

---

① 《宋史·司马康传》。

于道路哉？未流者、已流者、欲归者、欲留者、行路者、途宿者，他国民远来众，前人无不有以处之矣。后之仁人，轸恤乎离乡求活之苦，皆当法前贤遗患乎？"因此，在历代思想家和政治家的推动下，赈恤思想和赈恤制度成为响应灾难的重要思想保证和制度保障。为稳定社会，延续国计民生发挥了重要作用。

（二）赈恤机制的变迁

据史料记载，周代在中央政府机构中就有一些兼管救灾的官职。《周礼·地官·大司徒》说：大司徒的职责之一便是"以荒政十有二聚万民"，负责救灾，在荒年发放救灾物资。"大荒大札，则令邦国移民、通财、舍禁、弛力、薄征、缓刑。"在大司徒之下设有遂人、遂师、委人、禀人、仓人、司稼、遗人等官，他们的职责或"掌均万民之食，而周其急"，或"掌邦之委职，以待施惠"等。到春秋战国时，也没有赈恤的专门机构，赈恤还是应急性措施。晋悼公即位时（前572年），曾命百官"匡乏困，救灾患"[①]。

秦汉时期，虽然封建官僚机构发生了重大变化，但仍没有专事救灾的机构。汉代，户部尚书掌管民户、农桑等，因为灾害与此二者关系最密切，由此可推断，民曹尚书兼管部分救灾事宜。由于没有专事救灾的机构，所以，灾害发生后，君主往往临时向朝中大臣和其他人寻求对策。比如，本始四年（前70年），有49个郡国发生地震，宣帝下诏曰："丞相、御史其与列侯、中二千石博问经学之士，有以应变，辅朕之不逮。"[②] 和帝时，因水旱之灾频繁，"令三公、中二千石、二千石、内郡守相举贤良方正能直言极谏之士……遣诣公车，朕悉听焉"[③]。

隋唐时期，中央政府设立了户部，户部的职责之一就是赈恤救灾。宋代则明确由专门官员即户部右曹来执掌"以义仓赈济之法救

---

① 《左传·襄公元年》。
② 《汉书·宣帝纪》。
③ 《后汉书·和帝纪》。

饥馑、恤艰厄"①。明清时，沿用了唐宋以来由户部兼管的办法。清代还经常外派大臣主持赈恤和救灾事务。通常会差遣的大臣有大学士、军机大臣、吏部尚书、兵部尚书和侍郎、左副都御史、侍卫等。直到民国成立内务部管理地方行政、选举、赈恤、救济、慈善、户籍、兵役、礼俗等，赈恤之事一直都有专门机构进行兼职管理。

赈恤方式出现于周代，在国家统一后备受统治者重视。汉代是赈恤制度不断健全的时期。据宋人徐天麟《西汉会要·食货六》所辑，西汉前后共赈济 37 次。一些地方官也致力于赈济，如河南发生水灾，汲黯"发河南仓廪，以赈贫民"②。汉平帝元始二年（2年），蝗灾后发生瘟疫，政府便及时进行医赈，史载："民疾疫者，舍空邸第，为置医药。"③ 东汉还形成了赈恤的诏令制，即一般情况下，必须见皇帝的诏令才能将官仓中的粮食发放给灾民。如建武六年（30 年），诏曰："往岁水旱，蝗虫为灾，谷价腾跃，人用困乏，朕惟百姓无以自赡，恻然愍之；其命郡国有谷者给廪……二千石勉加循抚，无令失职。"和帝永元十二年（100 年），"赐被水灾民贫者谷，人三斛"④。只有在紧急情况下，才允许地方官吏采取"矫制""专命"等非常方式，提前采取粮食赈济等。施粥则是汉代救灾中常用的办法和措施。《后汉书·陆续传》载："续字智初，会稽吴人也。……仕郡户曹史时，岁荒，民饥困。太守尹兴使续于都亭赋民饘粥……所食六百余人。"目前见到的最早的钱币赈济例子也发生在汉代。如《后汉书·安帝纪》载：建光元年（121 年），因发生水灾，"遣使案行，赐死者钱，人二千"。永建三年（128年）春，"正月丙子，京师地震，汉阳地陷裂。甲午，诏实核伤害

---

① 《宋史·职官三》。
② 《史记·汲郑列传》。
③ 《汉书·平帝纪》。
④ 《汉书·和帝纪》。

者，赐年七岁以上钱人二千"①。汉代以后，不论是中央还是地方政府，都将施粥作为救灾的重要措施。北魏文帝太和七年（483年），"以冀、定二州民饥，诏郡县为粥于路以食之。六月，定州上言，为粥给饥人，所活九十四万七千余口；九月，冀州上言，为粥给饥民，所活七十五万一千七百余口"②。宋代赈恤制度在荒政体系中发挥了重要作用。"大观三年（1109年），江、淮、荆、浙、福建旱……发粟赈之。"③ 赈恤制是元代财政中最有益于人民的一项制度。分蠲免、粮赈、币赈、工赈等多种形式。凡遇水、旱、蝗、风、地震、疫疠等灾害的地区，以及鳏寡孤独人等，皆有灾免或赈贷之举。仅以至元二十九年（1292年）为例，用于赈贷的币钞竟达368428锭，约为当年财政收入的五分之一。

明代统治者还把赈恤法制化了。明代开国君主朱元璋为了能让地方官府及时对灾民进行赈济，他下诏："自今岁饥，先发仓庾以贷，然后闻，着为令。"④ 在古代"着为令"的诏文是正式的法律形式之一。据《续文献通考》记载，明初还制定了赈粮条例："洪武二十七年，定灾伤去处散粮则例，大口六斗，小口三斗，五岁以下不与。"⑤ 对于赈粥，不但设立更加完善的粥厂，明确规定："州县官各于养济院设一粥厂，支预备仓粮，选委二三殷实老人轮日煮粥以济乞丐就食诸人，以至麦熟而止。"⑥ 而且这种赈粥的管理由有司主持，级别分明，效果显著。明代人称这种举措"取用有数，未敢太靡，赈恤有等，不致虚费，简直而奸欺难作，平易而有司可举，此法一行，穷饿垂死之人，晨得而暮即起，其效甚速，其功甚大"⑦。

---

① 《后汉书·顺帝本纪》。
② 《魏书·孝文帝纪》。
③ 《宋史·徽宗纪》。
④ 《明史·食货志》。
⑤ 《续文献通考·记明太祖事》。
⑥ 《西园闻见录》卷四〇。
⑦ 《明经世文编》卷一八三。

第三章 传统环境政治的原则和运行机制

清代统治者对赈恤之事有着清醒的政治认识。康熙说:"赈荒一事,苟非地方官实心奉行,往往生事。盖聚饥寒之人于一乡,势必争夺。明时流贼亦以散粮而起,此不可不慎也。"[1] 据对《清史稿》中本纪的统计得知,清代对灾民的赈济比以往任何朝代都多,仅乾隆年间赈灾的记载就达643处,赈济涉及7657个州县。清代规定,赈济钱粮额一般为大口日给米五合,小口日给米二合五勺,米谷不足银米兼给。清代还按赈恤的时间长短分成"正赈""大赈""展赈"。若地方发生灾害,不论灾害程度和各家受灾的程度,一律赈济一个月,称为"正赈",也叫"普赈"。按照受灾程度和各家贫困的状况加大赈济的力度则为"大赈",并根据具体受灾情况进行分类施赈。如果连年受灾且特别严重则对极贫者加赈五六个月甚至七八个月称为"展赈"。清光绪初年,由于北方大旱,各地靠政府粥厂以维持生命的从开始的4万多人增加到后来的40多万人。[2] 1730年的夏天,山东发生严重水灾,庄稼荡然无存,为救济百姓,朝廷"命载漕米五十万石,派出八旗官员各支库银千两,差大臣分三路往赈饥民"[3]。

因此,从荒政的出现和赈恤机制变迁的基本情况来看,赈恤机制的健全和完善主要发生在生态灾难多发和群发的两汉和明清时期,这反映了制度变迁与生态场域变化存在着一定的互动的关系。赈恤制度是古代响应生态灾难的重要制度保障,它为稳定社会,延续国计民生发挥了重要作用。赈恤思想也是古代仁治天下的生态政治思想的有机组成部分。尤其是从宋开始,一批有识之士即系统地总结和整理源自官方和民间的荒政经验和赈灾措施,并著录成书,至清末民初形成了百余种"荒政"类书籍,如《救荒活民书》《康济录》《筹济编》《荒政辑要》等。它们均被当时的统治者奉为救荒治灾的圭臬和赈济指南,且多次刊行,流传颇广。这是我们建构

---

[1] 《清圣祖实录》卷二六六。
[2] 参见孙绍骋《中国救灾制度研究》,商务印书馆2005年版,第103页。
[3] 同上书,第105页。

当代生态政治文化的独特思想资源。

四 防止生态恶化的四禁制和密折制

四禁制和密折制是在封建专制进一步加强的背景下，为防止生态环境进一步恶化而采取的特殊制度。由于长期屯垦和人为破坏，到清代前期中国的森林已主要集中于东北和西南地区。其他地区的天然林数量所剩有限。清统治者为了保护所谓祖宗的发祥地，维护东北的既有风水，[①]对东北实行所谓"四禁"制度，即在东北禁伐森林、禁采矿产、禁渔猎、禁农牧。据《清史稿》载：顺治元年就以"令"的法律形式封禁了东北地区，规定："各边口内旷土，听兵垦种，不得往口外开垦牧地。"[②]并且在奉天设置篱笆，驻兵防守。乾隆登基后，为了进一步加强对东北山林的保护，下令变更了汉人罪犯的遣发地区。乾隆二十一年（1756年）下令："奉天地方不便安插军流罪犯，嗣后分别等次，改发他省。"

为了彻底禁止移民北徙而加剧破坏森林生态，清政府曾下令："奉天沿海地方官司，多拨官兵稽查，不许内地流民再行偷越出口，并行山东、江、浙、闽、广五省督抚，严禁商船不得夹带闲人。山海关、喜峰口及九处边门，皆令守边旗员沿边州县严行禁阻。"1762年乾隆还颁发了宁古塔等处禁止流民条例。1776年又令全部封禁吉林，认为："吉林原不与汉地相连，不便令流民居住……并永行禁止流民，勿许入境。"嘉庆时，虽然满清政府的统治有所削弱，但仍坚持封禁。嘉庆八年（1803年）下令："山海关外系东三省地方，为满族根本重地，原不准流寓民人杂处其间，私垦地亩，致碍旗人生计，例禁有年……并着直隶、山东各督抚接到部咨，遍行出示晓谕，以见在钦奉谕旨饬禁民人携眷出口。"[③]后来又"着谕直隶、山东、山西各督抚饬各关隘及登、莱沿海一带地方，嗣后

[①] 参见樊宝敏、李智勇《中国森林生态史引论》，科学出版社2008年版，第146页。
[②] 赵尔巽等：《清史稿》卷一二〇。
[③] 《东华续录·嘉庆十五年》。

第三章 传统环境政治的原则和运行机制

内地民人有私行出口者，各关门务遵照定例实力查禁"①。

清朝对东北的四禁制度实行了约170年，直到嘉庆朝后期才有所改变。取而代之的是根据政府政令进行有组织的森林开发和征税的"伐木山场"制度。即由"盛京工部侍郎，掌盛京营作之政令，稽其采伐，制其经费"，在奉天省内共设22处伐木场，"左司郎中，掌分理营作之事，治其木税……凡采木山场二十有二，兴京之界其场九，开原之界其场三，凤凰城之界其场六，岫岩之界其场二，辽阳之界其场二。若商若台丁，皆与以部照而征其税"。② "伐木山场"制度虽然使部分森林因砍伐而遭一定程度的破坏，但大场之外的森林还是得到了保护。如四十八个窝集（林区）仍然保持了"山水灵秀"的特点，"其间有曰窝集者，盖大山老林之名，良由地气浓厚、物产充盈，故材木不可胜用"。"窝集大者千余里，小者亦数百里，绵亘不断，枝木可纠结，翳隆天日。"③ 至鸦片战争期间，在民族矛盾和阶级矛盾双重激化的压力下，东北封禁完全开放，于是林地不断被转化农地，森林资源逐渐减少。因此，四禁制度虽然在指导思想上难免带有崇祖或迷信的色彩，但在客观上对保护东北原始森林发挥了积极作用，也为东北森林的生态效应得以延续到今天奠定了历史前提。

密折制度系清代独创。由于内容大都涉及官场隐私及地方动静，不能公开于众，只能由具折人和皇帝两人知道，这就是密折陈奏。密折制度取消了内阁等许多中间环节，加快了宫廷决策效率，同时也使君主专制主义集权达到了一个新的高度。

值得一提的是密折制度也是地方官员定期奏报雨雪、年成和粮价的制度。它的发端也源于自然灾害的压迫，因为清朝是自然灾害频仍的又一高峰期。从现有资料考察，康熙三十二年（1693年）苏州织造李熙是此事的最早发端者，并得到皇帝的肯定。朱批道：

---

① 《大清会典事例·户部》。
② 《大清会典》卷六十二。
③ 《朔方备乘》考十五《艮维窝集考》。

"五月闻得淮徐以南,时舛候,夏泽愆期,民心惶惶,两浙尤甚,朕夙夜焦思,寝食不安,但有南来者,必问详细,闻尔所奏,少解宵旰之劳,秋收之后,还写奏帖奏来。"① 此后,很多大臣纷纷效行。乾隆时,密折制进一步强化,不但所有督抚必须按时呈报,而且对时间、格式都作了明确的规定。如奏报雨雪,每月上旬奏报上月晴雨粮价,每年四月奏报二麦收成分数,八月报秋禾收成分数。在以小农生产为主体的封建社会中,气候变化直接关系农业的发展,关系国计民生。及时向皇帝报告雨水、年成和粮价信息,使统治者做到心中有数,便于及时调配,作出救灾平籴或蠲免钱粮等决策。这是防治结合重在防的高明一着。密折的妙用表现在两方面:一是如康熙皇帝所言:"诸王文武大臣等知有密折,莫测其所言何事,自然各加警惧修省矣。"二是密折制度可以使皇帝及时、准确地了解全国各地的情况,包括在环境灾难发生和救治的过程中官吏清廉与否等,使皇帝可以得知不少从普通题奏中无法了解的情况,提高了宫廷的决策效率,也强化了君主的权力,使专制主义中央集权进一步得到扩大。因此,密折制度日益得到清朝统治者的青睐。到乾隆十三年,清统治者干脆谕令废止奏本而正式代之以奏折。光绪二十七年,明令废除题本,奏折又取代了题本。

总之,在传统社会应对自然灾难和人为环境问题的各种行为中,环境管理和保护制度的确立与改进最具根本性和全局性,它不仅是人们成功应对环境问题和生态灾难的智慧结晶,也是社会迎接新的挑战的先决条件。制度的形成和特质不仅与一定的社会历史条件紧密相连,也与一定的生态场域密切相关。与此同时,中国传统环境政治的运行机制虽经千年沿革变化,但始终沿袭了"天人合一"的整体思维,具有把天地周行不殆的生态规律作为制度的本原

---

① 《康熙朝汉文朱批奏折汇编》(第一辑),载《编辑说明》,档案出版社1984—1985年版,第5页。

的特征。即《周易》所谓"天地节,而四时成。节以制度,不伤财,不害民"。强调这种制度本原的实质则是坚持天王合一、王权至上,保障的是天子(王者)的创制权而非由人民创制,这是古今环境制度的本质差异所在。

第四章 传统环境保护法规

　　严格按照法律规章运转，是封建科层制的突出特征。中国古代法律有着一整套一脉相承的成文法典，这些法典都经过精心的制定，内部逻辑结构明确，文字洗练，是世界法制史上的杰作。日本学者仁井田曾说，中国在公元6世纪制定的《唐律疏议》，在立法技巧上绝不逊色于欧洲19世纪的刑法典。这些成文法典按照消极防范和正面引导的原则，大致被分为"律"与"令"两大法典体系，同时又有大量的以皇帝名义发布的单行法规加以补充，形成了相当完整的法律体系。中国古代环境法规作为传统法系的一个组成部分，其构成也是如此。

　　古代环境政治体制运行所依据的法律规章以天理、人情、国法的一体化为理念，主要形式有四种：规约、禁令、法律、诏令。先秦时期主要以礼规、禁令为主，秦汉以后以法律、诏令为主要依据，宋以后随着契约关系的发育，乡规民约在环境保护中的地位和作用逐渐上升。

第一节 传统环境保护法规的形成和发展

一 传统环保法规的产生

　　传统社会的环保法规源于古代社会的环境禁忌和夏商周三代礼法合一、以"礼"入法的禁令。从"禹之禁""伐崇令"到《吕氏春秋》《礼记》以及《淮南子》所载"四时之禁"，以禁令和礼制的形式一脉相承地表现了古代中国环境保护的思想和规范环境保护行为的法制化趋向，对秦汉及其后各朝环境保护法规的形成和发展产生了深远的影响。

相传"禹之禁"作为当时社会环境保护的行为规范，其内容曾被西周初年的统治者"冶而铭之金版，藏府而朔之"①。据文献资料记载："旦闻禹之禁，春三月山林不登斧，以成草木之长。夏三月川泽不入网罟，以成鱼鳖之长，且以并农力执成男女之功夫。然则有生而不失其宜，万物不失其性，人不失其事，天不失其时，以成万财。万财既成，放此为人，此谓正德。"② 这表明中国最迟在西周初年就有了类似于现代的春季禁伐、夏季休渔的制度，表达了要尊重生命存在物的生长规律和自然本性，顺天时，尽人事，创造各种财富的生态伦理要求。

《伐崇令》则是周文王在讨伐无德的崇侯时颁布的法令，该令严禁在战争中破坏环境，摧毁生灵，影响人们的日常生计。它要求士兵在攻战中"毋杀人，毋坏室，毋填井，毋伐树木，毋动六畜。有不如令者，死无赦。"③ 这道禁令不仅体现了周文王德及禽兽的崇高王德，更重要的是表明了中国古代较早就注意到了水源保护、动物保护、森林保护与王道政治的关系，懂得用这样的"死命令"来树立王德，维护政治秩序建立的生态基础。

西周统治确立后，周人的变革维新为环保礼制的完善和健全奠定了政治基础。在周王朝经国治民的宪典《周礼》和后世补充解释古礼的文献资料《礼记》中，不但比较详细地记载了当时为保护环境和资源设官分职的情况，而且记录了许多保护环境的礼规和一些违反规定应得的刑罚。

据儒家经典《礼记·月令》记载，周朝已有调控上自天子下至

---

① 孔晁注：《逸周书·大聚解》卷四。
② 同上。
③ 中国大百科全书编辑部编：《中国大百科全书·环境科学》，中国大百科全书出版社1983年版，第502页。

黎民百姓的保护生物资源和遵循自然规律而行政事、农事、祭祀的规约，并根据每一年的时序变化，对司徒、虞衡的活动作了比较明确的规定和安排。例如，在孟春之月，"禁止伐木，毋覆巢，毋杀孩虫、胎夭飞鸟，毋麛毋卵，毋聚大众，毋置城郭，掩骼埋胔。"在"季春之月"，一方面，"田猎罝罘、罗罔、毕翳、餧兽之药，毋出九门。"另一方面，"命野虞无伐桑柘。"在孟夏之月，"命野虞，出行田原，为天子劳农劝民，毋或失时。命司徒巡行县鄙，命农勉作，毋休于都。"在夏季之月，"树木方盛，乃命虞人入山行木，毋有斩伐，可以兴土功，不可以合诸侯，不可以起兵动众。"在仲冬之月，"天子命有司祈祀四海、大川、名源、渊泽、井泉"。"是月也，农有不收藏积聚者，马牛畜兽有放佚者，取之不诘。山林薮泽，有能取蔬食田猎禽兽者，野虞教道之。其有相侵夺者，罪之不赦"。在季冬之月，"命渔师始渔，天子亲往，乃尝鱼，先荐寝庙。"对违规采伐木材者，政府将予以刑罚处置。如"凡窃木者有刑罚"①。

夏商周三代的礼规、刑罚对春秋战国时期各国汹涌的变法浪潮影响深远，很多条文随着社会的法制化而被吸纳进了正式的法律。例如，据说殷商时期曾立有法令"弃灰于公道者，断其手"②。到春秋战国时期，韩非的同学李斯明白指出："商君之法，刑弃灰于道者"③。据《全上古三代文》所载，先秦时期在军队出行誓师时，立下了"不得刈稼穑、伐树木"的军令，并申明"违令者斩"。因此，随着各国制度的变革，礼与法逐渐开始分离。

《秦律》的颁布标志着封建社会礼与法的正式分离，有关环境保护的正式法律条文亦随之产生。《秦律·田律》可以说是迄今为止保存最完整的古代环境保护法律，其保护的对象包括鸟兽、鱼鳖、树木、植被、水道等，并对捕杀、采集的时间和方法也作了具

---

① 《周礼·地官》。
② 《韩非子·内储说上》。
③ 《史记·李斯列传》。

体规定，对违反规定者还明确了如何分辨情况进行分别处理的办法，体现了法律易于执行的特点。例如，1975年12月在湖北云梦县出土的秦简《秦律·田律》有明文规定："春二月，毋敢伐材木山林及雍（壅）堤水。不夏月，毋敢夜（野）草为灰，取生荔……百姓犬入禁苑中而不追兽及捕兽者，勿敢杀追兽及捕兽者，杀之。河（呵）禁所杀犬，皆完入公；其他禁苑杀者，食其肉而入皮。"① 意思是说，春二月不准入山砍伐林木，不准堵塞水道。不到夏季，不准烧野草作肥料，不准采集刚发芽的植物。特别是云梦秦简的《法律答问》中还有一条耐人寻味的材料："者（诸）侯客来者，以火炎其衡厄（轭）。炎之可（何）？当者（诸）侯不治骚马，骚马虫皆丽衡厄（轭）鞅……是以炎之。"其意思是说，《秦律》规定，东方六国的人到秦国来，入秦时必须用火熏其车上的衡轭。为什么要这样做呢？官方的解释是：如果来人不处治马身上的寄生虫，虫子附着在车的衡轭或驾马的绳索上，就会被带到秦国来，所以必须用火来熏。这类似于今天的海关卫生检疫，其蕴含的环保意图十分明显。因此，中国古代的环境立法不仅在秦时已正式开始，而且进入了严格实践的阶段。

秦汉以后，保护环境的法律制度不断完善，《唐律》是中国继《秦律》之后将自然环境保护正式列入国家法律的典范，其环境保护内容的完备远远超过《秦律》。《宋刑统》《至元新格》《大明律》《大清律》都有内容丰富的保护环境法规，依法保护的对象有林木、陂湖、堤防水利、文物及城市环境等。唐律对侵占街巷、穿垣出秽污者有明确的处罚条例。《宋刑统·杂律》仿效唐朝规定："诸穿垣出秽污者，杖六十，主司不禁与罪同"。明清时由于人口的增加，政府加强了对农业环境、矿山开采的整体保护，对官员实行一种类似今天的环境法律问责制。有法律规定"凡部内有水旱霜

---

① 《睡虎地秦墓竹简》整理小组编：《睡虎地秦墓竹简》，文物出版社1978年版，第26—27页。

雹及蝗螟为害,一应灾伤,田粮有司官吏应准告而不即受理申报检踏及本官上司不与委官复踏者,各杖八十"。① 对盗取金、银、铜、锡、水银等矿砂的"俱计赃准盗论"。国民党统治时期,先后颁布了具有近代资产阶级性质的环境保护《渔业法》《森林法》和《狩猎法》等。

经过两千多年的发展和完善,传统环境立法的内容得到了丰富和充实,依法保护山林、禽兽、川泽、堤防水利、城市环境,对失职官员实行法律追究等成为中国传统环境政治的重要传统之一。

二 传统环保法规的基本法理

"法理"也即"法之义"②,是关于法的起源、法的本质与内涵、法的目的与作用、立法原则、法治与人治的关系等诸多问题的法律理论。从现有文献看,中国最早的法学理论萌芽于周代,在此后的理论思考和实践探索中逐渐形成了天理、人情、国法等三位一体的基本法理。它们常常被高悬于古代官府衙门,意在时刻提醒主事的官员们,办理政务应该循照天理,顺应人情,按照国法,不可一意孤行、我行我素。天理、人情、国法相统一的思想基础是君道自然,天地人合一的整体生态政治观。

"天理、人情、国法"作为古代法律制度的基本立法和司法理念,也是生态治理的基本法理。"天理"的内涵之一是指天道、自然的规则。如《庄子·天运》载:"夫至乐者,先应之以人事,顺之以天理"。董仲舒在《春秋繁露》中曰:"援天端,布流物,而贯通其理"。有时也指人天生的善良本性。如《礼记·乐记》:"好恶无节于内,知诱于外,不能反躬,天理灭矣。"后世儒家尤其是宋明理学将两者的意义结合,以天理指代自然界和人类共同的规则,如三纲五常、阳尊阴卑、天地好生、动静相对等人们所认为的最普遍的真理。例如"宽猛相济"的执法理念可以说源自古人对水

---

① 《大清律·户律》卷九。
② 《荀子·君道》。

与火之特性的感悟。据《左传》记载，郑国子产在临终时嘱咐他的继承人子大叔：只有有德行的人才能以宽大政策来使民众服从，否则还不如用凶猛的高压政策为好。其道理如同：烈火熊熊，人们见了都害怕，所以被火烧死的人不多，而水看上去很柔弱，人们都喜欢玩水，结果很多人被水淹死。不过，子产死后，子大叔曾一度实行宽政，结果治安混乱，盗贼横行。于是，子大叔想起了子产的遗言，调动军队，大开杀戒，治安得以好转。孔子对此事发表了评论，并将这种施政原则总结为："宽以济猛，猛以济宽，政是以和"。法家明确肯定法是人为的，在立法时应把顺应自然规律作为重要内容和立足点，同时在司法时要讲天理而体现无私公正，因为天理是不依人的意志为转移的，人"莫之能损益"[①]，天道无私无亲，立法与执法都要循天理而任公不任私。否则就会招致天灾人祸。直到今天，我们碰到某些认为极端不平之事的时候，还会脱口而出"天理难容"。

"人情"是远比天理更为模糊的概念。"人情"原指人类具有的共同情感，即"人之常情"。不过法律实践中所谓"人情"，跟思想家从人性善恶上言"人情"有所不同。在执法实践中所谓"人情"是指不过分，不苛求，存大体，容小过。"己所不欲，勿施于人"，也就是《论语》中的"恕"之道。在儒者看来，法律过于死板、过于严酷，必须要以这样的"人情"来调节。所谓"王法本乎人情"，"人情大于王法"等都是从这个意义而言的。法家也把人情作为法理及立法的原则，因为"法非从天下，非从地出，发于人间合乎人心而已。"[②] 法家还把人性人情归结为一个利字，提出因人情立法就是要抓住人皆好利这一环节，以利为中轴把所有人都带动起来。所谓"明主之道，立民所欲，以求其功……立民所恶，以禁其邪。"[③] "凡治天下，必因人情。人情者有好恶，故赏罚

---

① 《管子·乘马》。
② 《慎子·逸文》。
③ 《管子·明法解》。

可用。赏罚可用则禁令可立，禁令可立而治道具矣。"[1] 与"人情"相近的是"情理"，"情理"在司法中使用时往往可以用来指某种逻辑关系或逻辑推理。所谓"意料之外，情理之中"的司法判决也常常与人情结合在一起。以人情或民情为立法原则这是极其光辉的命题，揭示了民情是法的社会基础这一内在关系。不过，无论是儒家还是法家，其讲人情的最终目的无疑是为君主专制服务。

"国法"在这个原则体系中，虽然只是排于末位，但也表明传统中国是讲法制的，正如韩非所说："人主之大物，非法则术也。"[2] 法、术、势是帝王之具，"君国之重器莫重于令，令重则君尊。""治民之本，本莫要于令。"[3] 因此，在法家眼里，以法治国是维护君主专制和皇家天下最重要的工具。值得注意的是，古代的国法基本是刑律，并无近代宪法意义的法律规定。就功能而言，刑律是君主施行专制统治的工具。所谓"秉权而立，垂法而治"[4]，"法律政令者，吏民规矩绳墨也"[5]。从内容上讲，刑律只规定了惩戒的律条，却没有关于个人权利的规定。所以梁启超说，中国数千年"国为无法之国，民为无法之民。……而其权之何属，更靡论也"[6]。

自汉代董仲舒《春秋》决狱开始，儒家经典竟具有了法典功能，"《春秋》之治狱，论心定罪"[7]，从而促成了刑法的儒学化，刑律退居礼治德化的辅助地位，进而强化了人治的传统。《汉书·刑法志》说："仁爱德让，王道之本也。爱待敬而不败，德须威而久立，故制礼以崇敬，作刑以明威也。"《隋书·刑法志》讲得更明确："礼义以为纲纪，养化以为本，明刑以为助。"礼实际成为君主政治的国家基本法，等级观念则成为人们政治观念的最大桎梏。

---

[1] 《韩非子·八经》。
[2] 《韩非子·难三》。
[3] 《管子·重令》。
[4] 《商君书·壹言》。
[5] 《管子·七臣七主》。
[6] 《论立法权》，载《饮冰室合集·文集之九》，第103页。
[7] 《盐铁论·刑德》。

第四章　传统环境保护法规

三　传统环保法规的基本形式

古代保护环境法规的形式，从广义上说，应该是有律、有令、有礼、有法。从这个角度出发，在研究古代环境保护法规时认"刑"不认"礼"或认"礼"不认"刑"都不符合传统社会环境政治的法治实践。就狭义而言，传统环境保护的法律体系主要由律、令、敕、诏等构成。

"律"是规定人们不准做什么或必须如何做，否则就要处以刑罚的由历代皇朝正式颁布的法律条文。属于刑法典，起到惩治犯罪的作用。所谓"律以正罪名"说的就是这层意思。为了表明政治的合法性和政治上的正统地位，每个朝代开国之初通常会公布一部律典。一般认为，中国古代的律是由战国时魏国法家人物李悝的《法经》一脉相承发展而来的。由于历代都高度重视定罪量刑的"律"，而且历代"律"变化不大，所以保留至今的"律"还有不少。如《秦律》《汉律》《开皇律》《唐律》等。

"令"是指历代皇朝没有直接规定刑罚的、制度性的法律以及其他一些名目。即所谓"令以存事制"。"令"过于琐碎，条文繁杂，每到改朝换代，官职制度一变，"令"就要大改，因此完整保留至今的只有《大明令》，而这部《大明令》却并非典型的"令"。

"诏"是皇帝的指示或决策下达执行的一种方式。据《后汉书》卷1《光武帝纪下》注引《汉制度》的说明，"诏书者，诏，告也，其文曰告某官云，如故事。"它是皇帝指示和决策用的最多的一种文书形式。以诏的方式所下的指示或决策必须明确规定要"着为令"或"具为令"的，并由有关大臣进行整理、提出具体条文，经皇帝批准发布为令，才能真正具有法律性质。例如，西汉宣帝在元康三年（前63年）夏六月下诏曰："令三辅毋得以春夏擿巢探卵，弹射飞鸟，具为令"①。

---

① 《古今图书集成·岁功典·岁功总部汇考二》卷二，第3页。

"敕"在曹魏后主要指皇帝发布的正式指示。在一般情况下并不直接成为单行法规。《唐律》明确规定，皇帝发布的敕只具有特定的、临时的效力，各级官员必须按照敕的指示行事，但是在事后不得援引敕来处理类似的事情，如果法官直接援引敕来裁判案件，就犯下了要判处两年徒刑的罪行。但是，敕在经过一段时间的累积后，由刑部上奏皇帝，将敕整编为单行法规草案，请求皇帝批准发布为"格"（或称"永格"）。敕只有转化为这种"格"，才具有了普遍的、永久的法律效力，成为可以补充律的、与律并行的、正式的单行法规。

秦汉时期，随着统一的君主专制中央集权统治的确立，礼与法正式分离，律、令等成为比较稳定的法律形式。皇帝诏令也具有最高法律效力，不过对"令"的正确理解应该是"天子诏所增损，不在律上者为令"①，即皇帝的诏令已具法律效力，但尚未纳入"律"、仍保持"令"之形式者。出土的公元前四世纪的《秦律·田律》规定："春二月，毋敢伐材木山林及雍（壅）堤水。不夏月，毋敢夜草为灰，取生荔、麛（卵）鷇，毋□□□□□毒鱼鳖，置穽罔（网），到七月而纵之。唯不幸死而伐绾（棺）享（椁）者，是不用时。邑之斨（近）皂及它禁苑者，麛时毋敢将犬以之田。百姓犬入禁苑中而不追兽及捕兽者，勿敢杀追兽及捕兽者，杀之。河（呵）禁所杀犬，皆完入公；其它禁苑杀者，食其肉而入皮。"②

汉武帝兴发各种事业，使律令滋彰，经过张汤、赵禹等人的炮制，武帝时律令达359篇，大辟409条，死罪决事比13472事。到东汉后期，断罪所当由用者达到了26272条、773万余言！法律的健全为虞衡制度的依法行政奠定了基础。汉朝时，以诏令形式出现

---

① 《汉书·宣帝纪》。
② 《睡虎地秦墓竹简》整理小组编：《睡虎地秦墓竹简》，文物出版社1978年版，第26—27页。

的环境保护规定更多。如"汉成帝诏除正旦杀鸡与雀"。① 西汉和东汉皇帝下的"罪己诏",多因天灾人祸而下诏,所以往往带有保护环境和生物资源,调和人与人、人与自然关系的相关内容。如汉武帝晚年对自己好大喜功,穷兵黩武的行为终于有所悔悟。征和年间,他驳回了大臣桑弘羊等人屯田轮台(今新疆轮台县)的奏请,决定"弃轮台之地,而下哀痛之诏"。他"深陈既往之悔",不忍心再"扰劳天下",决心"禁苛暴,止擅赋,力本农,修马复令"。② 这就是历史上著名的《轮台罪己诏》。在宋朝时,据《宋大诏令集》记载,宋太祖曾下禁采捕诏,该诏令规定:春二月,一切捕捉虫鱼鸟兽的工具皆不得携出城外,不得伤害兽胎鸟卵,不得采捕虫鱼、弹射飞鸟,并以此永为定式;宋真宗曾下禁捕山鹧诏,规定"自今诸色人,不得采捕山鹧,所在长吏,常加禁察",这很可能是在山鹧数目锐减、面临灭绝威胁时下达的诏令。秦汉时期诏令所涉及的环境保护规定,内容具体,方便操作,法律性质明确,较好地保障了环境政治体制的依法运行。

唐宋时期,社会的进步使法规的内涵和形式都发生了变化。根据皇帝制度,皇帝仍拥有立法、司法和行政三方面的最高权力。例如,唐高祖入关后,废除隋代旧法,制定新法,"除苛政,约法十二条,唯制杀人、劫盗、背军、叛逆者死,余并蠲除之"。(《唐会要》卷三九《定格令》)同时,皇帝有诛杀和大赦之权,中枢机构中书、门下、尚书三省长官均要对皇帝负责。但是,官僚政治体制的制度创新和权力的外延化,一方面,使皇帝有时也要受到舆论和各种条法的制约。如果皇帝用人不当,负责起草诰词的知制诰和中书舍人可以拒绝,如果皇帝要运用内藏库等经费,外廷大府寺或户部有权进行监督。另一方面,法规的形式更加多样和富于变化。唐代法律形式有律、令、格、式四种,律是刑事法规,令、格、式是

---

① 《古今图书集成·岁功典·元旦部纪事》卷二四,第3页。
② 《汉书·西域传》。

行政法规。唐朝时，令是指国家政治法律制度的设立、废更的诏令，武德中裴寂等在修纂《唐律》时，也修纂了《唐令》；贞观初又令房玄龄等刊定《唐令》。格是国家机关的行政法规。唐代先后制定了《贞观格》18卷（房玄龄等删定）等。唐"格"分别规定了六部二十四司各自的日常办事规章、全国通用的官吏办事规章等。式，是国家机关的公文程和活动细则。唐代有《永徽式》14卷、《唐式》20卷等，规定了尚书省列曹、少府等的活动细则。《唐六典》30卷作为唐代官制的行政法规则规定了唐代中央和地方国家机关的机构、编制、职掌、员额、品秩、待遇等，使科层化政治体制运行的法律规范更加系统和完整，同时开启了古代行政法规与刑典相分离的进程。

宋神宗时，正式将法规的主要形式改为敕、令、格、式，同时保留了律，其内涵与唐有所区别。宋朝规定，如果敕令与律出现抵牾，则依从前者。其中，令是皇帝颁布的各种约束禁止方面的规定；格是有关官民等级和论功行赏等方面的规则、规程；式是有关体制楷模方面的规定，即实行细则，包括各种文书程式。它们都具有法律效力。此外，朝廷临时处置一些事情的措施，后来被相继援用的称为"例"，例分判例（断案的成例）和一般行政等方面的例两种。判例经刑部和大理寺筛选所断刑狱和定断公事（行政诉讼法）编撰颁行后，便具有法律适用的效力，以致达到了法与例并行的程度。

封建时代，不同形式的法规都通过各级司法机构来执行，司法机构的层级不同，职责与权力大小也不相同。例如，秦汉时，基层的亭长、啬夫、游徼之类"听讼"处理一般的刑事与民事案件，没有判刑权力和法定杀人权力。县令长主持一县司法，形成初级审判，可以定罪判刑，但死罪必须上报郡守并经廷尉批复方可执行。郡是地方最高审判一级。案件的审理一般由主管司法的决曹负责。郡守有时也亲自审判一些重大案件，郡中无法审判的疑案则要上报廷尉。但汉武帝以后任用酷吏，允许郡守们采取便宜行事，后斩后奏或斩而不奏。使贪赃枉法之风日益猖獗。廷尉是秦汉时期的最高审判机关，它依照国家法律对发生在朝廷周围的重大案件或地方上送的疑案进行审理。因此，环境法规作为封建社会大一统法系的有机组成部分，其执行也主要靠各级司法机构，主要形式有行政法规和朝廷不断发布的诏、令、制、敕、律、例等。

第二节　传统环境法规的主要内容

环境法调整的是在开发和保护环境过程中发生的人与人、人与自然的关系。无论是过去还是现在，环境法规作为国家法律体系的有机组成部分，它在本质上都是统治阶级意志的集中表现，是经国家机关制定或认可，由国家强制力保证执行，以调整人们之间的关系，改善人与自然之间的关系状态。传统环境法主要内附于整个封建法系，目的是要通过保护环境、维护生态平衡和自然资源的合理利用，以保障经济的永续发展和社会政治的稳定。因此，环境保护法规的主要内容是随着经济和社会政治的需要而不断丰富和发展的。下文重点阐述传统社会在动物保护、山林保护、水土保持、城市环境保护等方面的环境法规。

一　动物保护法规

在动物保护方面，先秦的禁令以禁止获取幼兽和动物卵，不许以毒箭或毒药猎杀动物、鱼类等为主要内容，体现了仁民爱物，可持续利用生物资源的价值选择。《周礼·秋官》中的说掌管沟渎水池的"雍氏"在秋季禁止人们用毒药毒杀池泽中的鱼类。《周礼·王制》则明确规定："不杀胎，不殀夭，不覆巢。"即不杀怀胎之兽，不杀鸟雏，不倾败鸟兽之巢。关于打猎的时间，书中亦作了规定：天子、诸侯在一年之中只有春、秋、冬三季可以打猎，而夏季是动物"生养之时"，因此这一时期不应打猎。捕鱼的时间则限定在冬季："季冬之月……命渔师始渔"[①]。书中对一般民众进行渔猎

[①] 《礼记·月令》。

活动的时间作出了明确规定:"獭祭鱼,然后虞人入泽梁。豺祭兽,然后田猎。鸠化为鹰,然后尉罗……昆虫未蛰,不以火田。"① 獭为一种捕鱼兽,其噬杀鱼类并将捕获之鱼陈列于巢穴四周以备食,犹如人之陈物祭祀。据《礼记·月令》及《孝经纬》,獭祭鱼一般发生在孟春或孟冬,这里是以孟冬而言的。这段禁忌的意思是广大民众进行渔猎活动时要像獭一样,待到深秋或孟冬,自然界的弱肉强食争斗已经普遍展开之时方能进行,这一规定的目的显然是让野生动物有一个相对安定的环境,以促进其繁衍生长。对于自我保护能力较强的飞禽,书中同样作了保护性规定:"鸠化为鹰,然后设尉罗。"②"鸠",即一种名为"爽鸠"的鸟类。"尉"是一种较大的捕鸟网,"罗"是有柄的小捕鸟网。意思是等到爽鸠自己将死的时候,老百姓才能去捕捉。为了保护昆虫,对于焚火烧草的时间也作了限定,"昆虫未蛰,不以火田",即为了保护蚯蚓等地下昆虫,在惊蛰前不允许纵火焚莱草治田,就避免伤害正在冬眠的这些昆虫。在《礼记·月令》中,明确规定,季春之时不准进行渔猎活动:打猎所用的弓矢、兽网及药野兽用的毒药一律不许带出"九门"之外的郊野。

秦汉时期动物保护正式进入法制化阶段,法律保护的生物种类和范围也不断丰富和扩大。《秦律·田律》首次以正式法规的形式,规定了对动物的保护。例如,《田律》规定:"不夏月,毋敢夜草为灰,取生荔、麛(卵)鷇,毋□□□□□毒鱼鳖,置穽罔(网),到七月而纵之。唯不幸死而伐绾(棺)享(椁)者,是不用时。邑之紤(近)皂及它禁苑者,麛时毋敢将犬以之田(猎)。百姓犬入禁中而不追兽及捕兽者,勿敢杀;其追兽捕兽者杀之。河(呵,呵责)禁所(警戒的地区)杀犬,皆入完公;其他禁苑杀

---

① 《礼记·王制》。
② 同上。

者，食其肉而入皮。"① 这一法令声明，不到夏月，不准获取幼兽、鸟卵和幼鸟，不准毒杀鱼鳖，不准设置捕捉鸟兽的陷阱和网罟，到七月解除禁令。住在养牛马之处和其他禁苑附近的人，当幼兽繁殖时，不准带着狗去狩猎。这是迄今所见的、世界上最早的关于保护鸟兽、鱼类的正式法律。

两汉时，汉武帝元封六年（前110年）二月下诏曰："联巡于北近，见群鹤留止，以不网罗，靡所获献。"② 这是汉武帝为保护鹤类而下的具有强制性的不准网罗群鹤的诏令。公元前63年（汉宣帝元康三年），汉宣帝"令三辅毋得以春夏摘巢探卵，弹射飞鸟，具为令"③。这条法令可以说是中国最早保护鸟类的法令。此类法令的颁布虽然主观上是因为认为五色鸟飞来是吉祥之兆，但客观上确实起到了保护鸟类的作用。元始五年（公元5年）以诏书形式颁行的《四时月令五十条》继承和发展了《礼记》《秦律》关于"四时之禁"的法律思想，规定了地方政府逐级上报执行"四时之禁"情况的制度。由于汉朝统治者重视自然环境保护，较好地维护了生态平衡，因此，据史料记载，汉宣帝元年（前73年）夏六月曾出现"神爵集雍"的景况。宣帝三年春，"五色鸟以万数飞过属县翱翔而舞，凤凰集新蔡，群鸟四面行列，以万数"，此种情形尤为壮观。

南北朝时期，法律不但规定了百姓进山砍伐，下水捕捉虫、鱼、鸟兽的时间，而且加强了动物栖息地的系统保护，规定了江、海、田、池的开禁时间。如公元460年宋孝武帝三年秋七月颁诏："水陆捕采各顺时月，其江海田池公家规固者，详所开驰"④。公元464年（宋孝文帝七年）秋七月，孝文帝又下诏曰："前诏江海田

---

① 睡虎地秦墓竹简整理小组：《睡虎地秦墓竹简》，文物出版社1978年版，第26—27页。
② 《汉书·武帝纪》。
③ 《汉书·宣帝纪》。
④ 《宋书·孝武帝纪》。

池与民共利,历岁未久浸以驰替。名山大川往往占固。有习严加检纠,申明旧制"①。这表明南北朝时对鸟兽虫鱼与栖息地及周围生态环境之间的关系有了进一步的认识,保护的范围也由生物保护转向了对江海池田的整体保护,并要求管理江海山川的官吏严格检查纠正,依法执行。与此同时,为了禁止富家子弟玩耍虫、鸟的风气,南朝宋明帝在泰始三年(467年)下诏曰:"'古者衡虞置制,蠡蚳不收,川泽产育,登器进御,所以繁阜民财,养遂生德。倾商贩遂末,竞早争新、折末实之果,收豪家之利,笼非膳之翼,为戏童之资,岂所以还风尚本,损华务实!宜修道布仁以革斯蠹,自今鳞羽毛肴核众品非时月可采,器昧所须,可一皆禁断,严为科制。'"②此诏令重申了古代的虞衡制度,并严禁伤害蝗子、蚁卵及鸟兽等。

  唐宋时期,一方面继续以时禁的方式保护动物,禁止老百姓在春天捕捉鸟兽。如《宋史·高宗本纪》记载:"高宗绍兴二十年(1150年)春三月庚戌禁民春月捕鸟兽。"③另一方面,加强了对牛马等牲畜的立法保护。《唐律》的法律条文明确规定:"诸盗官私马牛而杀者徒二年半"。唐玄宗还下令"禁断天下采捕鲤鱼"。④《宋刑统》专门设立了"厩库律",规定:"诸牧畜产准所除外,死失及课不充者,一牧长及牧子笞三十,三加一等,过杖一百,十加一等,罪止徒三年。羊减三等。"⑤ 应科以"牧畜死失及课不实罪";对"诸供大祀牺牲,养饲不如法,致有瘦损者,一杖六十,一加一等,罪止杖一百。以故致死者,死一等。"则科以"养饲牺牲罪";对"诸乘驾官畜产,而脊破领穿,疮三寸笞二十,五寸以上笞五十。"则科以"乘驾损伤官畜罪";对"诸故杀官私马牛者,

---

① 《宋书·孝武帝纪》。
② 《古今图书集成·禽虫典·禽虫总部汇考一》卷一,第13页。
③ 同上书,第22页。
④ 《唐书·玄宗纪》。
⑤ 《宋刑统·厩库律》卷一五,中华书局1984年版,第231页。

徒一年半。赃重及杀余畜产若伤者，计减价准盗论，各偿所减价，价不减者笞三十。其误杀伤者不坐，但偿其减价"。①"主自杀马牛者，徒一年"②，"诸杀缌麻以上亲马牛者与主自杀同"，"杀自驼骡驴者，决臀杖十七放。故杀他人犬者，决臀杖十五放。杀自己犬者，决臀杖十下放。杀恶畜产者，准律处分"，均予以"故杀误杀官私马牛并杂畜罪"论处。③《宋刑统·贼盗律》则规定："诸盗官私马牛而杀者，徒二年半。如盗马牛，头首处死，从者减一等。盗杀驼骡者，计生时价，估赃钱定罪，各准近敕处分。如有盗割牛鼻，盗斫牛脚者，首处死，从减一等。"④《宋刑统》是宋朝最重要的国家法典，将牛马牲畜纳入法律保护，这是古代动物保护法制化的重大进步，是宋代适应社会私有化、商品化发展的制度创新的重要组成部分。

特别值得一提的是，元代统治者虽然原来是以肉食为主的游牧民族，但入主中原以后，也能适当地注意保护动物，特别是对珍禽异兽的法律保护，如鹰、秃鹫、天鹅、白花蛇等。《大元通制条格》载："真定路打捕总管府捉获货卖兔鹘角鹰人等，都省奏奉圣旨，有海青啊，休教货卖，送将来者。其余鹰鹘，不须禁断"。⑤"……这飞禽行休打捕者，好生禁了者"⑥，"……只禁打捕天鹅、鹆、鸦者"，"罗田县峪生畜白花毒蛇，近因禁捕，以致滋多伤人害畜。今后除每岁额贡依例办纳，余从民便。"⑦在禁猎和禁屠方面，元朝法律规定："道与中书者忽鲁不花为头官员，圣旨到日，照依旧来体例，中都四面各伍佰里地内，除打捕人户依年例合纳皮

---

① 《宋刑统·厩库律》卷一五，中华书局1984年版，第235页。
② 同上书，第237页。
③ 同上书，第238页。
④ 《宋刑统·贼盗律》卷一九，中华书局1984年版，第298页。
⑤ 《大元通制条格·杂令》卷二七，法律出版社2001年版，第287页。
⑥ 同上书，第288页。
⑦ 同上。

货的野物打捕外，禁约不以是何人等，不得飞放打捕野兔。"① "百姓于禁地内打捕野物者，仰管围场官舆，各处有司，一同断罪，得似前断没家产。"② "中书省奏，今年正月五月里，各禁断拾个日头宰杀来，新年里依着那般体例禁断宰杀，怎生？" "一就自三月初一日为始至十五日，大都为各城子里禁断宰杀半月，羊畜等肉休教入街市卖者，也休交买者。"③ 另据《元史》所载，仁宗、英宗二位皇帝就曾经下令禁捕天鹅，仁宗曾下令："禁民弹射飞鸟、杀马、牛、羊当乳者。"④ 又如，大德三年七月，扬州、淮安等地发生蝗灾，有一种名为"鹙"的鸟类捕食蝗虫，元成宗当即"诏禁捕鹙"⑤。建立元朝的蒙古族本以打猎放牧为主要生活方式，但入主中原后，在中原文明的影响下，他们也逐渐懂得了禁捕、禁屠、保护动物资源的重要性。

明朝初年，统治者为了恢复国力，减缓民怨，鼓励农民耕种，也对牛马等畜力进行了较为严格的法律保护。其法律内容主要集中于《大明律》。《大明律》规定："凡牧养马、牛、蛇、骡、驴、羊，并以一百头为率，若死者，损者、失者、各从实开报。死者，即时将皮张鬃尾入官，牛筋角皮张亦入官，其群头，群副，每一头各笞三十，每三头加一等。" "凡群头管领骡马百疋为一群，每年孳生驹一百疋。若一年之内，止有驹八十者，笞五十，七十疋者，杖六十。"⑥ "凡养疗瘦病马、牛、驼、骡、驴不如法，笞三十；因而致死者，一头笞四十，每三头加一等，罪止杖一百。羊减三等。" "凡官马、牛、驼、骡、驴，乘驾不如法，而脊破领穿，疮围绕三寸者，笞二十；五寸以上，笞五十。若牧养瘦者，计百头为率，十

---

① 《大元通制条格·杂令》卷二八，法律出版社 2001 年版，第 313 页。
② 同上书，第 315 页。
③ 同上书，第 318 页。
④ 《元史·英宗纪·仁宗》。
⑤ 《元史·成宗纪》。
⑥ 《大明律·兵律四·厩牧》卷一六，法律出版社 1999 年版，第 119 页。

头瘦者，牧养人及群头、群副，各笞三十。"①对于饲养这些牲畜，如有出现消瘦的情况，都要给予处罚，可见其规定之严格。"凡私宰自己马牛者，杖一百……误杀者，不坐。""若故杀他人马牛者，杖七十，徒一年半。""若故杀缌麻以上亲马、牛、驼、骡、驴者，与本主私宰罪同。"②对于故意宰杀牛马的，不论是自己的，还是他人的，都要给予严厉的处罚。而对于盗窃牲畜或盗窃后宰杀者，同样予以严厉惩罚。"凡盗马、牛、驴、骡、猪、羊、鸡、犬、鹅、鸭者，并计赃，以窃盗论"，"若盗马、牛而杀者，杖一百，徒三年。"③这些法律规定是明初休养生息思想的有机组成部分，是小农经济恢复正常、有序发展的重要制度保障。

清代《大清律例》是中国古代最后一部综合性封建成文法典，它集历代封建法律之大成，律例所载，严密周详。关于禁止宰杀马牛等牲畜的法律同样有律有例。例的补充使律的内容更加清楚明白，并便于断案执法。例如，《大清律例》规定："凡私宰自己马牛者，杖一百；驼骡（luó）驴，杖八十；筋角皮张入官，误杀及病死者不坐。若故杀他人马牛者，杖七十，徒一年半；驼骡驴，杖一百［官畜产同］；若计赃重于本罪者准盗论［追价给主系官者，准常人盗官物断罪并免刺］；若伤而不死，不堪乘用及杀猪羊等畜者，计［杀伤所］减［之］价亦准盗论各追赔所减，价钱［完官给主］价不减者，笞三十；其误杀伤者，不坐罪；但追赔减价。为从者［故杀伤］，各减一等［官物不分首从］。若故杀缌麻以上亲马牛驼骡驴者，与本主私宰罪同［追价赔主］，杀猪羊等畜者，计减价坐赃论罪，止杖八十；其误杀及故伤者，俱不坐，但各追赔减价［还畜主］畜主赔偿所毁食之物［还官主］。"④"凡屠户将堪用牲畜买去宰杀者，虽经上税仍照故杀他人驼骡律，杖一百；若将窃

---

① 《大明律·兵律四·厩牧》卷一六，法律出版社1999年版，第120页。
② 同上书，第121页。
③ 《大明律·刑律一·贼盗》卷一八，法律出版社1999年版，第141页。
④ 《大清律例》卷二一。

盗一体治罪,如窃盗罪,名轻于宰杀者,仍从重;依宰杀本例,问拟免刺不得以盗杀论。"① 对屠户宰杀牛马也予以了严格的限制,如果出现屠户宰杀盗窃来的牛马,就会被处以盗窃罪。"凡宰杀耕牛,私开圈店及贩卖与宰杀之人,初犯,俱枷号两个月,杖一百;若计只重于本罪者,照盗牛例治罪,免刺罪止杖一百,流三千里;再犯,发附近充军,杀自己牛者,枷号一个月,杖八十;其残老病死者,勿论。失察私宰之地方官,照失察宰杀马匹例,分别议处,若能拏获究治免其处分。"② "开设汤锅宰杀堪用马一二匹者,枷号四十日,责四十板;三四匹者,杖六十,徒一年;五匹以上,每马四匹递加一等,至三十匹者,杖一百,流三千里;三十匹以上者,发云贵两广烟瘴少轻地方交与地方官严行管束〔若旗人有犯,亦计匹论罪,一匹至四匹者,俱枷号四十日;五匹以上,每四匹递加一等,加枷号五日;至三十匹以上者,发黑龙江当差〕;牙行及卖马之人知情者,照数各减,宰马人罪,一等至三十匹以上者,堀发近边充军,其徒罪以下再犯及知情卖与者,俱不计匹数,堀发近边充军,失察之地方官,按数分别议处。"③ 这说明对耕牛和马匹的法律保护更为严格,不论是参与宰杀之人,还是参与贩卖之人,以及失察的官员,均会受到比较严格的处理。

在捕获动物的方式上,一方面,强调,"天子不合围,诸侯不掩群"④。也就是说在狩猎时要网开一面,在动物群聚之时不要合扑、全歼。例如,公元575年北齐后主武平五年二月下诏:"禁网捕鹰鹞及蓄养笼放之物。"⑤ 唐朝时,"为了京城的政治安全和生态保持,唐代宗(769年)下诏明令:"禁畿内弋猎"。唐高宗咸亨四年(674年)下诏:"禁作簺捕鱼、营圈取兽者。"⑥ 即禁止使用竹

---

① 《大清律例》卷二一。
② 同上。
③ 同上。
④ 《礼记·王制》。
⑤ 《北齐书·后主纪》。
⑥ 《古今图书集成·禽虫典·禽虫总部汇考一》卷一,第13页。

木编成的捕鱼工具"篧"。公元 775 年又下令"禁畿内渔猎、采捕,自正月至五月晦,永为常式"。① 辽的统治者则禁止用放火的方式来捕杀怀孕的鸟兽。辽道宗清宁二年(1056 年)夏四月下诏说:"方复长养鸟兽孳育之时,不得纵火于郊。"② 特别是金世宗大定九年(1169)还制定了网捕走兽法,规定"以尚书省定网捕走兽法或至徒。上曰:'以禽兽之故而抵民以徒是重禽兽而轻民命也,岂朕意哉!自今有犯可杖而释之。'"据《石琚传》载:"琚拜尚书右丞时,议禁网捕狐兔等野物,累计其获或至徒罪。琚奏曰:'捕禽兽而罪至徒,恐非陛下意,杖而释之可也。'上曰:'然'"。金世宗大定二十五年又下诏曰:"冬月雪尺以上不许用网及速撒海,恐尽兽类。"③ 金章宗即位后也下谕"不得用网捕野物"。④ 对家禽、野生天鹅及其他动物也实行禁捕、禁杀和禁射,对益鸟更是多加保护。公元 1274 年(元世祖至元十年)九月,"禁京畿五百里内射猎"。公元 1288 年(元世祖至元二十五年)敕曰:"敕江、淮勿捕天鹅",并在同年下诏敕说:"禁捕鹿羔"。⑤ 由于在发生蝗灾时,发现鹙鸟能啄食和扑杀蝗虫,公元 1299 年元成宗"诏禁捕鹙"⑥。

另一方面,根据动物生长的季节性规律,规定了田猎活动的类型。春季曰"搜",即搜索,意为春天打猎须搜索择取不孕之兽;夏季称"苗",意为替禾苗除野兽之害;秋季叫"狝",狝,即杀也,以杀为名,表示顺应秋杀之气。冬季谓"狩",即围捕之意,因冬季万物已过生长期,故均可猎取而无所择。

二 山林保护法规

在保护山林植被方面,一是法律严禁对山林资源乱砍、滥伐。

---

① 《唐书·代宗纪》。
② 《古今图书集成·禽虫典·禽虫总部汇考一》卷一,第 19—20 页。
③ 同上书,第 23 页。
④ 同上书,第 14 页。
⑤ 《元史·世祖纪》。
⑥ 《元史·成宗纪》。

《管子·地数》记载:"有动封山者,罪死而不赦,有犯令者,左足入,左足断;右足入,右足断。"① 这种严刑峻法的思想可能也只有在重刑的社会政治思潮中才会出现。西汉的统治者在重视予民休养生息的同时,高度重视山林植被的保护。公元前 110 年(汉武帝元封六年)春正月令:"无伐树草木"②。《唐律》对乱砍滥伐树木者处罚极重:"诸弃毁官私器物及毁伐树木、稼穑者,准盗论。"③ 公元 725 年(唐玄宗开元十三年)唐玄宗封泰山,"令近十里禁樵采"④。对毁坏树木的行为,《宋刑统·杂律》明确规定:"诸弃毁官私器物及毁伐树木,稼穑者,均盗论……"⑤ 也就是说,对毁坏树木的人要比照盗窃罪进行处理。《大明律》《大清律例》也有诸如此类的规定。清朝的《大清律例》主要以例的形式来禁止滥伐树木,确定法律处罚标准。例如《大清律例》规定:"近边分守武职并府州县官员禁约,该管军民人等,不许擅自入山,将应禁林木砍伐贩卖,若砍伐已得者,问发云南两广烟瘴稍轻地方充军,未得者,杖一百徒三年;若前项官员有犯俱革职,计赃重者,俱照监守盗律治罪;其经过关隘河道,守把官军知情纵放者,依知罪人不捕罪律治罪,分守武职并府州县官交部分别议处。"⑥ 特别是清朝政府还用法律形式将凭票砍伐制度固定下来,规定"盛京各处,山场商人领票砍伐木植,如有夹带偷砍果松者,按照株数多寡定罪;砍至数十根者,答五十;百根者,杖六十;每百根加一等罪;止杖一百,徒三年,所砍木植变价入官。"⑦ 也就是说,清朝对林木如同人参一样实行票据管理,无票砍伐则被视为非法,既要受到法律严惩,还要没收非法所得归官府所有。在矿山开发与保护方

---

① 《管子·地数》。
② 《汉书·武帝纪》。
③ 《唐律疏义·杂律》。
④ 《唐书·玄宗纪》。
⑤ 《宋刑统·贼盗律》卷一九,中华书局 1984 年版,第 442 页。
⑥ 《大清律例》卷九。
⑦ 《大清律例》卷二四。

面，《大清律例》规定，"凡盗掘金、银、铜、锡、水银等矿砂，每金砂一斤折银一钱五分；银砂一斤折银五分；铜、锡、水银等矿砂一斤折银一分一厘五毫，俱计赃准盗论"。

二是劝课农桑，鼓励并支持植树造林。在"文景之治"时，汉文帝即位第二年（前178年）就下诏，令民种树。由于收效不大，在公元前167年（即文帝十二年），文帝又下诏说："吾诏书数下劝民种树，而功未兴，是吏奉吾不勤，而劝民不明也"①，要求官吏以身作则，植树造林。东汉的光武帝在公元57年（光武帝中元二年十二月）下诏劝课农桑，诏文曰："方戒节，人以种桑，勅有司务顺时气，使无烦扰"。公元58年，他再次下诏要"有司其勉时气，劝督农桑。"②据考古发现，汉朝时中国的西域古国——尼雅（在今新疆民丰县北）的"森林法"规定："砍他人之树，非法；将活树连根砍断，罚马一匹；将活树树枝砍断，罚母牛一头。"这部森林法是尼雅人与风沙作斗争的经验结晶，被称为世界上第一部森林法。北魏孝文帝曾把植树造林作为法律内容，规定"男夫一人，给田二十亩，课莳余，种桑五十树，枣五树，榆三根……限三年毕，不毕，夺其不毕之地"。③元代《大元通制条格》对官民都提出了农桑种植要求，"官民栽植榆、柳、槐树，令本处正官提点本地分人护长成对。"④"每丁周岁须要刨栽桑责贰拾株，或附宅栽种地桑贰拾株，早供蚁蠶食用。其地不宜栽桑枣，各随地土所宜栽种榆柳等树，亦及贰拾株。若欲栽种杂果者，每丁衮种壹拾株。皆以生成为定数，自愿多栽者听。"⑤"近水之家又许凿池养鱼并鹅鸭之类，及栽种莳莲藕、鸡头、菱芡蒲苇等，以助衣食。"也就是说，元代虽然没有明确的环境保护机构，但却明确规定地方"正官"要

---

① 《汉书·文帝纪》。
② 《汉书·光武纪》。
③ 《魏书》卷一一〇。
④ 《大元通制条格·田令》卷一六，法律出版社2001年版，第192页。
⑤ 同上书，第194页。

亲自负责官民种树，还必须安排专人保护所栽种的树木，以保障其成长。特别是规定每个年满一周岁的男孩就有植树之责，这充分表明了元代统治者植树造林，强化林业的意识。同时，元代对破坏农桑的行为均明文禁止。规定"诸军马营寨及达鲁花赤，官民官、权豪势要人等，不得恣意从头疋损坏桑枣，踏践田禾，骚扰百姓。""从今已后，依在先圣旨体例里，不拣是谁，休教契了田禾，休教踏践了田禾，休教损坏了树木。""农桑，衣食之本……诸官豪势要，经过军马及昔宝赤、探马赤喂养骆驼人等，索取饮食、草料，从放头疋，食践田禾桑果者，所在官司断罪赔偿。"①

明朝开国皇帝朱元璋在制定《大明律》时，将林木保护与劝课农桑相结合，规定："凡里长部内已入籍纳粮当役田地，无故荒芜及应深种桑麻之类而不种者，俱以十分为率，一分笞二十，每一分加一等，罪止杖八十"。"凡弃毁人器物，及毁伐树木稼穑者，计赃，准盗窃论，免刺，官物加二等"。②"凡盗田野谷麦菜者，计赃准窃盗论"③。据《明会典》记载，公元1395年，明太祖"令天下百姓务要多栽桑枣，每一里种二亩……每一户初年二百株，次年四百株，三年六百株，栽种过月造册回奏，违者发云南金齿充军"④。清朝皇帝曾发布一些鼓励植树的诏令。例如，康熙十七年（1678年），清圣祖治理河患的诏令："按里设兵，分、驻运堤，自清口至邵伯镇南，每兵管两岸各九十丈，责以栽柳蓄草，密种菱荷蒲苇，为永远护岸之策"⑤。清世宗雍正二年（1724年）谕令："舍旁田畔，以及荒山旷野，量度土宜，种植树木。桑柘可以饲蚕，枣栗可以佐食，柏桐可以资用，即榛杂木，亦可以供炊爨，其令有司督率指画，课令种植。仍严禁非时之斧斤，牛羊之践踏，奸徒之盗

---

① 《大元通制条格·田令》卷一六，法律出版社2001年版，第202页。
② 《大明律·户律二·田宅》卷五，法律出版社1999年版，第54页。
③ 《大明律·贼盗律》。
④ 徐溥：《明会典》卷一六三。
⑤ 《清史稿·志一百二》卷一二七。

第四章 传统环境保护法规

窃,亦为民利不小。"还告诫地方官员要"各体联拳拳爱民之意,实心奉行"①。此外,清朝还规定山林管理由地方官负责,鼓励和支持地方政府、社团、个人积极参与山林保护和植树造林,以乡规民约的方式保护山林植被,因此出现了大量的护林碑。

三是对陵园植被和生态资源进行整体保护,通过法律规定实行禁伐、禁采、禁烧、禁盗。公元496年,北魏孝文帝诏令"汉魏晋诸陵,百步内禁樵苏",如若伐树,则"保其妻小皆遣之"。在唐代,对太庙、宫室、陵园严格保护,凡盗伐园陵林木者要受到特别严厉的惩罚。《唐律》规定:对"阑入太庙门及山陵兆域门者,徒二年;越垣者,徒三年。""阑入宫门,徒二年。殿门,徒二年半。持杖者,各加二等。入上阁内者,绞;若持杖及至御所在者,斩。""诸盗园陵内草木者,徒二年半"。对陕西的轩辕黄帝陵,《唐律》声明对此林中用弹弓打鸟、执斧斤伐坏林木者"均须拿到官府断罪"。②"诸于山陵兆域内失火者徒二年,延烧林木者流二千里"。③宋辽时期,除了有类似陵墓林的规定外,还对皇帝出生地林木也实行了禁伐。《宋刑统》以"贼盗罪"的类罪名对盗园陵内草木的人进行处罚,如《宋刑统》规定:"诸盗园陵内草木者,徒二年半。若盗他人墓茔树者,杖一百。"④据《辽史·地理志》记载:"辽穆宗因其父辽太宗出生建州,诏令:建业四面各三十里禁樵采放牧",以纪念其父。元朝对陵墓内失火者也制定了处罚条例。元代刑律规定,若陵内失火延烧林,杖一百,流二千里。对购买坟头树木的人规定:"根底要罪过,行文书禁断者"。⑤明朝除严禁盗伐林木外,还不准在林中"开窑冶",以保护植被的完整性。同时,还常有"锦衣卫队官校巡视陵墓,以防止破坏行为。"⑥这样的锦衣卫实则

---

① 《清世宗实录》卷一六。
② 《唐律疏议·杂律》。
③ 长孙无忌:《唐律疏议·杂律》卷二七。
④ 《宋刑统·贼盗律》卷一九,中华书局1984年版,第298页。
⑤ 《大元通制条格·田令》卷一六,法律出版社2001年版,第209页。
⑥ 《明史·职官志》。

是执法者或监督执法的人。正因为有这样的陵墓林保护法规和措施，客观上使这些陵园成了自然保护区，才使得中国历代君王陵墓大多能保留至今，其良好的生态环境成为现代旅游的独特资源。

三 农田水利保护法规

保护水土和保障农田水利方面的法令在两千多年的封建时代始终不绝于书。在周文王伐崇侯时，就下令"毋填井"。此后，在周王朝的统治机构中还出现了专门负责改良土壤的"草人"①，并立有"禁野之横行径逾"的条令，即禁止在野地从田中横过或穿越沟渠堤防。② 对于那些无故不承担国家所规定的种田植树任务的人，周王朝的惩罚制度是："凡宅不毛者，有里布；凡田不耕者，出屋粟。"③ 换句话说，住宅周围不种桑树者仍按住宅占地面积的标准纳税；有田不耕使之荒芜者，罚以三家之税粟。住在山林的居民，凡是"不耕者，祭无盛；不树者无椁。"意思是不耕田者，祭祀不能用祭谷；不种植木，死后有棺而不能用椁。④ 春秋战国时，各国都非常重视兴修水利、改良土壤和保护水资源。公元前651年，诸侯国葵丘会盟，相约"毋雍泉"⑤。先秦的禁令、盟约一方面反映了农田水利法制化的现实需要，另一方面为封建社会农田水利法规的制定奠定了基础。

"明法度、定律令"的秦王朝把农田水利保护正式纳入了封建法系。《田律》中明确规定："春二月，毋敢伐木山林及雍堤水"。汉代时，出现了《汉水令》这样的地方性水利法规，对规范灌溉用水，缓解用水矛盾起到了积极的作用。南北朝时不仅下令保护江、海、池、田，规定了开禁时间，而且细化了保护对象。公元558年

---

① 《周礼·地官》。
② 同上。
③ 《周礼注疏》卷一三。
④ 同上书。
⑤ 徐乾学：《五礼通考》卷二二九。

第四章 传统环境保护法规

齐文宣帝天保八年夏四月诏曰："诸取虾蟹、蚬、蛤之类，悉令停断。诸公私鹰鹞亦禁断。"公元559年齐文宣帝又下诏说："限仲冬一月燎野，不得他时行火，损昆虫草木"。这对保护农桑，维护江、海、池、田的动植物生态平衡，加强防火防灾等都具有极其重要的意义。

唐宋时期是封建法系中水土和农田水利保护法规创新与完备的重要时期。唐王朝强调持平用法，依律断罪，不但以隋朝的《开皇律》为蓝本制定了《唐律》即《唐律疏议》，实现了中国封建时代法典的空前成熟，还制定了一部以行政法为主要内容的《唐六典》。这两部文献都有关于水土资源保护和利用的法律规定。为了保护山泽、陂湖资源，《唐律疏议》明确规定："诸占固山野陂湖之利者，杖六十"；"诸不修堤防及修而失时者，主司杖七十；毁害人家，漂失财物者，坐赃论减五等；以故杀伤人者，减杀伤罪三等。即水雨过常，非人力所防者，勿论。"① 换言之，对于不修堤防或未能及时修筑好堤坝者，给予主管官吏七十棍的处罚，如果造成他人财产损害的，则以减五等之后的偷盗罪来论处，造成人员伤亡的，以减三等的杀伤罪论处。因自然因素如暴雨等造成人财物损害的可以不追究法律责任。对于决堤偷水的行为，无论因公因私均按偷盗罪处理。"诸盗决堤防者，杖一百；若毁人家及漂失财物者，赃重者，坐赃论；以故杀伤人者，减斗杀伤罪一等，若通水入家，致毁害者，亦如之。"② 《唐六典》对于灌溉用水之争作了明确规定，"凡水有溉灌者，碾硙不得与争其利，溉灌者又不得浸人庐舍，坏人坟，隧仲春乃命通沟渎，立堤防，孟冬而毕，若秋夏霖潦泛溢冲坏者，则不待时而修葺，凡用水自下始。"③ 这不但确定了用水的秩序，而且指出了灌溉用水中的责任，并高度重视水利的维护。唐朝的《水部式》则第一次以国家法律的形式确立了水利制度，成为传统中国社会第一部水法。在保护农田方面，唐律严罚荒废农田

---

① 长孙无忌：《唐律疏议·杂律》卷二七。
② 同上。
③ 张九龄等：《唐六典》卷七。

者，规定："诸部内田畴荒芜者，以十分论，一分笞三十，一分加一等，罪止徒一年。"另外，严禁"非时烧田"，规定："诸失火及非时烧田野者，笞五十"。① 此外，唐律还强调农田道路的绿化，对田宅等相关民事诉讼也实行时禁。《唐律》规定，"诸侵巷街、阡陌者，杖七十。若种植垦食者，笞五十。各令复故。虽种植，夫所妨废者，不坐。其穿垣出秽污者，杖六十；出水者，勿论。主司不禁者，与同罪。"《唐律·杂令》还规定："诸诉田宅、婚姻、债负，起十月一日，至三月三十日检校，以外不合。若先有文案，交相侵夺者，不在此例。"

宋朝关于农田水利灌溉的法规进一步创新和完善。王安石变法颁行了一个全国性的《农田水利约束》法规，并产生了良好的社会生态效益。使"数年间，诸路凡得废田万七百九十三处，三十六万一千一百七十八顷有奇，而民给役劳扰。"②《庆元条法事类·农桑门·农田水利》中的"河渠令"则使水利灌溉变得更加有序，它规定："诸以水溉田，皆从下始，仍先稻后陆。若渠堰应修者，先役用水之家。其碾硙之类奎水，于公私有害者除之。"③ 同时，以《唐律》为参照，《宋刑统·户律》规定："所有论竞田宅、婚姻、债负之类，取十月一日以后，许官司受理，至正月三十日住接词状，三月三十日以前断遣须毕，如未毕，具停滞刑狱事由闻奏。如是交相侵夺及诸般词讼，但不干田农人户者，所在官司随时受理断遣，不拘上件月日之限。"就是说，宋代规定从农历每年二月初一至九月三十日为田宅、婚姻等民事诉讼的务限期，在务限期内不得受理民事诉讼，以免妨碍农事。《宋刑统·杂律》则规定"诸占固山野陂湖之利者，杖六十。"为防止水土流失和山林火灾，切实保护林木资源，宋朝法律规定："诸于山林兆域内失火者徒二年，延烧林者，流二千里，杀伤人者，减斗杀伤一等，其在外失火而延烧

---

① 长孙无忌：《唐律疏议·杂律》卷二七。
② 陈邦瞻：《宋史纪事本末》卷八。
③ 转引自王继和《我国古代水法的历史沿革》，《水利天地》2002年第10期。

者，各减一等。"① 并明令："诸荒田有桑枣之处，皆不得放火。"②

清代在保护农田水利方面，《大清律例》主要以律的形式维护河防，保障防洪、灌溉和人民财产安全。"凡不［先事］修［筑］河防及［虽］修而失时者，提调官吏各笞五十；若毁害人家漂失财物者，杖六十；因而致伤人命者，杖八十；若不［先事］修［筑］圩岸及［虽］修而失时者，笞三十；因而没田禾者，笞五十；其暴水连雨损坏堤防，非人力所致者，勿论。"③ 这里明确把河防的修缮规定为提调官吏的职责，如果失职将追究法律责任。这种官员问责制体现了一种防治结合重在防的水利意识，值得借鉴和发扬。对于决堤偷水者，清朝规定："凡盗决（官）河防者；杖一百；盗决（民间之）圩岸、陂塘者，杖八十；若（因盗决而致水势涨漫），毁害人家及漂失财物、淹没田禾，计物价重（于杖）者，坐赃论。"④ 在务限的规定方面，《大清律例》的内容比唐宋法律更为具体："每年自四月初一日至七月三十日，时正农忙……其一应户婚、田土等细事，一概不准受理。自八月初一以后，方许听断。若农忙期内受理细事者，该督抚指名题参。"但《大清律例》"条例"也作出以下变通规定："州县审理词讼，遇有两造俱属农民，关系丈量踏勘有妨耕作者，如在农忙期内，准其详明上司，照例展限至八月再行审断。"在非放告期内，"若查勘水利界址等事，现涉争讼清理稍迟必致有妨农务者，即令各州县亲赴该处审断速结……"此外，如发生抢亲、赖婚、强娶、田地界址、买卖未明等纠纷，"若不及早审理，必致有争夺之事"，影响社会秩序，则不受"受理期间的限制"。因此凡告"婚姻、田宅等事不受理者，各减犯人罪二等，并罪止杖八十。受财者计赃，以枉法从重论"。同时也禁止州县官于隆冬岁暮之际，"照农忙之例，停讼展限……违者照例

---

① 《宋刑统·杂律》。
② 同上。
③ 《大清律例》卷三九。
④ 同上。

揭参"。

传统社会对于水土资源和农田水利的法律保护，主要是出于发展农业生产和生活的需要，目的在于维护专制统治赖以生存和发展的生态及经济基础。

四　城市绿化和环境保护法规

在古代城市的发展过程中，人们对城市环境问题的法律关注比较侧重于垃圾处理、污水处理、街道绿化和违规建筑等方面。

在垃圾处理方面，早在先秦就有严刑峻法，即所谓"殷之法，刑弃灰于公道者断其手"[1]；"秦人自商鞅以来，以严刑峻法督责天下，弃灰于道者诛"。[2] 也就是说，对乱倒垃圾的人不惜用严刑。对于污水处理、街道绿化和违规建筑，唐律明确规定："诸侵占巷街阡陌者杖七十，若种植垦食者笞五十，各令复故，虽种植无所妨废不坐，其穿垣出秽污者杖六十，出水者勿论，主司不禁与罪同"[3]。公元731年（开元十九年），唐玄宗颁令："京、洛两都是维帝宅，街衢坊市固须修筑，城内不得穿掘为窑、烧造砖瓦，其有公私修造不得于街巷穿坑取土"[4]。公元740年，唐玄宗"令两京道路并种树"[5]。公元773年唐代宗敕曰："诸道路不得砍伐树木"。公元767年，唐代宗又下敕文："诸坊市街曲，有侵街打墙，接庐造舍等，并令毁折……如有犯者，科违敕罪，其种树栽植，如闻并已滋茂……不得使有砍伐，致令死损"[6]。公元796年，唐德宗贞元十二年，"令官街树缺，所司植榆以补之"；公元835年，唐文宗太和九年八月下敕："诸街添补树，并委左右街使栽种，仍限八月

---

[1] 马骕：《绎史》卷九五。
[2] 林之奇：《尚书全解》卷五五。
[3] 《唐律疏议·杂律》。
[4] 《唐会要·街巷》。
[5] 同上。
[6] 同上。

第四章　传统环境保护法规

栽毕"。① 这些诏、敕充分体现了唐朝历代帝皇对城市绿化造林、保护环境的重视，而且在法律和制度上赏罚分明。如公元842年唐代宗敕令曰："旧课种桑，比有敕命，如能增数，每岁申闻，近知并不遵行，参加翦伐，列于廛市，卖作薪蒸，自今委所由严切禁断。"② 宋朝基本上沿用了唐律对城市卫生和绿化的法律规定。如《宋刑统·杂律》也规定："诸穿垣出秽污者杖六十，主司不禁与罪同"。这是中国封建法律又一次明确规定在城市有敢穿穴墙垣放污秽之物于街巷而污染环境的人，要处杖刑六十，管理环境的官吏不禁止的要与犯人同罪。其保护城市环境的法律意义显而易见。

清朝时，不仅对城市污秽物排放进行法律严禁，而且对城市的违章建筑立法整治，对京城的重要区域进行立法保护。《大清律例·工律》明确规定："凡侵占街巷通路而起盖房屋及为园圃者，杖六十，各令复旧，其穿墙而出秽污之物于街巷者，笞四十，出水者，勿论"。③ 同律的条例还具体规定："在京城内外街道若有作践掘城坑坎淤塞沟基盖房侵占，或傍城使车撤放牧口损坏城脚及大清门前御道基盘开护门栅栏，正阳门外御桥南北门月城，将军楼，观音堂，吴王庙等处作践损坏者俱问罪枷号一个月发落"。这些法律规定不仅丰富了城市立法的内容，而且反映了立法和法治与时俱进的内在规律性。因为清朝时人口迅速增长、城市化速度较快，对城市进行综合化依法治理成为必然。

第三节　传统环境保护法规的特点和作用

一　坚持立法和执法的一贯性与长期性

在两千多年的封建农业社会中，一方面，从立法的角度来看，皇帝始终是环境保护的法权拥有者，大部分皇帝也高度重视环境保

---

① 《唐会要·街巷》。
② 同上。
③ 《大清律例》卷三九。

护立法，分别以诏、敕、律、令等多种形式三令五申加强环境保护，督促各级官吏依法执行；在立法内容中，始终坚持了时禁的思想和对森林乱砍滥伐的禁止，始终坚持了对鸟、兽、虫、鱼和山川田池的保护；在执法中以刑杖为主，赏罚分明。另一方面，虽然历史上也不乏暴殄天物之君和战乱杀伐之时，但历朝历代还是长期坚持了对环境保护的依法管治。汉朝自文帝至宣帝一百零六年，坚持依法保护自然环境，使汉章帝时出现了"群鸟万数翱翔飞舞，林茂粮丰"的生态景象。魏晋南北朝时，尽管遭遇了前所未有的大分裂和大动荡，但各朝统治者都重视环境立法和自然保护，不仅以田制立法的形式要求农民植树造林，而且规定军队也要栽种树木。如公元538年冬十月，周文帝领兵六千与齐军开战并取胜后，"准当时兵士，人种树一株"[①]。虽然周文帝宇文泰栽树是为了以旌其功，但客观上强化了中国植树造林的传统，促进了栽种林木保护环境新阶段的到来。

　　唐朝经济社会的繁荣发达与良好的生态环境保护密不可分。《唐律疏议》是中国现存最完整的法律；其内容共有条文500条。它是继《秦律》之后将自然环境保护正式列入国家法律的典范，其环境保护内容的完备远远超过《秦律》。它不仅有保护林木不被侵犯，还有鼓励栽种林木绿化城市的法规，不仅有保护花草、虫、鱼、鸟兽，还有鼓励种植、饲养、繁殖的法规；特别值得提出的是对城市环境的保护法规，此外对山川、湖泽、水利堤防和文物的保护皆有法律规定。法律保护了自然环境，良好的生态效益则促进了唐代社会经济的繁荣。宋元明清时，虽然民族矛盾、阶级矛盾异常尖锐，但以立法和诏令等形式保护自然环境、维护生态基础的法治传统没有改变。《宋刑统》作为中国历史上第一部刊印颁行的法典，收录了大量敕、令、格、式，其环境保护的相关法律内容主要以刑事法制的制裁方式体现出来。如保护牛马牲畜的刑律规定：

---

① 《周书·文帝纪》。

"诸牧畜产准所除外，死失及课不充者，一牧长及牧子笞三十，三加一等，过杖一百，十加一等，罪止徒三年。羊减三等"。① 宋以后的《大元通制条格》《大明律》《大清律例》等，不管其当初制定的动机如何，客观上总是起到了维护生态平衡，造福人类的效果。

二 在礼、法、制的融通中实现法制创新

礼、法、制融通与创新是传统保护环境法发展的最显著特点。一方面，法源于礼，以礼入刑，礼法融合。如《礼记·地官》中规定，凡庶民："任圃以树，贡草木，不树者无椁，不蚕者不帛"。唐朝法律则规定："诸发冢者，加役流；已开棺椁者，绞；发而未者，徒三年。"② 之所以要对毁坏坟墓者施以如此重刑，就是因为"礼云'葬者，藏也，欲人之不得见'"。③ 坏了大礼，就要予以重惩。不仅对毁墓者施以重刑，对破坏墓地周围环境的行为，也要予以严惩，"若盗他人墓茔内树者，杖一百"。④ "诸于山陵兆域内失火者，徒二年；延烧林木者，流二千里。"⑤ 诸如此类的规定，在现存的古代立法中随处可见。正如《唐律疏议》所说："德礼为政教之本，刑罚为政教之用"。

另一方面，礼法在秦汉正式分离后，在思想和实践的推动下出现了礼、法、制三者互通互融的新趋势。这突出表现在把环境保护的相关法律与田制相融合，同时把血亲之间利益的传承也融入田制，通过对世业田和永业田的依法管理来劝课农桑，发展林木，强化林木水土的保护，增强了环境保护的执法基础。这种发展取向始于汉朝，到南北朝时已基本形成，并在后世不断加强。例如，公元

---

① 《宋刑统·厩库律》卷一五，中华书局1984年版，第231页。
② 《唐律·贼盗》。
③ 同上。
④ 同上。
⑤ 《唐律疏议·杂律》。

495年（齐明帝建武二年）春二月，明帝下诏："守宰亲民之主，牧伯调俗之司，宜严课农桑……固修堤坊考校殿最。若耕蚕殊应，具名以闻，游怠害业，即便列奏，主者详为条格。"这就把严课农桑、固修水利、表扬耕田和栽桑养蚕好的农户、处罚游手好闲影响农桑的人等事务赋予了守宰牧伯，要他们依法行政。公元414年（神瑞元年）北魏明元帝下诏："诸初受田者，男夫一人给田二十亩，课莳余，种桑五十树，枣五棵，榆三根……限三年种毕，不毕，夺其不毕之地。于桑榆地分杂莳余果及多种桑榆者不禁。"这是中国历史上第一个规定分田栽种林木的法令，标志着环境保护立法与土地分配制度的融通，对山林保护除禁止乱砍滥伐外，也由林木保护进到了林木栽种的新阶段。

在民族大融合的进程中，北方少数民族也认识到死而无椁在汉文化中的伦理意义。公元415年，北魏明元帝下敕曰："不树者死无椁，不蚕者衣无帛……教行园圃，毓长草木；教行虞衡，山泽作材；教行薮牧，养蓄鸟兽"。① 如果"民有不从长教，惰于农桑者，加以罪刑"②。显然，这里不仅将礼、法、制融于一体，而且创新了土地法律制度，促进了农业经营模式的变革。在将植树造林法制化的同时，也把虞衡制的推广、山泽鸟兽的保护与劝课农桑、发展庭院经济结合起来，推动了南北朝融农、林、牧、副、渔于一体的庄园经济的发展。这为在大分裂、大融合时期解决国计民生问题奠定了重要的环境、经济和政治基础。这种礼、法、制融通的取向为后代所继承。唐朝田制规定"在永业田上，树以榆、枣、桑及所宜之树"③。宋太祖赵匡胤称帝后，就"申明周显德三年之令，课民种树，定民籍为五等，第一等种杂树百，每等减二十为差，桑枣半之，令佐春秋巡视，书其数、秩满，第其课为殿最，野无旷土者，议赏。……民伐桑枣为薪者罪之：剥桑三工以上，为首者死，从者

---

① 《魏书·食货志》。
② 《魏书·孝文帝纪》。
③ 《唐书·食货志》。

流千里；不满三工者、减死配役，从者徒三年。"① 公元963年，宋太祖颁布法律，规定："户内永业田课植桑五十根以上，榆、枣各十根以上……应课植而不植者，每一事有失，合笞四十。"② 同时，宋朝还将植树造林的办法推广到了河堤的保护，并首次把每年春植树、夏护堤定为常制，其影响深远，效果显著。正如宋徽宗在诏令中所说，滑州至浚州的万年堤不决，全凭有林木固护河堤。③

此外，传统社会环境法规还具有天理、人情、国法融于一体的特点。人与自然的整体思维观深深地影响着古代的环境立法，其中最典型的是对古代断狱和行刑时间的限制，从汉代起就一直沿用春夏季节不执行死刑的制度，"诸立春之后、秋分以前决死刑者，徒一年。其所犯虽不待时，若于断屠月及禁杀日而决者，各杖六十。待时而违者，加二等。"④ 法律作这样的规定，其主观原因是在思想上认为：春夏季节万物生长，主生不主杀；秋冬季节则草木凋零，主杀不主生；"敬顺天时"，顺应时节是遵循天道所必须。这些规定，虽然过于教条并带有迷信色彩，但在追求人类的行为与自然的节律相合拍，实现人与自然最完美的和谐、协调方面仍有可取之处，反映了人类对自然规律的尊重。

三 传统环境保护法规的地位和作用

通过对古代中国环境法规及其主要内容的梳理和分析，可以看出，中国古代环境保护的法规是比较丰富的，它涉猎了大至山、林、田、苑、池、河、湖、沼，小至牲畜、野兽、花鸟虫鱼的保护，城市卫生的维护，堤坝、沟渠的修筑以及灌溉秩序等生产和生活的诸多方面。这些法律法规的实施对于当时的环境保护发挥了一定的作用，并为中国数千年的农业文明和经济可持续发展作出了重

---

① 《宋史·食货志》。
② 《宋刑统·户婚律》。
③ 《宋史·河渠志》。
④ 《唐律疏议·断狱》。

要贡献，表明了古人环保意识和环境法治水平在当时世界的领先性。

不过，法治的领先并不意味着环境保护的绩效就好。因为一个时代的环境状况取决于多种因素。如1995年考古发现的"尼雅森林法"堪称世界上第一部森林法，它一方面反映了古尼雅人与风沙作斗争的生态智慧，另一方面也印证了当时尼雅人砍伐树木、破坏森林的事实。树木的过量砍伐最终导致沃土的流失与水源的枯竭，加之自然的原因导致古尼雅国与楼兰、且末等地逐渐被沙漠化。同时，在古代的不同时期，人们对环境保护的侧重点和重视程度也不同，如果说唐以前人们比较注重对动植物和森林的保护，那么，宋以后则将保护重点转移到保护牛马方面，旨在满足农业发展和军事供给的需要，这说明封建社会环境保护意识跟现代相比有质的不同。对环境与资源的保护并非以保护社会成员的环境权利为内容，而是出于维护封建统治的需要。作为封建社会的臣民，并不能够享有独立的环境权与资源权。法律对环境与资源的保护，也如同对封建国家的其他财产保护一样，是从维护封建国家统治阶级的根本利益出发的，不可能考虑每个社会成员的具体利益。环境立法则具有浓厚的封建专制意识，反映着封建统治阶级的意志。例如，环境立法把保护活着的或已经死去的统治者所处的环境作为重点，规定最高统治者所居住的环境是不得进入的，"诸阑入宫门，徒二年"①。不仅人不能进入，动物也不得入内，"若畜产唐突，守卫不备，入宫者，杖一百"②。就连向宫殿内投放瓦石的行为，也要被处以一年半或二年的徒刑。③ 对最高统治者如此，对其他统治者亦然，如法律规定："越官府垣及坊市垣篱者，杖七十。侵坏者，亦如之"④。在保护活着的统治者的生境的同时，还特别重视保护已经

---

① 《唐律·卫禁》。
② 同上。
③ 同上。
④ 同上。

死去的统治者所安葬的环境。在《唐律疏议》中，分则的第一项罪名就是"阑入庙社及山陵兆域门"，规定："诸阑入太庙门及山陵兆域门者，徒二年"。[①] 对帝王陵园内的一草一木都予以特别的保护，其目的是维护家天下的永续和王权的至高无上。

总之，传统环保法规虽然没有从大一统的封建法系中独立出来，而形成独立的环境保护法律体系或独立的环境法典。但是，不断丰富的环境保护法律法规保障了农本社会所必需的基本环境安全。历代封建王朝通过法律制度的方式把保护环境、谋求资源的永续利用、期望人与自然和谐相处等价值观念固定下来，并试图借助法律制度的强制性来具体实施这些思想，约束人们的行为，规范社会的生产活动。这些经验是我们建设生态文明不可或缺的宝贵财富。

---

① 《唐律·卫禁》。

第五章 传统环境政治的特点、意义和启示

黑格尔说,中国是一切例外的例外。相对于西方文明而言,环境问题并非早期西方社会须集举国之力进行长期应对的问题。而中华文明则一开始就面临人民少而禽兽多,或者滔滔洪水久治不克的局面。以至于从大禹治水到春秋战国时期,虽然时隔千年,但管子还是要强调"善治国者,必善治水"①。

环境问题对传统政治的长期挑战被中外诸多学者认为是中华帝国大一统君主集权得以形成和维系的重要原因。这其中包括了马克思。因此,几千年来,特殊的生态和人文使得中华文明自成一体,中国传统环境政治的文明成就是其不可分割的重要组成部分。一方面,传统环境政治在"天人合一""道法自然"的哲学思想指导下,形成了符合经济社会发展需要的政治自觉意识,反映了当时社会的生态政治需求和特定的利益关系。另一方面,它将环境保护纳入国家政治体系的建构中,注重环境治理和保护的整体决策、组织、指挥和监督,表现了较高的政治调控和环境管理水平。

当然,作为特定生态关系和社会关系条件下的传统环境政治既有其不可或缺的历史地位和价值,也有其不可克服的历史局限。关于它的因果分析和事实与价值评判,有助于我们以客观理性的态度对待传统文化中的环境政治资源,并为当前的生态保护和政治文明

---

① 《管子·度地篇》。

建设提供精神动力和科学的理论支撑。

第一节 传统环境政治的特点

一 基于自然经济的独特环境政治关系

中国传统的自然经济活动方式不同于西方，自从西周实行分封制、宗法制和井田制改革后，它始终受制于血缘、亲缘关系，以及小土地私有制，其方式是自给自足的。人们从事生产活动是为了满足自己和家庭成员直接的物质和精神需求，因此，生产活动的重点是实现生产产品的使用价值，并以满足生产者及其家庭成员的物质精神直接效用为限度，从而成为有限规模和程度的封闭性生产。

这种自给自足的自然经济活动方式所产生的社会效应使社会处于自然形态。一方面，社会构成单元是在自然形态的生活单位基础上形成的。这种社会单元同样具有封闭、完整而孤立的特征。不允许大土地制的存在，不能容忍社会分工的发达和科学技术的应用，没有丰富的社会关系。一家一户靠的是与自然交往而非社会交往来获得物质和精神的满足。村、县、省和国等社会单元不过是以一小块土地、一个农民和一个家庭构成的基本单元的"复制"或放大。家—村—县—省—国的基本关系都内在地基于自然的血缘、亲情关系，这就使环境政治权力的执掌者将环境政治统治直插于社会最基本的生产生活单元，为实现权力的高度集中和垂直统治奠定了基础。因此，传统环境政治关系是以不同政治主体的纵向公共利益关系为基础的，政府主导、家国一体的环境政治。当经济社会发展面临环境灾难时，国事即家事，家事即国事，政府组织动员的力量可以直接深入到地方和村民，这在很大程度上弥补了社会成员因社会交往不足而造成的应灾能力不足的局限。

另一方面，自然交往为主、社会交往为辅的自然经济活动方式，使社会成员与社会单元之间缺乏有机的交往和联系，虽然每个社会成员的利益具有同一性，但这种利益的同一性不等于社会共同利益，也不意味着能使社会成员因此形成共同关系，乃至全国性的联系。"鸡犬相闻，老死不相往来"的自然联系才是社会联系的主要纽带。这种自然联系是从人们的血亲和亲情关系发展演化而来的宗法关系、裙带关系和熟人关系。在这种社会关系和社会构成基础上形成的环境政治权力关系是王权与父权的合而为一。"政权、族权、神权、夫权，代表了全部封建宗法的思想和制度。"[①] 以这种环境政治权力关系为核心形成的传统环境政治是集权型的。在环境政治生活中，国王或皇帝既是最高统治者又是全天下子民的父母，国家的环境政治权力集中于国王或皇帝身上，臣民的人格严重萎缩和侏儒化。然而，无论是君侯分治型的环境政治还是君主专制集权型的环境政治又都是基于自然经济和自然交往关系的演化而形成的。大江大河是中华文明的摇篮，大河泛滥又是中华文明之痛。自给自足的自然经济关系在大灾大害面临是脆弱的，自然经济的平稳发展又离不开生态安全。因此，环境政治的集权化既是自给自足的自然经济发展的内在需要，也是统治者维护主体地位、调控和约束生态矛盾及环境利益冲突于政治秩序范围之内的重要前提。

总的来说，传统环境政治既是政府主导型的，也是家国一体型及中央集权型的。随着专制集权的加强，一个人、一个家能拥有多少地、种什么、养什么等都由皇帝及中央政府以诏令、法令的形式说了算，这种独特的自给自足的小农经济基础决定了传统环境政治的性质、作用方向和方式。当然，传统环境政治又在兴修水利、围湖筑海、保护山林中对经济社会的安全稳定发挥着自身的作用。

二 高度集权的全能型环境管理

与世界其他文明古国不同的是，中国在自然经济活动方式上形成了两种既相互联系，又相互区别的环境管理方式。先秦时期，无论是统一的西周还是分裂的春秋战国，都以一种离散型的环境管理

[①] 《毛泽东选集》第 1 卷，人民出版社 1991 年版，第 31 页。

方式作用于人与自然关系的协调,秦王朝统一以后则走向了反面,即以高度集权的全能型环境管理方式作用于经济社会关系的发展。前后一致的是集权这一内核。即所谓离散中有集权,集权中严防离散。

西周的分封制内在地决定了其环境管理的离散性。周天子虽然通过分封,实现了"封略之内,何非君土;食土之毛,谁非君臣"①的政治一统,但是,经过大分封,周天子及其王室成员直接控制的无外乎是西起岐阳,东到圃田的所谓渭、泾、河、洛地带,即王畿。而诸侯国内,诸侯国的国君可以自行进行再分封,并且拥有诸侯的土地、民人和军政大权。因此,西周的虞衡机制虽然因相互模仿使彼此具有同一性,但同一性并不意味着有共同联系和全国联系。不过,分封制的前提是承认周天子的权威,臣服、效忠周王室是必需的。春秋战国550多年的战争,也使各国在环境管理上无法实现统一和集权,但各国在战争中都愿意"挟天子以令诸侯",虽然彼此间在兴修水利、资源开发等活动中都以邻为壑,但国内施行的是集权统治,长期恶战的政治取向也是集权统一。

随着秦始皇统一的专制主义中央集权的建立,传统社会转向了高度集权。这种集权直插于基于自然经济生产生活方式的基本社会单元,集家、国事务于一体。对公共性、基础性极强的环境事务,实行全国一统,皇帝及其中央政府乾纲独断,操控着全国环境事务的决策、组织、动员、实施和监督,使环境政治管理成为依托中央集权体系的全能型管理。一方面,环境政治管理集立法、行政和司法等功能于一体,另一方面,政治管理全面介入社会生活。正如马克思所指出的:"小块土地所有制按其本性说来是全能的和无数的官僚立足的基地。它造成全国范围内各种关系和个人的划一的水平。所以,它也就使得一个最高的中心对这个划一的整体的各个部分发生划一的作用。它消灭人民群众和国家权力之间的贵族中间阶

---

① 《左传·昭公七年》。

梯。所以它也就引起这一国家权力的全面的直接的干涉和它的直属机关的全面介入"①。因此，这种环境政治管理具有无限权力和无限责任。与此相对，社会成员的环境权利被完全剥夺或最小化，对国家政治权力具有高度依附性，"成为迷信的驯服工具，成为统治规则的奴隶，表现不出任何伟大的作为和历史首创精神"②。环境管理的无限权力使政治权力主体无意于通过社会中间机制作用进行管理。从而只能以单一直接的行政命令方式进行，而社会政治生活中的环境法律和制度，不过是从属于环境行政命令的工具。

三 环境政治发展：与王朝政治同命不同步

如果我们把传统环境政治看成是社会政治的一个子系统，那么，传统环境政治与王朝政治的发展亦步亦趋，但速度和水平并不完全一致。一方面，由于两者都是以自然血亲关系及其演变的社会关系为基础的，因而都具有强烈的人治色彩。一是特定政治权力执掌者以自己的主观意志进行统治与治理，以自己的主观意志和要求作为统治与管理的运行规则，"朕即法律"成为共识。政治统治必须体现政治权力执掌者的意志，管理活动以权力执掌者的意志为出发点和决策依据，并以他的意志变化为转移。在此基础上进行的统治和管理，具有很大的随意性和任意性。二是政治统治和管理的制度、方式、政策和方针，以特定权力执掌者的存在和作用为转移，造成"人存政举，人亡政息"的特定现象，传统环境政治的兴废也逃脱不了王朝政治交织的恶性循环。

另一方面，由于环境政治与更加具有基础性和公共性的生态关系相联系，同时，其建设成就也具有相对独立的传承发展性，从而使环境政治的发展具有自身的规律性和独特性。例如，春秋战国时期，周王朝的式微和诸侯争霸使王朝政治遭受了前所未有的打击，

---

① 《马克思恩格斯选集》第1卷，人民出版社1995年版，第681—682页。
② 同上书，第765页。

但是各国为了生存和发展,都在农战方针的指导下兴修水利工程,韩国还以兴修水利工程作为"疲秦"之计,派水工郑国劝说秦国修建水利工程,结果,韩国垮了,秦国强大了。周王朝和众多诸侯国都在争霸中灭亡,但水利工程却在战乱中实现了空前发展,其成就为后世所继承。公元1400年和公元1820年中国的灌溉面积大约占耕地面积的30%,而1850年的印度这一比例只有3.5%。① 王朝政治灭亡后,新中国为了确保经济发展和生态安全,继续兴修水利,使农业灌溉面积从1952年的19960万公顷增长到2000年的53851万公顷,灌溉面积占总耕地面积的比重从18.5%增长到51.8%(1995年),而同期印度为29.5%,美国为11.4%,俄罗斯仅为4%。② 可以说,没有哪个国家像中国那样在控制和协调人水矛盾中能一朝又一朝、一代又一代地持续投入大量的资金和动员大量的劳动力进行水利设施的建设。与此同时,环境政治的演变在不同的王朝统治时期有不同的内容和作用方式。西周主要体现在以机构设置为主要内容的设官分职方面,秦汉则以工程建设见长,唐宋在制度建设方面成就突出,明清的作用方式主要是国家宏观调控。这种变化趋势随着传统社会的转型而得以延续和发展。

因此,传统环境政治的质的规定性受制于王朝政治的影响和自然经济社会的发展,但它与自给自足的经济社会发展并不同步,与王朝政治的发展水平也不完全一致,它有自身从低级到高级的进化规律。

四 环境政治思想:以儒为主、多元并流

环境政治思想是人们在人与自然互动的过程中生成的关于环境政治关系和环境政治现象的理性思考。它是在人们对于环境政治现象的感性认识的基础上,通过对种种直观的、零散的和杂乱无章的

---

① 王亚华:《水权解释》,上海三联书店、上海人民出版社2005年版,第61页。
② World Bank, *World Development Indicators*, 1998, pp. 34 – 136.

感性认识的整理、加工和抽象,从而获得的关于环境政治现象及其内在联系的理性认识。在内容上,它包括对各种环境现象的分析、解释和论证,对于政治关系、政治行为、政治制度和文化及其发展变化的一般性和联系性的认识。这就是说,环境政治思想不是人们对于环境政治现象的感觉,而是对于政治现象的理解,是人们政治认识的高级形式,是一种系统的理论体系和合乎逻辑的观念体系。

传统社会对环境政治现象的理性思考,集中反映在对天道、地道、自然之道与王道和治道之间互动关系的分析、解释和论证方面。其精神要义是以"天人合一"为基础的"天王合一",主要的行为准则是有为而治。

由于传统社会长期坚持把靠天吃饭的农业作为兴邦之本,再加上特殊的气候、地理等自然因素的影响,环境问题不是传统政治可以避免的。因此,儒家"天王合一""有为而治"的思想原则始终占据政治主导地位。儒家的环境政治思想上承三代,下纳百家,形成了天人合一,王者法天意的思想逻辑,以及一系列"政者,正也"的原则规范。主张统治者在环境政治统治中要畏天、则天、顺天而为,在环境资源和生态利益的利用和分配中,要像天、地一样公正、无私和均平;在工程建设和环境治理中,要"务时寄政",遵循自然规律,爱护鸟兽虫鱼。在政治生活中,要知节戒奢,勤政爱民。儒家环境政治思想的主流地位虽然因神学化、谶纬化而受到挑战,但即使在儒、道、释"三教"并流的魏晋南北朝时期,在统治者的国子监里传授的仍然是儒家思想。

不过,强调儒家思想的主流地位,并不意味着排斥百家。一方面,儒家也是因为吸纳、融合了百家的思想才获得了"独尊儒术"的地位。董仲舒以孔孟儒学为宗,以汉武帝的"天人三问"为现实依据,在融合周代以来天道观、阴阳五行学说、法家、道家、阴阳家等多种思想理论的基础上,对儒学进行了脱胎换骨的改造和发展,实现了儒家思想的政治化和封建专制制度理论的系统化。董仲舒提出的"天人合一""天人感应""灾异天谴"等学说虽然是形而上的、唯心的，但当这些理论与"知变""更化"的政治变革主张相结合时，还是对汉代及后世的环境政治产生了深远的影响。宋明"理学"更是集百家之长，同时坚守儒学之道，主张"公是非，同好恶，视人犹己，视国犹家，而以天地万物为一体。"① 在处理人与自然的关系中，提出"上识天时，下尽地理，中尽物性"②，认为"以物观物，性也；以我观物，情也。性公则明，情偏而暗"③。在环境政治的作用方式上，主张，礼、德、政、刑并用。另一方面，道家、佛家、法家等也同样在相互交流、交锋中融合发展。法家极言法、术、势，使秦国任刑而无德，结果，如孔子所曰："言之无文，行而不远"。道家言"道法自然"，也重视"为无为"，并且在历经"越名教任自然"后，终久转向了"名教即自然"，将"名教"与"自然"统一。佛家为了弘扬佛法，争取融入中国传统社会的意识形态，也在教义中讲"道"、讲"自然"，并顺应世俗政治的需要，以"心净"—"行净"—"佛土净"的思想观念，影响了帝王和臣民的环保意识和环保行为。

讲究思想理论的会通性，这是中国传统的思维方法之一。传统环境政治思想的理性发展和知识体系的建构也是在多元会通中行进的。一方面，作为指导思想的儒家思想、道家思想或法家思想都在发展进程中彼此交流、交锋和交融，使仁义、礼智、自然、法治最终成为共同的选择。另一方面，支配各级政府、社团和个人采取决策措施的思想意识还糅合了诸如天命禳弭、阴阳五行、风水轮回等其他思想观念。

多元融合、并流的生态政治思想主张一种有为与无为、人治与法治的统一，使政治在建立权威与服从关系的过程中能够比较理性地调节人与自然、人与社会的关系，在保障集权的前提下能在一定

---

① 《传习录（中）·答聂文蔚》。
② 《皇极经世·观物内篇》。
③ 同上。

程度上注意政治关系的平衡。它让人们相信可以追求一种尊卑有序，轻徭薄赋，上下和睦，人与自然和谐共生的"道洽政治"的社会理想。这种社会：在政治上，明君治国，政治稳定，秩序良好。"（人君）正心以正廷，正朝廷以正百官，正百官以正万民；囹圄空虚，画衣裳而民不犯"；"不令而行，不禁而止，吏亡奸邪，民亡盗贼，囹圄空虚，四夷传译而朝"。在经济上，群生协调共生。"阴阳调而风雨时，群生和而万民殖，五谷孰而草木茂，天地之间被润泽而大丰美"；"什一而税"；"家给人足"。社会风气和美安乐，百姓"上下和睦，习俗美盛"；"四方正，远近莫敢不壹于正，而亡有邪气奸其间者"；"民修德而美好"；"民情至朴而不文"；"父不丧子，兄不哭弟"。人与自然和谐友好。"毒虫不螫，猛兽不搏，鸷虫不触。故天为之下甘露，朱草生，醴泉出，风雨时，嘉禾兴，凤凰麒麟游于郊"；"阴阳和，风雨时，甘露降，五谷登，六畜蕃，嘉禾兴，朱草生，山不童，泽不涸，此和之至也"；"德配天地，明并日月，则麟凤至，龟龙在郊"。①

以儒为宗、多元并流的思想交互作用于环境政治，这使环境政治行为方式在强治、法治、绩治、理治、德治以及心治之间保持了较强的灵活性，更有利于最高统治者及社会政治成员应对多发、群发、突发的环境灾难和生态问题。

第二节　传统环境政治的历史意义和当代启示

传统环境政治作为一种特定的社会关系和社会现象，具有其特定的社会地位和价值，这种地位和价值是在它与其社会现象的相互联系和相互区别中体现出来的，因此，要把握和评定传统环境政治的积极意义，分析其历史局限性，指出它的当代价值，必须把握传统环境政治与其他社会现象的相互联系和相互作用。在社会生活

---

① 《汉书·董仲舒传》卷五六；《春秋繁露·王道》；《汉书·公孙弘传》卷五八。

中，与传统环境政治联系最为紧密的社会现象是社会经济、法律、宗教、道德等。

一 传统环境政治的积极意义

（一）维护了王朝统治的生态安全

"环境政治"这是基于现代社会政治关系发展而提出的一个崭新概念，它为政治关系的研究提供了一个全新的视角，使关于特定阶段的政治关系分析可以从新的层面来开展。就中国传统社会政治形态的整体而言，传统环境政治是王朝政治的有机组成部分，它的思想、体制、机制、法律和文化等并不独立于传统社会的王朝政治而存在，在政治权力主体和社会成员的思想观念中也没有环境政治这样的概念和意识。但是，就政治生活的价值取向层面和实际层面而言，特定的经济关系及其所表现的利益关系都包含着特定的环境利益关系，社会成员通过社会公共权力确定和保障的权利和利益要求也包含着环境权利和生态利益要求。这使环境政治关系的形成成为必然和可能。只是我们以前受科学发展等多重因素的制约，对政治不作环境政治这样的界定和研究而已。

传统社会是以农为本的社会，社会成员最基本的利益要求是衣食无忧，安居乐业。这意味着统治者如果要实现定国安邦、江山永固，那就必须通过社会公共权力确定和保障这种基本利益需要的满足。传统社会的王朝政治关系正是在协调和解决社会关系和社会矛盾、生态关系和生态矛盾的过程中形成的。我们只是把传统社会协调和解决生态矛盾、环境关系而形成的政治称为传统环境政治。因此，传统环境政治是以维护家天下统治秩序为内容的王朝政治的有机组成部分。它的政治功能主要在于维护家天下统治所需的生态基础和环境安全。

在传统社会的发展进程中，生态问题对治国的挑战是全方位的和持久的。一方面，中国素有"三岁一饥，六岁一衰，十二岁一荒"的说法。自然灾害的发生频数和强度居世界首位，其中水旱灾害最为突出。另一方面，在王朝政治的改朝换代中，诸多人为的环境问题如人多地狭、过度屯垦造成"土雨"、人水相争造成"水荒"或水患、政治移民造成局部"粮食危机"、奢侈消费造成动物灭绝等不断出现。据统计，仅西汉初年至鸦片战争前，导致十万、数十万乃至上百万人死亡的大灾荒就发生了 20 次以上。旱、涝、震等灾种的发生频率占各类灾害总数的 90%，年均死亡人数分别为 14120 人、1863 人、1244 人。在死亡千人以上的灾害中，明代共有 370 次，共死亡 6274502 人；清代 413 次，共死亡 51351547 人，明清两代合计死亡千人以上灾害共 783 次，共死亡 57626000 余人。① 为了抵御自然灾害和解决人为环境问题，保障政治统治的生态基础和生态安全，中国历代王朝不得不进行大规模、经常性的兴修水利和环境治理，通过诏令、法律、制度、政策、措施等途径和方式发挥政治的控制和协调功能。无论是秦皇汉武、唐宗宋祖，还是清朝康熙、乾隆皇帝，每一个有作为的统治者都把环境治理作为施政的重点。中国历史上出现的一些"盛世"局面，无不得益于统治者对生态安全的重视，得益于环境建设及其成就。环境治而天下定，天下定而民心稳，民心稳而国家安、百业兴，整个社会必然繁荣昌盛，外敌不侵，天下太平。相反，忽视环境治理，工程长期荒废，严重的自然灾害和环境问题暴发后，经济凋敝，民不聊生，灾逼民反，揭竿而起，即使没有外敌入侵，也酿成天下大乱，导致改朝换代。因此，环境治理历来是兴国安邦的大事。传统环境政治在维护和实现政治权力主体的政治利益和生态安全中具有不可或缺的地位，在规约社会成员获得生态利益的行为和保障国家的环境安全等方面发挥了重要作用。

（二）适应了自然经济发展的生态需求

中国是在世界众多文明中长期坚持"农为邦本"政策的国家，

---

① 参见陈玉琼、高建国《中国历史上死亡一万人以上的重大气候灾害的时间特征》，《大自然探索》1984 年第 4 期。

第五章 传统环境政治的特点、意义和启示

这种政策与反对土地兼并的小土地私有制相结合，使个人和群体的环境应灾能力极其脆弱，而集权型环境政治的发展适应了这种自然经济社会发展的生态需要，促进了自然经济的发展。例如，汉代是继夏禹之后中国历史上第二大灾害多发、群发期，水旱灾、风暴潮、蝗、雹、疫灾和地震灾害呈现多发、并发趋势。据史料记载，汉武帝元光三年（前132年）黄河瓠子决口，水淹十六郡。汉宣帝本始三年（前71年），继上年大旱，河南、北海、琅琊等49郡地震，今山东昌乐、诸城一带被压死6000余人。① 新王莽地皇三年（22年），关中、南阳、荆州等大旱蝗疫饥，"人相食"，流民入关数十万，死亡十之七八。② 东汉建武十三、十四年（37—38年），扬、徐、会稽连续两年大疫灾，其中会稽死疫者以万计。③ 二十二年，90郡国蝗，"匈奴中连年旱蝗，赤地数千里，草木尽枯，人畜饥疫，死耗太半"。④ 二十八年，80郡国遭蝗灾。⑤ 永初二年（108年），河南春夏大旱，民多饿死，河南尹周畅"收葬洛城傍客死骸骨，凡万余人"。⑥ 东汉末年，瘟疫流行，死亡相枕，建安二十二年（217年）大疫，甚至出现"家家有强尸之痛，室室有号泣之哀，或阖门而殪，或举族而丧"⑦ 的惨景。据《后汉书》诸帝纪、五行志、《东汉会要》、王先谦的《后汉书补注》等有关资料统计：在东汉195年的历史里（25—220年），共发生自然灾害211次之多（地震50次，旱灾49次，水灾49次，蝗灾39次，瘟疫14次），可谓是此伏彼起，接踵而至。正是在这样的背景下，汉武帝才会发出天人三问，董仲舒的天人三策才会被统治者采纳。轻徭薄

---

① 参见《汉书·宣帝纪》；《汉书·五行志》。
② 参见《汉书·王莽传下》。
③ 参见《后汉书·钟离意传》。
④ 《后汉书·南匈奴列传》。
⑤ 参见《古今注·鱼虫第五》。
⑥ 《后汉书·周畅传》。
⑦ 中国社会科学院历史研究所资料编纂组编：《中国历代自然灾害及历代盛世农业政策资料》，中国农业出版社1988年版，第26页。

赋，兴修水利，兴发各种事业，创新土地制度和法律制度，颁行各种环境保护诏令等，使汉代不仅出现了"文景之治"，而且形成良好的生态格局。例如，汉章帝元年三月，出现了"群鸟万数翱翔飞舞，林茂粮丰"的景象。

唐朝时，为了维护经济恢复和发展的生态基础，进一步从法律上加强了对林木、虫、鱼、鸟、兽、江河、湖塘等的环境保护，为经济繁荣提供了良好的生态保障。如公元623年唐高祖武德五年梁州野蚕成茧；公元638年唐太宗十三年，滁、亳二州野蚕成茧。其中，滁州一地一年收茧凡六千五百七十石；十四年六月又收茧八千三百石。① 出现了"马牛被野，人行数千里不齐粮，民物蕃息，四夷归附"的"贞观之治"的盛况。公元737年唐玄宗（开元二十五年），"具州蝗虫食苗，有白鸟数万群飞食蝗，一夕而尽"②。唐玄宗二十六年，"榆林关蚜蚄食苗，群雀来食，数日而尽"③。公元813年唐宪宗元和七年十一月，"龙州武安县生嘉禾，有麟食之，麟之来，群鹿环之，光彩不可正视，使画工图之以献"④。经济、环境与社会的发展，使唐王朝的政治治理和社会繁荣达到了前所未有的程度。"马牛被野，民物蕃息，海内富实，外户不闭，人行千里不齐粮"，"道路列肆，具酒食以待行人；店有驿驴行千里不持天兵"，海内晏安，号称太平。

因此，虽然传统社会的生产力水平和生产关系状况决定了其环境政治的特性具有专制集权性，其价值取向也主要是为奴隶主阶级或地主阶级服务的，其运行方式也主要以奴隶制或封建制社会的政治方式进行，但它还是以政治权力和政治特有的制度、法律、政策等路径使中国奴隶社会或封建社会取得了良好经济效益和生态效益，一定程度上体现了环境政治协调生态矛盾和利益的价值功用。

---

① 参见《唐书·太宗纪》。
② 《旧唐书·五行志》。
③ 同上。
④ 同上。

（三）发挥了环境法律的强制性调控功效

在社会关系中，政治与法律都属于社会的上层建筑，它们都建立在特定的经济关系基础上，正如马克思所指出的："法的关系正像国家的形式一样，既不能从他们本身来理解，也不能从所谓人类精神的一般发展来理解，相反，它们根源于物质的生活关系。"[①]如果说政治是人们根据特别的利益关系，通过政治权力进行权利分配的社会关系，那法律则是特定政治权力制定和认可的对于社会成员在政治社会生活中的相互关系和行为的刚性规范。两者以不同方式、从不同的角度，共同服务于政治统治阶级和集团的利益。

从政治和法律的一般关系中，我们不难发现，一方面，传统环境政治的产生和发展是环境保护法规产生和发挥作用的前提。奴隶社会的环境礼法由奴隶主阶级的代表国王或下设政府机构制定和认可，封建社会的环境法律则由皇帝及其中央机构的相关部门决断。环境法律的执行也依靠于奴隶主政府或封建国家机器的权力强制。如从"禹之禁""伐崇令"到《秦律·田律》《两汉诏令》《唐律》《宋刑统》《大明律》等律令，其环境保护法规的制定和执行都有赖于统治阶级和集团所掌握的特定的政治权力。另一方面，传统环境法律对于环境政治具有重要影响和作用。环境法律的制定和实施使统治者的利益要求、权力地位和权利资格合法化，使环境政治权力的运行、环境政治权力的实现和社会政治成员的环境政治行为规范化，使社会政治秩序规则化，使社会政治生活遵循法的精神，维持社会政治秩序，保障统治者的利益及其权力的正常运行，从而实现社会的依法治理。如元朝统治者入主中原后，为了维护政治统治、防止游牧民族食肉为主的习惯危及某些动物的生存，特别制定了一些保护性法律条文，规定："百姓于禁地内打捕野物者，仰管围场官舆，各处有司，一同断罪，得似前断没家产。"[②] 元仁宗则

[①] 《马克思恩格斯全集》第13卷，人民出版社1962年版，第8页。
[②] 《大元通制条格·杂令》卷二八，法律出版社2001年版，第315页。

下令:"禁民弹射飞鸟、杀马、牛、羊当乳者。"① 明初统治者为了恢复国力,稳定政治,明太祖依靠皇帝所拥有了最高政治权力,强制性地推种经济林木,如果抗令不种则要全家充军发配到云南。明太祖二十五年,皇帝"令凤阳、滁洲、庐州、和州每户种桑二百株、枣二株、柿二百株",同年,又"令天下卫所屯田土人种桑百株",并"随地宜种柿栗、胡桃等物"。二十七年又规定"每户初年二百株,次年四百株,三年六百株,种过数目造册回奏,违者全家发云南金齿充军。"② 为了保护生产生活和军需的畜力,《大明律》明确规定:"凡牧养马、牛、蛇、骡、驴、羊,并以一百头为率,若死者、损者、失者、各从实开报。死者,即时将皮张鬃尾入官,牛筋角皮张亦入官,其群头,群副,每一头各笞三十,每三头加一等。""凡群头管领骡马百匹为一群,每年孳生驹一百匹。若一年之内,止有驹八十者,笞五十,七十匹者,杖六十。"③ 这些法律法规是保护植物、生物的,但更主要的还在于保障统治者的利益和权力的正常运行。正是从这一意义上,我们可以说,没有传统环境政治也就没有古代环境保护法规,而传统环境法规则又促进和保障了环境政治的发展,同时,它也是传统环境政治的具体体现。

(四)利用佛教强化了生态保护意识

虽然环境政治属于特定社会的上层建筑,佛教则属于特定的社会意识形态。但环境政治在一定的社会条件下与作为意识形态的佛教发生极其紧密的联系,进而在基于双方利益需要的基础上形成相互利用的政治现象是很早就有的事。从公元前2年佛教经西域传入中原地区开始,政治与宗教的联系就逐渐加强。到魏晋南北朝时,统治者为了在大分裂、大动荡的社会背景下,维护政治统治的生态基础和经济基础,都纷纷利用佛教安定人心,稳定社会政治秩序,佛教也借助世俗政治势力,使众生平等、利乐有情、佛化世界、戒

---

① 《元史·英宗纪·仁宗》。
② 倪根金:《历代植树奖惩浅说》,《历史大观园》1990年第9期。
③ 《大明律·兵律四·厩牧》卷一六,法律出版社1999年版,第119页。

第五章 传统环境政治的特点、意义和启示

杀护生等教义、清规等广为传播，占据人们的心灵。佛教成为拥有众多教徒和寺庙的主流意识之一。

环境政治与佛教相互利用、彼此合作的政治现象反映到环境治理中，表现为世俗统治者利用佛教，将一些有利于环境、经济和社会发展的教义、清规逐步政策化和法律化。例如，陈宣帝下诏将整条椒江水系敕作放生池，"不得于中采捕"[①]。梁武帝不仅根据《梵网经》"不得食一切众生肉，食肉得无量罪"的规定，颁布《断酒肉令》，要求僧人严格施行吃素制度，而且一度定佛教为"国教"。政府官员也以身作则践行教义教规。武则天时，监察御史王守慎辞官为僧后，也在京兆西市开凿了一个池塘，"支分永安渠水注之，以为放生之所"。唐宪宗时，宰相元稹在视察江东时，曾"修龟山寺鱼池，以为放生之所"。

佛教则充分利用社会政治主体谋求政治稳定和生态安全的价值取向，扩大自己的影响，壮大教民队伍，增强社会基础，使佛教从一种社会幻想形式变为一种现实形式。如依托寺庙，发展农禅经济；广招僧尼，"或垦殖田圃，与农夫齐流；或商旅博易，与众人竞利；或矜持医道，轻作寒暑；或机巧异端，以济生产……；或抵掌空谈，坐食百姓"[②]。借此，佛教的力量得到了迅速壮大。到北魏时，中国僧尼就达到了二百多万人。与此同时，佛教还通过翻译经文，传播教义，以身传道来扩大影响。如道宣《续高僧传·释普安传》记载了普安和尚救赎放生感动了很多社会人士的故事。文中说，普安"居处虽隐，每行慈救。年常二设，血祀者多，周行救赎，劝修法义，不杀生邑，其数不少。尝于冡侧村中，缚猪三头，将加烹宰，安闻徃赎，社人恐不得杀，增长索钱十千。安曰：'贫道见有三千，已加本价十倍，可以相与。'众各不同，更相忿竞……安即引刀自割髀肉曰：'此彼俱肉尔，猪食粪秽，尔尚噉之，

---

① 王及：《中国佛教最早放生池与放生池碑记——台州崇梵寺智者大师放生池考》，《东南文化》2004 年第 1Z 期。

② 《大正藏·弘明集·释驳论》卷 52，第 35 页。

况人食米，理是贵也。'社人闻见，一时同放……故使西之南西，五十里内，鸡猪绝嗣，乃至于今。"①

因此，传统环境政治与佛教之间的相互利用，在客观上对提高人们的环境保护意识，维护生物多样性，巩固农本社会的生态安全起到了一定的促进作用。当然，当宗教势力的壮大威胁到世俗政治的统治时，统治者也不会因为佛教具有增进环保意识、促进环保行为、保障社会稳定和生态安全的功能而不加限制。中国历史上的"三武灭佛"就是最典型的例证。

（五）弘扬生态美德，彰显了环境政治的正当与合理

道德是通过社会舆论、传统习俗和个人的内心信仰来维系的、以善恶为中心进行评价的社会规范和标准。传统环境政治作为上层建筑的有机组成部分，它是经济基础和利益关系的直接体现，而道德作为社会的意识形态受经济关系支配，但也反映和体现其他社会关系。传统环境政治的权力强制性对于生态美德的形成具有巨大的影响力和制约力，同时，也强化或改造了社会道德的内容，使之为统治者的生态利益服务。生态美德则以善恶标准影响着政治权力的统治基础、作用方向和方式，规范着政治成员的生态政治行为。

传统环境政治在坚持王权至上、体国经野的同时，也倡行务时寄政、公平公正、以时禁发、均平节用等思想原则，并将这些原则作为衡量君王贤德与否、政治清明与否、治道善恶与否的标准。这些原则在传统的环境政治思想中源于天地之道，不可更改，不以人的意志为转移。正如春秋时管子所说："天公平而无私"，"地公平而无私"，"人公平而无私"。② 认为公平、公正是天命的原则要求，"万物以生，万物以成，命曰道：天主正，地主平，人主安静。"③ 公平、无私与公正是天、地、人"三才"所共同拥有的原则。《黄帝·经法·道法》强调："公者明"，"至正者静"，"无私者知

---

① 《大正藏·续高僧传·释普安传》卷50，第682页。
② 《管子·形势解》。
③ 《管子·内业》。

（智），至知（智）者为天下稽。"孔子说："政者，正也，"君正则民不敢不正。荀子的《天论》则更是深入，荀子曰："天地虽大，其化均也"；"天行有常，不为尧存，不为桀亡。应之以治则吉，应之以乱则凶。强本而节用，则天不能贫；养备而动时，则天不能病；循道而不贰，则天不能祸。"因此，圣王之德、明君之制以及王者之法应该是："草木荣华滋硕之时，则斧斤不入山林，不夭其生，不绝其长也；鼋、鼍、鱼、鳖、鳅、鳝孕别之时，网罟毒药不入泽，不夭其生，不绝其长也；春耕、夏耘、秋收、冬藏，四者不失时，故五谷不绝，而百姓有余食也；污池渊沼川泽，谨其时禁，故鱼鳖优多，而百姓有余用也；斩伐养长不失其时，故山林不童，而百姓有余材也"。① 管子说"春嬴育，夏养长，秋聚收，冬闭藏。大寒乃极，国家乃昌，四方乃服，此谓岁德。"② 因此，几千年来，这些思想道德原则除了以环境法规的形式得到强制施行外，还以《月令》、民间规约和社会舆论的方式规范着统治者和社会成员的政治行为，丰富了道德的内容，影响着道德发展的方向和道德作用的方式。商汤"网开三面"的传说、里革断罟匡君的故事、汉代"合浦珠还"修复生态的典故、明清以《驱虎文》应对虎害③的独特方式等，都以仁爱生物和环境的精神要义，滋养着中华民族的环境美德，印证着环境政治的道德合理性。

二 传统环境政治的历史局限

传统环境政治在西周、秦汉和唐宋等时期都取得了比较辉煌的成就，其思想文化和制度成就对指导和保障环境与经济社会的协调、持久发展发挥了重要作用。然而，这种环境政治的发展，由于受到所处历史阶段诸多因素的制约又存在很大的局限性，而且这种

---

① 《荀子·王制》。
② 《白话管子》，赵守正译注，岳麓书社1995年版，第535页。
③ ［日］上田信：《生态环境的变化与驱虎文——18世纪的东南山地》，载王利华主编《中国历史上的环境与社会》，生活·读书·新知三联书店2007年版，第529页。

局限性既限制了其自身的发展，同时，又不是其自身能够克服的。

（一）唯王唯心：环境政治思想缺乏科学认识基础

传统环境政治思想一大特点，便是人为地将"神化"自然与神化王权相结合，将政治作为一种超自然、超社会力量的体现或外化，进而提出"君权神授"，"君权天授""尊天尊王""天王合一"等主张。如西周有"文王在上，于昭于天"①。即讲文王是奉天承运，统治天下的。到汉朝，董仲舒创造了"天人合一""天人感应"，鼓吹"天子受命于天，天下受命于天子"②。这种神权政治观通过对人与自然关系的神化来阐释王权政治的超验性和政治权力主体统治的合法性，使环境政治思想的发展深陷唯心主义的泥潭而不能自拔。特别是两汉"独尊儒术"后，"灾异天谴"说、"灾异谶纬"说的传播，更加重了环境政治思想超验化的倾向。这种环境政治思想演进中的抽象和神化，切断了先秦时期重视经验、体悟、知识积累和现实需要的思想传统，把一切正常的、非正常的自然环境现象或环境问题都归结于上天神圣的意志，从而导致了对环境与政治互动关系本真的忽视，以及对环境、政治各自本质与规律的探讨，阻碍了人们对自然的天、自然的生态环境的正确认识。

为了维护王权和家天下的统治，无论是先秦诸子百家还是秦汉以来的各思想流派，都在拔高"天"的同时，将王权神化、"天"然化，国王或皇帝都是奉天承运的天子，是唯一能沟通天地、将天道发扬光大的人。董仲舒说："古之造文者，三画而连其中谓之王。三画者，天地与人也，而连其中者通其道也，取天地与人之中以为贯而参通之，非王者孰能当是。"③ 因此，神天、威天不过是为了增强王权的神性和威性，剥夺的却是社会成员平等客观地认识、了解和把握自然规律的权利，所谓"通天地、阴阳、四时、日月、星

---

① 《诗经·大雅·文王》。
② 《春秋繁露·为人者天》。
③ 《春秋繁露·王道通三》。

辰、山川、人伦,德侔天地者,称皇帝,天佑而子之,号称天子。"① 这种服务于专制集权需要而形成的唯王唯心的思维定式钳制了人们的思想,使儒家、道家、法家,甚至佛家的环境政治思想都在维护和满足"王权至上"的现实需要中痛苦轮回,即使是强调"格物致知"的宋明理学,也只能在"存天理"即圣王专制之理的前提下主张"天人一体"。对环境政治的正确认识最终被唯王唯心的认识路线扭曲为对"王权至上"的认同和依附。

(二)扞格脱节:环境政治难以完全匹配生态要求

传统社会最基本的特征之一是自给自足的自然经济始终占主导地位。这种经济对自然环境的高度依赖致使统治者和社会政治成员都不敢对环境问题掉以轻心,甚至不惜集举国之力予以回应。然而,对于统治者而言,从政治上牢牢掌握国家权力才是政治最核心的问题。因此,对于经济发展的生态要求和实际发生的环境问题往往认识不清,调控失灵,举措失当。

第一,在应对社会关系的发展中,为了巩固大一统的家天下,使臣民始终都处于易控制的状态,传统社会长期坚持农为邦本、重本抑末的政策,贬低打压工商业的发展,致使环境治理者也不能正视因新的经济因素成长而带来的环境问题。例如,以汉景帝为代表的封建统治者认为:"农,天下之本也。黄金珠玉,饥不可食,寒不可衣,以为币用,不识其终始……吏发民若取庸采黄金珠玉者,坐臧为盗。二千石听者,与同罪。"② 因此,对于采矿一禁了之。统治者没有认识到随着生产力水平的提高和社会经济的发展,黄金等采矿业的发展也是大势所趋,它所带来的负面环境影响需早作预防才是。结果,等到"矿峒遍开",开矿之弊环生,环境灾难已经防不胜防。明朝河南巡抚姚思仁曾上奏细诉开矿的八种弊端和环境影响,岂料朝廷不知反省,导致王朝灭亡加速,有"识者以为明亡

---

① 《春秋繁露·三代改制质文》。
② 班固:《汉书·景帝纪》,中华书局1962年版,第152—153页。

盖兆于此。"①

第二，对于新的社会因素引发的环境问题无法及时作出判断和决策。例如，"安史之乱"后，经济重心南移，大批的移民进入南方，引发南方无序垦发。而政府决策滞后，调控失灵。清朝晚期，由于自然灾害频发、人口成倍增长以及外来侵略加剧等多种因素的交互作用，生态矛盾和阶级矛盾不断激化，但是，为了维护封建王权的祖陵、"龙脉"，清朝统治者不顾臣民的强烈要求，坚决封禁东北，最终迫使农民揭竿而起。

第三，环境管理机制运行的低效、失效和无效长期存在。在奴隶社会君侯分治型的环境政治体制下，周天子对诸侯国的环境管理鞭长莫及。封建时代，中央集权的加强，使政府的组织、控制和协调能力明显增强。但自上而下的决策机制与自下而上的一系列上报、奏疏、勘查、朝议及诏令等制度的运行，往往贻误时机，分散精力，使生态问题的处理变得低效。如宋代朝臣围绕围湖造田还是退垦还湖曾发生长时间的争议。北宋神宗熙宁（公元1068—1077年）时"苏州田赋从十七八万石增至三十四五万石，有人认为'是障陂湖而为田之过也。'郑亶针锋相对地指出：'变湖为田，增十七八万为三十四五万，乃国之利，何过之有？'对围湖垦田给予充分肯定。"②南宋孝宗时的大臣韩元吉在诗中说："此地无田但有湖，围湖作田事应尔"③，对于退田还湖坚决反对。随着围湖造田生态后果的日益显现。到南宋高宗时，浙东帅臣李光等提出废田还湖，朝廷还专门进行朝议，即"诏诸路朝臣议之。其后议者虽称合废，竟仍其旧。"④到宋孝宗淳熙十年，不得在承认既成事实的基础上实行禁围。"每围立石以识之，共1489所，令诸郡遵守焉。"⑤

---

① 张廷玉：《明史·河渠志》，中华书局1974年版，第1973页。
② 汪家伦、张芳：《中国农田水利史》，农业出版社1990年版，第347页。
③ 同上书，第249页。
④ 元脱脱等：《宋史·食货志》，中华书局1977年版，第4183页。
⑤ 同上书，第4187—4188页。

即承认已围之田，禁止再围。到宁宗嘉泰元年（公元1201年），朝廷"以大理寺直留佑贤，宗正寺主簿李澄措置，自淳熙十一年立石之后，凡官民围裹者尽开之。又令知县并以'点检围田事'入衔，每岁三四月，同尉点检有无奸民围裹状，上于州，州闻于朝。三年遣官审视，及委召谏察之。二年二月，佑贤、澄使还，奏追毁临安、平江、嘉兴、湖、常开掘户元（原）给佃据。"① 也就是说，在立石禁围后，朝廷进一步采取了措施，把禁围废垦与官员的升迁相联系，同时明确了由县到州、朝廷逐级、定时上报制度，绩效显著。但到了宁宗开禧二年，为了安置淮河流域南迁百姓，皇帝又"诏两浙州县已开围田，许元（原）主复围，专如淮农租种"。使得宋朝在围湖垦田上时开、时禁。直至一发不可收拾。有资料显示，浙东平原在"宋元两代有18个湖泊在围垦中消失，约占湖泊总数的8.4%。其中面积约为206平方公里的绍兴鉴湖于南宋前期被垦废；鄞西最大的湖泊广德湖于北宋政和七年被垦废……原在今松江境内的莺窦湖、来苏湖、唳鹤湖，到绍熙时（公元1190—1194年）也被围垦得无影无踪，已'不详所在'了。在江东地区，古丹阳大泽汛期水面无比浩瀚，两宋时期新围垦的湖荡至少也在百万亩以上。"② 从这个案例中，我们不难发现，皇帝及各级政府官员在环境治理中动用了王权的力量，也启用了朝议制、奏疏制，甚至法律"连坐"制，但围湖造田只得到了阶段性遏制而无根本扭转，退垦还湖收效甚微。

在灾情上报和制度运行中，有的官员为了升官发财或保住头上的乌纱信誉，瞒报、隐报、上下其手等时有发生，使机制和制度形同虚设；对于在行政区划交错以及土地分配未顾及的区域而形成的无主"官山"，则因政府环境管理缺失而较早地出现了美国经济学

---

① 元脱脱等：《宋史·食货志》，中华书局1977年版，第4188页。
② 汪家伦、张芳：《中国农田水利史》，农业出版社1990年版，第345—346页。

家 G·哈丁所谓的"公地悲剧"① 现象。在乾隆二十二年（公元1757年）十二月，江南道监察御史吴鹏南所呈乾隆皇帝的"为请督饬司牧修举山之政以裕民用事"的奏折中，就提到，官山樵采薪炭的人多而栽种的人少。在江苏、浙江、河南、山东、江西、两广等的私山和官山形成了鲜明对比。私山植树盛行，砍了就种，官山则只有人樵采而没人栽种。即"惟是所栽只系民业。至于官山樵采之处，则无有栽种者。"② 封建社会所谓"官山"有三种：一是由官方管理和利用的山场。如皇帝狩猎的围场，采木的山场等；二是政府明文规定的"封禁山"；三是与"民山"相对的"未升科之地"或叫"无主之地"。吴鹏南所称是第三种。乾隆二十七年刊《福宁府志》卷十二载："闽地多属官山，砍伐无禁，生长枝柯，即被樵采，甚至掘取其根，以供炊爨，不复滋生，遂成童山。至有主之山，其勤俭者，俱于山上，种植松杉竹木桐茶等树，获利甚多。"由此可见，虽然普天之下莫非王土，但王土之外即成为人人得而用之的"公地"，"童山"现象也因此产生。

此外，因为长期神化自然力量和迷信王权至上，在出现重大环境灾难时，上至国王或皇帝，下至臣民会采取一系列祈雨、祈晴、祈拜天地和祖先，以求消灾减难的无效之举。

第四，社会成员环境权利的缺失，使环境管理的权力制衡失效。从西周开始，中国环境管理的设官分职体系就逐渐创建并被传承和发展，环境管理的人员配置和职责分工非常细致，同时，监督、监察、考核的分权制衡也在一定程度保障了环境政治权力主体利益要求的满足，但这种限于统治集团内部政治成员的横向政治关系发展而进行的分权制衡使他们容易结成利益共同体，进而互相勾结，假公济私，徇私枉法。公平、公正等原则被践踏。广大的奴隶

---

① Garrett Hardin, "The Tragedy of Commons", *Science*, Vol. 162, No. 3859, December 1968, pp. 1243–1248.
② 乾隆二十二年十二月十五日奉朱批，江南道监察御史吴鹏南奏，中国第一历史档案馆藏，军机处录副，档号0978—035。

或农民在环境治理中只有义务，没有权利。农民虽然在形式上有诉愿的权利，但由于没有政治权力作基础，所以，其权利和权益无法保证，同时其裁决权也完全掌握在统治阶级手中。基于个人、群体、阶级、民族、国家等纵向政治关系的、以权利分配为基础的制衡体系的缺失，使环境政治无法真正体现民意，关心民生。例如，在东汉王景治水前，黄河决溢魏郡60年，无人治理。因此，传统环境政治是有"民本"无"民权"的政治，有分权制衡无民主监督的政治。

(三) 两种性质：生态关系与政治关系异质混同

环境政治应当厘清两类关系：人与自然的关系，人与社会的关系。这两类关系是并列的，不存在相互隶属的关系，即人与自然的关系不隶属于人与社会的关系中，同理，人与社会的关系也不隶属于人与自然的生态关系之中。政治关系是在特定社会经济关系及其所表现的利益关系基础上，社会成员通过社会公共权力确认和保障其权利并实现其利益的一种社会关系。因此，政治关系就本质而言，并非生态关系，不能与生态关系混同。

然而，传统社会在处理环境问题时，由于在意识形态中存在一种泛"一体化"，实质上是泛天道化或泛自然化的倾向，而将生态关系与政治关系异质混同，不仅在生成论上将政治关系错误地扎根于天人关系之中，而且在政治发展和政治关系的调控上也要完全依据于生态关系的演变。其基本逻辑是：天道即王道，王道即政道；自然灾异是国家之失，政治之祸；是国家政治背离天道的结果。国家兴衰、王朝兴亡不过是"自然之赏"或"自然之罚"，是天道作用于治道的体现，即所谓"顺天者昌"，"逆天者亡"。只有君王"知变""更化"，懂得根据天、地、自然的法则变革政治等，才能消灾解难，治国兴邦。因此，天命不可改，天意不可违，国王或皇帝虽尊为天子，权倾天下，也只能"奉天承运""王者法天意"，以确保其王权的合法性。否则，人们就可以揭竿而起，"替天行道"，推翻既有的政治统治。

天人关系与政治关系异质混同的思想根源在于天道即治道的错误同构。在春秋战国时，因为政治危机的加深和周天子权力旁落等变化，虽然使人们对于"天"和"天道"曾有所动摇，甚至提出了"天道远，人道迩"①的理念，道家还创设了一个"先天地生"的"道"，但终究都承认天命不可违，"天道"是要遵守和效法的。老子说："道法自然"，但道法自然并不排斥法天、法地，因为"人法地，地法天，天法道，道法自然"，即法地—法天—法道—法自然是浑然一体的，不法天何以法道、法自然？所以庄子提出："人与天一也"。这种观点应用于国家治理，那就应该是"王法地，地法天，天法道，道法自然"，"侯王若能守之，万物将自化"②。孔子也提出："君子有三畏：畏天命、畏大人、畏圣人之言；小人不知天命而不畏也。"③ 他要人们"不怨天，不尤人"，听从"天命"的支配。他说："道之将行也与？命也！道之将废也与，命也！"④ 又说："获罪于天，无所祷也。"⑤ 战国时儒家的思想代表荀子虽然主张天人相分，但又主张人应该"不求知天"⑥。到了汉代，董仲舒明确提出了"天地人主一也"的观念，他说：人主"喜乐时而当，则岁美；不时而妄则岁恶，天地人主一也。"⑦ 因此，"凡灾异之本，尽生于国家之失。"⑧ "天下和平则灾害不生。"⑨ 他的结论是："以天之端正王之政，以王之政正诸侯之位"⑩，这样，以天道"正"王道和政道，使天道和王道统一，那天下就能风调雨顺，长治久安。宋明理学也认为天人本为一体，因此，在政治上按"天

---

① 《左传·昭公十八年》。
② 《道德经》第三七章。
③ 《论语·季氏》。
④ 《论语·宪问》。
⑤ 《论语·八佾》。
⑥ 《荀子·天论》。
⑦ 《春秋繁露·王道通三》。
⑧ 《春秋繁露·必仁且知》。
⑨ 《春秋繁露·郊祀》。
⑩ 《春秋繁露·二端》。

理"治物与治人是一"理"相通的事。传统环境政治思想中存在的天道即治道、治道因循天道的这一局限,直接导致了环境政治的畸形发展。一方面,国家环境治理的政治权力牢牢掌握在国王或皇帝手中,社会成员环境参与的政治权利长期缺位,另一方面以国王或皇帝祈天禳灾为内容的防灾救灾活动被系列化、制度化和程式化,政府主导的上下互动型环境保护机制兴废不定,严重影响了环境治理的有效性。即使在"天下大治"的时期,仍然不能有效地防御黄河洪水。据学者统计,唐朝贞观之治23年,黄河有8个年份决溢;清代康乾之治134年,黄河有47个年份决溢。[1]

三 传统环境政治对后世的持久影响

就环境政治的发展而言,现代环境政治不是无源之水、无本之木。传统环境政治在中国环境政治发展史上具有重要地位,它是几千年来中华民族生态政治智慧的结晶,同时又呈现出巨大的融通性和独特的延展性,对近现代环境政治的发展产生了较大而又持久的影响。这种影响综合表现为两个方面:

一方面,政府主导的集权型环境治理模式对近现代环境治理产生了较大的正面影响,而且至今仍在延续。其内容、作用方式和路径包括:(1)政府分官设职,建章立制,控制和管理环境治理。1935年4月,国民党政府曾设立全国资源委员会,垄断和管理全国的资源、能源以及矿藏开采。新中国成立后,先后设立了水利部、城乡建设环境保护部、环境保护部以及各级地方水利、环保机构等,负责环境保护和治理的决策、组织、动员、实施和监督等。(2)开展环境工程建设。传统社会以水利工程为主,现代社会在继续兴修水利的同时,开始了环境污染治理工程、生态修复工程等。其中,大型的或重要的工程都由国家和政府相关部门直接负责并组织实施。如治黄工程、治淮工程、三峡工程、三北防林工程、

---

[1] 参见王亚华《水权解释》,上海人民出版社2005年版,第90页。

退耕还林工程等。(3) 通过立法和执法来强制性地推进环境保护和环境治理。例如，近代中国虽遭受了外来侵略，但依法保护环境的传统还是得以传扬。国民党统治时期颁布过保护环境的《渔业法》《森林法》和《狩猎法》等，还开创了中国为环境保护项目立法的先河。新中国成立以来，特别是改革开放后，环境立法和执法取得了质的飞跃，形成具有中国特色的环境法系。1973年国务院颁布了《关于保护和改善环境的若干规定（试行草案）》。并在1978年《中华人民共和国宪法》里明确规定："国家保护环境和自然资源，防治污染和其他公害，国家组织和鼓励植树造林、保护林木"。1979年颁布了《中华人民共和国环境保护法（试行）》，这是中国有史以来第一个全面的环境保护法律，标志着中国已逐步进入以该法为中心的环境法系化、法治化阶段。(4) 利用军队抗洪救灾，保障生态安全。中国从春秋战国时起就开始动用军队兴修水利、植树造林。在此后的经济社会发展中，军队屯垦守边、植树造林、防护河湖海堤、抗洪救灾等成为普遍现象。"98抗洪""5·12"汶川抗震、新疆建设兵团的长期存在等都在一定程度上反映和弘扬了军队参与生态安全保障的传统。

另一方面，传统环境政治的负面影响较为集中地反映在人治传统就像沉疴一样反复发作于近现代社会发展中。民国时期，一是虽然制定了关于政治、经济、文化等领域的相关法律，但统治者基本不受法律约束。例如，国民党不顾百姓生死和环境后果，在1938年采取所谓"以水代兵"战术，决堤黄河花园口，狂泻而下的河水不仅将堤脚下邵桥、史家堤、汪家堤等23个村庄顿时淹没无存，而且造成黄河改道南流历时9年之久，波及豫、皖、苏三省44县（市），共计29万平方公里，酿成1200万人受灾、390万人流离失所、89万人死亡的空前灾难，形成震惊世界的中国"黄泛区"。二是法律具有很大的虚置性，许多法律的实际效能极低。对于工业三废污染、城市环境的污染、海洋环境、水资源和文物古迹名胜的环境保护等往往有法不依，执法不严，导致森林滥伐、资源破坏、文物被盗或被偷运出境、古迹名胜被毁坏等。新中国成立后，加强了整治与保护森林、土地、江河、文物古迹及劳动环境的立法。但是，为了使中国及早改变一穷二白的面貌，彰显社会主义的优越性，不惜集全国之力、以战天斗地的运动方式兴修水利，治理水患。经过50余年大规模的水利建设，中国的主要江河初步形成了由堤防、水库和蓄滞洪区等工程组成的防洪工程体系。但是，黄河上大大小小3300多个水电站、水库等使黄河不再咆哮同时在1972年出现了首次断流。到20世纪90年代，黄河连年断流，长江发生特大洪水，淮河水污染日益严重，海河流域"有河皆干、有水皆污"。这其中虽然有众多影响因素，但无法排除领导意志、有法不依的人治传统的影响。

传统环境政治对于后世影响的持久性，首先是由于自然经济的长期性决定的，1949年前中国以个体家庭为单位并与家庭手工业牢固结合的自然经济始终占主要地位，男耕女织是基本的生产方式。道光时"我国国内市场主要商品流通总量约合3.9亿银两，其中第一位是粮食，约占42%；第二位是棉布，约占24%；第三位是盐，约占15%。"[①] 1949年，全国农业总产值仍占工农总产值的70%，而现代工业产值仅占10%左右。农业生产力低下，工业发展水平不高，现代经济基础极其薄弱。其次，民国时期，虽然发生了剧烈的社会变动，但仍属变动中的传统社会，即民国以来的全部变革，并未根本触动中国传统政治和传统社会制度。民国时期引进的西方议会民主制、北洋时期建立的国会、国民党实行的训政，形式不同，但专政独裁、集权政治的实质一致。再次，环境政治发展的现实路径依赖。传统社会以小家统国家依赖于权力的集中统一，民国时期的战时状态则为集权创造了条件。第三，对于现代环境问题缺乏应有的科学认识，甚至出现集体无意识，因而对环境保护和

[①] 邱树森、陈振江主编：《新编中国通史》（第3册），福建人民出版社2001年版，第6页。

治理缺乏应有的重视，致使有法不依、有令不行等现象长期存在。

因此，传统环境政治与现代环境政治之间不只存在所谓历史"惯性"的影响问题，更重要的是两者之间内在地存在着相对独立的历史传承关系。前人的理论和实践为我们提供了丰富的精神财富和经验教训，我们只有深入研究并正确对待这种传承关系，才能使中国现代环境政治的发展推陈出新，开辟自身的发展道路。

四 传统环境政治的当代启示

传统环境政治的思想和实践为我们解决人与自然的关系提供了新思路，"天人合一"、统物通变的整体性视角，要求人们从天、地、人一体的大系统角度来审视环境政治关系。从这一思路出发，当代政治不只要反映社会经济关系的本质要求，还要体现生态关系和维护生态利益。从终极意义上讲，传统环境政治尊重天地之大美，强调人和的道义，追求人与自然的和谐。由此，我们可以认识到，当代环境政治维护、调节和实现社会成员的经济利益和生态利益，促使两者由对立转向统一，就是维护人与人、人与自然的和谐，保障人的自然属性与社会属性的统一，最终在遵循自然之道和人道的前提下，实现人的身心解放和全面发展。正是从整体的、积极的和长远的意义考虑，我们认为传统环境政治对当代的积极意义不容忽视。

第一，传统环境政治的思想和原则能够引导人们正确认识和处理人与人、人与社会、人与自然这三者的关系，处理好局部利益和整体利益、当前利益和长远利益的关系，使全社会的生态环保意识能在多个层面上得到加强。如今，环境问题和生态危机的全球化，使人类对于传统思想文化的反思以及对于人类自身行为的反省日益深入和全面，使越来越多的人认识到重新理顺和定位人与自然关系的重要性和紧迫性。如果人类无法摆正自己在自然中的位置，找不到适合各国可持续发展的道路，那么，人类文明将会"繁荣地衰落"。自食其果的只能是人类自己。因为自然不会因为人类毁灭而

第五章 传统环境政治的特点、意义和启示

毁灭,而人类却会因违背自然规律而惨遭灭顶之灾。古人说,天作孽有可为,人作孽不可活。

第二,传统环境政治对于环境管理的长期坚持,对制度完善和变革的不懈努力,对我们今天推进环保体制改革,促进政治文明建设具有借鉴意义。现在的环境问题既有自然的,更有人为的,其复杂性、复合性和不确定性等越来越强。完善和创新环保体制,调控和规范社会成员的生产生活行为成为解决问题的关键。因此,环境统治和环境管理既要靠法律强制和道德自律,更重要的是要靠制度体系来全面协调和规范人们的行为,防治极端环境行为的发生,避免严重的环境后果。当然,当代环境政治作为社会政治的有机组成部分,还必须体现和反映经济社会发展的环境要求、保证生态需求与生态承载力的统一协调。当代绿色经济、生态经济、循环经济和低碳经济的发展,绿色消费、低碳消费等的兴起都要求政治系统作出积极的回应,及时进行相应的政治改良或政治变革,以促进新的经济因素的成长,增强国家的新的核心竞争力。因此,建构基于生态利益与经济利益兼顾的环境政治管理体系和制度保障体系是当代环境政治的重要课题。

第三,扩大社会成员的环境权利,创新民主参与的机制体制;健全环境法系,制定全国统一的环境法典,强化法治。这是杜绝人治,推进环境政治民主化、法制化、科学化的重要内容和基本路径,也是环境政治健康发展的内在要求。民权缺位和民主缺失是传统社会环境问题不能根本解决的重要政治原因。犹如后世西方学者孟德斯鸠所断言的:"一切有权力的人都容易滥用权力,这是一条万古不易的经验。有权力的人们使用权力一直到遇有界限的地方才会休止。"[①] 无限的王权使传统社会的环境政治难以克服人治的局限。如今虽然政府主导和中央集权在中国仍有存在的合理性,但新的政治变化正在推动着环境政治的发展。公民的环境权利从无到

---

① [法]孟德斯鸠:《论法的精神》(上册),商务印书馆1995年版,第154页。

有，并已受到法律保护；环保社团从无到有，日渐成熟；农业污染和工业污染的日益严重使社会各阶层的环保意识从弱到强。可以预见，随着经济社会的发展，环境政治体制的改革不可避免，生态利益关系必须纳入政治改革的视域。

第四，大力倡导公正和平与非暴力的环境政治原则。和平与非暴力是现代环境政治提倡的基本原则。当代西方生态主义既推崇甘地的"无所谓和平之路，和平本身就是路"主张，又以马丁·路德·金关于："我们再也不能在暴力和非暴力之间进行选择，这种选择只能是要么非暴力要么灭亡"的观念为圭臬，他们认为"敌人"像我们一样希望和平生活[1]，主张奉行改良主义原则、渐进主义战略，反对一切形式的暴力。无独有偶，在传统环境政治中，道家以王法自然为原则，即所谓"王法地，地法天，天法道，道法自然"[2]，主张无为而治，弃兵反战，予民休养生息；儒家以天道无私，参天地之化育为思想，主张仁民爱物，民胞物与，以仁政反对暴政，努力"致中和"。公平、公正、无私、节用等是传统环境政治遵循的基本原则，唯独没有像近代西方政治哲学那样主张"控制和统治自然"[3]。中国现行政治也以和平、发展和合作为基本准则。当代全球性的环境变化和生态危机也需要世界各国的和衷共济。因此，公平、公正的分担环境责任和义务，平等和平地解决生态矛盾和冲突是世界和谐发展的重要原则和内容。

第五，重视多元生态思想、生态文化的自主融合。传统环境政治思想的发展告诉我们，生态政治思想和生态政治文化向来就是多元的、多样的，它们之间的相互交流、交锋和交融始终存在，思想的张力在于有容乃大，思想的活力在于知变、更化和创新。近代以

---

[1] Fritjof Capra and Charlene Spretnak, *Green Politics*, New York: E. P. Dutton Inc., 1984, p.69. 参见［美］弗·卡普拉、查·斯普雷纳克《绿色政治——全球的希望》，石音译，东方出版社1988年版，第120—121页。

[2] 《老子·二十五章》。

[3] Andrew Dobson and Paul Lucardie (ed.), *The Politics of Nature: Exploration in green political theory*, London and New York: Routledge, 1995, p.191.

第五章 传统环境政治的特点、意义和启示

来,批判孔孟之道、评法批儒以及反对封资修等一系列思想文化运动,一方面促进了新文化的成长,另一方面也削弱了传统思想文化的传承。敬天、畏天、则天的传统被与天斗、与地斗、与人斗的斗争哲学所取代,主张主宰自然、统治自然的耶稣基督来了,主张辩证唯物的马克思主义也来了……多种多样的思想文化思潮在改革开放中席卷了中国,其中包括西方生态绿色思潮,当然,中国的思想和文化也走出了国门。但是,正如美国汉学家费正清所指出的,近代以来,西方文明逐渐主导世界,而20世纪人类人为造成的苦难、死亡和环境破坏超过之前所有世纪的总和。这一格局能否改观,他期待中国的复兴。他临终前这么说,未来人类有两种可能,一种是中国融入外部世界并随之一起走向崩溃,另一种是拥有三千年文明的中国拯救整个世界。[1] 因此,环境政治思想文化的多元化不可避免,其彼此间的交流、交锋和交融也不可回避。如果要避免重蹈覆辙或迷失自我,就必须正视本民族的生态政治心理,坚持思想文化的自主融合和创新发展。

总之,今天的环境政治应该朝着和平、民主、法制、科学、开放、竞争、有序的方向前行,应该顺应新的生态经济的发展趋向。边沁说:"我们所生活的时代是一个繁忙的时代,知识正在迅速地朝向完整的方面发展。尤其是在自然界方面,好像每一件东西都在被发现和改进。地球上最遥远和最偏僻的角落都被踏遍、被开发了。空气中生气勃勃和精微奥妙的成分最近已经被分析出来,并为我们所知道了。其他的一切纵使都不存在,光是这些也足以明显地证明这一令人高兴的真理。"[2] 的确,科学发现、技术创新和知识的力量给我们带来了生产力无限发展的快乐和企盼,但是,我们如果在高兴之余忘记了人永远是自然之子的话,那等待我们的必定是人类的自我毁灭。

---

[1] 参见 John King Fairbank and Merle Goldman, *China: A New History (Enlarged Edition)*, Cambridge The Belknap Press of Harvard University Press, 1998, preface pages.

[2] [英]边沁:《政府片论》,沈叔平译,商务印书馆1996年版,第92页。

结语：传统环境政治的传承与发展

从三皇五帝到清朝灭亡，几千年的社会发展是多向度的，社会传统是多层的、多样的！而任何一种传统又都不是由某种单项条件所造就的。任何传统的形成，都具有复杂的社会因素和生态因素，特别是离不开政治的和法律的塑造定型。我们以为从夏商周开始的传统中国社会，在环境政治方面也逐渐形成了自己独特的传统。在生态场域的不断拓展中，在自给自足的小农经济持久发展的基础上，传统环境政治在思想和实践两个维度都形成了独特的品格，拥有了丰富的内容。就像每一条川流不息的河流都有自己的生态品性和文化品格一样。

第一，在思想上，无论是重"自然"的道家、重"天道"的儒家，还是主张"众生平等""利乐有情"的佛家，它们都在强调尊重自然的前提下，形成了不同的自然主义政治思想。在认识和对待人与自然的关系上，对自然之道提出了"循道不贰"的主张，从而在治道上更倾向于畏天尊天、则天而有为，或者法自然而为无为，力图凭借"天人合一"的有为或无为之道，帮助统治者消灾避难，兴邦定国，实现家天下的长治久安。所谓"制天命而用之"，"人定胜天"的观点也都以承认"天命""天道"为前提。在价值取向上是一种自然主义或弱人类中心主义的，与近代以来西方崇尚的统治自然、征服自然的思想信仰有着本质的区别，与现代中国战天斗地、征服自然的思想也存在明显差异。近现代中国社会在认识和处理人与自然关系的问题上，其指导思想虽也源于自身的传统资源，但更大程度上是接受西学东渐的产物。因此，探寻中国生态文明的发展之路，不仅要学贯中西，更要在思想上摆脱西学的误区，在思想文化的交流、交锋中谋求自主融合和创新发展。

第二，在传统环境政治的实践中，随着生态场域的变迁和农本经济的发展，逐步确立了体国经野、山川形便，务时寄政、以时禁发，无私公正、节用有度等原则，分别用于指导国家的政区划分和管理、农业生产和生物资源保护、环境治理和民生问题的解决等政治实践。在环境保护和灾害治理中先后创立了虞衡制度、申贴水册制度、恤赈制度和生物资源保护的法律制度等。这些原则和制度对于约束和规范社会政治成员的思想和行为，调节人与自然的关系发挥了一定的积极作用。但传统环境政治在本质上是持久而不可持续的。因为它是建立在有君权无民权、有民本无民主的政治基础上的，从而对民、对物都不可能有真正的"中和"仁政，更不具有当代意义上的环境、政治、经济和社会的全面协调发展的价值内涵，不可能以追求人的全面发展以及人与自然的"双解放"为价值取向。

第三，在政策和措施方面，高度重视兴修水利，治理水患和合理利用水资源；政府长期主导植树造林，推行保护山林川泽的弛禁政策；倡导爱护鸟兽虫鱼，实行禁屠放生，遏制获取动物皮毛制作奢侈消费品等。这些政策措施有利于维护家天下长治久安的生态基础，促进了在农政、林政、水政、荒政和生物资源保护等方面的特色的形成。但是，这些政策措施并不以解放和发展生产力，谋求人与人、人与自然的和谐解放为价值取向，而是受制于王朝统治的政治需要，因而经常会出现"人存政举，人亡政息"的现象。不过，反观其道，我们也可以更深地认识到，适度发展，平衡生活，有利于文明的持久永续。所以，科学协调经济结构，统筹环境、政治、经济和人的全面发展，在微观层面上采取灵活多样的环境保护政策和措施，有利于确保人与自然关系长久和谐的生态需要。

总之，一方面，"现在世界正在进入一个全球性的战国时代，是一个更大规模的战国时代，这个时代在呼唤着新的孔子，一个比孔子心怀更开阔的大手笔……但是我希望在新的未来的一代人中出生一个这样的孔子，他将通过科学，联系实际，为人类共同生活下去寻找一个办法"。① 也就是说，人类社会发展到今天，既需要历史的孔子，也需要当代的"孔子"；既需要高度重视人的物质需求、精神需要，也需要提高政治文明和生态文明的觉悟。爱人爱物，遵循自然规律和社会规律。这样，人与自然的可持续发展、生态危机的缓解乃至最后消除，才有可能。

另一方面，在传统与现代之间，需要一种中道的智慧。正如日本著名文学家池田大作所言："在二十世纪，人类已陶醉于工业技术的力量，但这毒害了环境，会导致人类的自我毁灭。人类必须要获得反省和控制自己的智慧。因此，需要警戒极端的放纵和极端的禁欲，需要走中道。这是二十一世纪人类应走的道路"②。我们也需要理性认识传统变化的双重性，它可能推动社会进步，也可能加剧社会异常，前者往往与社会进步的客观趋势相联系，后者往往以社会异常的历史实际为因果。进步和异常、代价和报复往往彼此依存，如何推进现代化而不受现代化之害，如何创造幸福生活而不使文明崩溃，唯一出路在于重建人类文明。这不仅是挖掘传统、继承传统的问题，更重要的是人类能站在历史与现实的交叉点上重新确定人类政治生活的价值尺度的问题。在环境政治的发展进程中，我们应当努力寻求四个方面的价值平衡：（1）传统与现代的价值平衡；（2）民族性与世界性的价值平衡；（3）科学与哲学的价值平衡；（4）理想与现实的价值平衡。平衡是自然界的基本规律之一，也是人类社会发展进步的基本规律之一。在不同的价值之间实现平衡，是为了推动它们的融合与转化。这种平衡，本质上是要确定一

---

① 费孝通：《孔子片思——在"北京大学社会学十年"纪念会上的讲话》，1992年10月。

② ［英］汤因比、［日］池田大作：《展望21世纪——汤因比与池田大作对话录》，荀春生等译，国际文化出版公司1999年版，第36页。

个更恰当的标准。它可能需要抛弃或引进一些价值与制度，也可能要主动恢复某种原有的价值合理性。而不是急于建立一个普世的伦理价值体系。通过这种主动的价值平衡而形成的新的价值，仍将保持各民族文化的多样性。它会使人类更加冷静、祥和、异彩纷呈，这是一个充满希望的明天。[①]

[①] 李良玉：《当代文化建构中的传统问题》，《长白学刊》1996年第3期。

参考文献

一 著作

《列宁全集》第9卷，人民出版社1986年版。
《列宁全集》第37卷，人民出版社1986年版。
《马克思恩格斯全集》第1卷，人民出版社1965年版。
《马克思恩格斯全集》第23卷，人民出版社1972年版。
《马克思恩格斯全集》第45卷，人民出版社1965年版。
《马克思恩格斯全集》第4卷，人民出版社1958年版。
《马克思恩格斯选集》第1卷，人民出版社1995年版。
《马克思恩格斯选集》第3卷，人民出版社1995年版。
《毛泽东选集》第1卷，人民出版社1991年版。
《孙中山全集》第1卷，中华书局1981年版。
《孙中山全集》第6卷，中华书局1985年版。
《孙中山全集》第9卷，中华书局1985年版。
《孙中山选集》下卷，人民出版社1956年版。
白钢：《中国政治制度史》（上、下卷），天津人民出版社2005年第二版。
班固：《汉书》，中华书局1962年版。
陈红兵：《佛教生态哲学研究》，宗教文化出版社2011年版。
程昌明译注：《礼记》，远方出版社2004年版。
程昌明译注：《论语》，远方出版社2004年版。
董仲舒：《董子春秋繁露》，黑龙江人民出版社2003年版。

范宏贵：《中国少数民族习惯法》，吉林教育出版社1990年版。

范晔：《后汉书》，中华书局1965年版。

房玄龄：《晋书》，中华书局1974年版。

《古今图书集成》，台湾故宫博物院、东吴大学1999年光盘版。

葛剑雄主编：《中国人口史》第1—7卷，复旦大学出版社2005年版。

葛荣晋：《儒道生态智——寻找传统文化与当代社会的结合点》，中国三峡出版社1996年版。

管子：《管子》，中华书局1986年版。

韩非：《韩非子》，山西古籍出版社2001年版。

赫治清：《中国古代灾害史研究》，中国社会科学出版社2007年版。

郇庆治：《文明转型视野下的环境政治》，北京大学出版社2018年版。

郇庆治：《当代西方绿色左翼政治理论》，北京大学出版社2012年版。

郇庆治：《当代西方生态资本主义理论》，北京大学出版社2015年版。

郇庆治：《环境政治国际比较》，山东大学出版社2007年版。

郇庆治：《环境政治学：理论与实践》，山东大学出版社2007年版。

郇庆治：《欧洲绿党研究》，山东大学出版社2000年版。

郇庆治：《重建现代文明的根基：生态社会主义研究》，北京大学出版社2010年。

桓宽：《盐铁论》，上海人民出版社1974年版。

姬旦：《周礼》，岳麓出版社2002年版。

康熙：《清圣祖实录》，中华书局1985年版。

李丙寅、朱红、杨建军等：《中国古代环境保护》，河南大学出版社2001年版。

李泊言：《绿色政治》，中国国际广播出版社2000年版。

李耳：《老子》，山西古籍出版社2001年版。

李吉甫：《元和郡县图志》，中华书局1983年版。

李剑农：《中国近百年政治史》（1840—1926），复旦大学出版社2002年版。

李林甫等：《唐六典》，陈仲夫点校，中华书局1992年版。

李政道、周光召主编：《绿色战略——21世纪中国环境与可持续发展》，青岛出版社1997年版。

梁方仲：《中国历代户口、田地、田赋统计》，上海人民出版社1981年版。

梁海明译注：《易经》，山西古籍出版社2001年版。

刘海霞：《环境正义视阈下的环境弱势群体研究》，中国社会科学出版社2015年版。

刘沛林：《风水——中国人的环境观》，上海三联书店2005年版。

刘昫等：《旧唐书》，中华书局1975年版。

刘一皋：《中华民国史·志·政治卷》，四川人民出版社2006年版。

刘泽华：《中国政治思想史集》第1—3卷，人民出版社2008年版。

卢洪友等：《外国环境公共治理：理论、制度与模式》，中国社会科学出版社2014年版。

罗庆云译注：《尚书》，远方出版社2004年版。

蒙培元：《人与自然——中国哲学生态观》，人民出版社2004年版。

孟轲：《孟子》，山西古籍出版社2001年版。

欧阳修、宋祁：《新唐书》，中华书局1975年版。

钱端升等：《民国政制史》，上海人民出版社2008年版。

曲安京：《中国近现代科技奖励制度》，山东教育出版社2005年版。

冉冉：《中国地方环境政治：政策与执行之间的距离》，中央编译出版社2015年版。

佘正荣：《生态智慧论》，中国社会科学出版社1996年版。

司马光：《资治通鉴》，中华书局1956年版。

司马迁：《史记》，中华书局1996年版。

宋濂：《元史》，中华书局1997年版。

孙绍骋：《中国救灾制度研究》，商务印书馆2005年版。

孙正甲：《生态政治学》，黑龙江人民出版社2005年版。

万历：《大明会典》，中华书局1988年版。

王国聘、曹顺仙、郭辉主编：《西方生态伦理思想》，中国林业出版社 2018 年版。

王国聘：《生存的智慧》，中国林业出版社 2002 年版。

王浦劬：《政治学基础》，北京大学出版社 2006 年第二版。

王钦若等：《册府元龟》，中华书局 1960 年版。

王元林：《泾洛流域自然环境变迁研究》，中华书局 2005 年版。

文渊阁：《四库全书》，上海人民出版社、迪志文化出版社有限公司 1999 年光盘版。

吴兢：《贞观政要》，上海古籍出版社 1978 年版。

萧公权：《中国政治思想史》，新星出版社 2005 年版。

肖建华：《走向多中心合作的生态环境治理研究》，湖南人民出版社 2010 年版。

肖显静：《生态政治——面对环境问题的国家抉择》，山西科学技术出版社 2003 年版。

徐矛著：《中华民国政治制度史》，上海人民出版社 1992 年版。

徐晓光：《中国少数民族法制史》，贵州民族出版社 2002 年版。

徐再荣等：《20 世纪美国环保运动与环境政策研究》，中国社会科学出版社 2013 年版。

薛恒：《民国议会制度研究》（1911—1924），中国社会科学出版社 2008 年版。

荀况：《荀子》，远方出版社 2004 年版。

《元典章》，中国书店 1990 年版。

阎守诚：《自然灾害与唐代社会危机与应对》，人民出版社 2008 年版。

杨鸿年、欧阳鑫：《中国政制史》（修订版），武汉大学出版社 2012 年版。

于夯译注：《诗经》，山西古籍出版社 2001 年版。

余谋昌：《惩罚中的醒悟——走向生态伦理学》，广东教育出版社 1995 年版。

袁清林：《中国环境保护史话》，中国环境科学出版社 1990 年版。

《诸子集成》，上海书店出版社 1986 年版。

张国庆：《现代公共政策导论》，北京大学出版社 2005 年版。

张淑兰：《印度的环境政治》，山东大学出版社 2010 年版。

张廷玉等：《明史》，中华书局 1974 年版。

张云飞：《天人合一：儒学与生态环境》，四川人民出版社 1995 年版。

赵安启、胡柱志：《中国古代环境文化概论》，中国环境科学出版社 2008 年版。

周振鹏：《体国经野之道》，中华书局（香港）有限公司 1990 年版。

朱狄敏：《公众参与环境保护：实践探索和路径选择》，中国环境出版社 2015 年版。

朱士光：《黄土高原地区环境变迁及其治理》，黄河水利出版社 1999 年版。

竺可桢：《天道与人文》，北京出版社 2005 年版。

庄周：《庄子》，山西古籍出版社 2001 年版。

［澳大利亚］罗宾·艾克斯利：《绿色国家：重思民主与主权》，郇庆治译，山东大学出版社 2012 年版。

［德］马丁·耶内克、克劳斯·雅克布主编：《全球视野下的环境管治：生态与政治现代化的新方法》，李慧明、李昕蕾译，山东大学出版社 2012 年版。

［德］穆勒—罗密尔、［德］波古特克主编：《欧洲执政绿党》，郇庆治译，山东大学出版社 2005 年版。

［德］佩特拉·多布娜（Petra Dobner）：《水的政治：关于全球治理的政治理论、实践与批判》，强朝晖译，社会科学文献出版社 2011 年版。

［圭亚那］施里达斯·拉夫尔：《我们的家园——地球》，夏坤堡等译，中国环境科学出版社 1993 年版。

［美］阿尔·戈尔：《濒临失衡的地球》，中央编译出版社 1997 年版。

［美］巴里·康芒纳：《与地球和平共处》，王喜六等译，上海译文出版社2002年版。

［美］彼得·休伯：《硬绿：从环境主义者手中拯救环境·保守主义宣言》，戴星翼、徐立青译，上海译文出版社2002年版。

［美］戴维·斯沃茨：《文化与权力——布尔迪厄的社会学》，陶东风译，上海人民出版社2006年版。

［美］丹尼尔·A. 科尔曼：《生态政治：建立一个绿色社会》，梅俊杰译，上海译文出版社2006年版。

［美］多依尔、麦基彻恩：《环境与政治》，陈颖峰译，韦伯文化事业出版社2001年版。

［美］弗·卡普拉、查·斯普雷纳克：《绿色政治：全球的希望》，东方出版社1998年版。

［美］汉斯·摩根索：《国家间政治》，中国人民公安大学出版社1992年版。

［美］赫尔曼·E. 戴利：《超越增长：可持续发展的经济学》，诸大建、胡圣等译，上海译文出版社2001年版。

［美］加勒特·哈丁：《生活在极限之内：生态学、经济学和人口禁忌》，戴星翼等译，上海译文出版社2001年版。

［美］罗伯特·艾尔斯：《转折点：增长范式的终结》，戴星翼、黄文芳译，上海译文出版社2001年版。

［美］罗尼·利普舒茨：《全球环境政治：权力、观点和实践》，郭志俊、蔺雪春译，山东大学出版社2012年版。

［美］罗伊·莫里森（Roy Morrison）：《生态民主》，刘仁胜、张甲秀、李艳君译，中国环境出版社2016年版。

［美］诺曼·迈尔斯：《最终的安全：政治稳定的环境基础》，王正平、金辉译，上海译文出版社2001年版。

［美］唐奈勒·H. 梅多斯等：《超越极限：正视全球性崩溃，展望可持续的未来》，赵旭、周欣华、张仁俐译，上海译文出版社2001年版。

[美] 西拉里·弗伦奇：《消失的边界：全球化时代如何保护我们的地球》，李丹译，上海译文出版社 2002 年版。

[美] 约翰·罗尔斯：《正义论》，何怀宏译，中国社会科学出版社 2003 年版。

[英] 埃里克·诺伊迈耶：《强与弱——两种对立的可持续性范式》，王寅通译，上海译文出版社 2002 年版。

[英] 安德鲁·多布森：《绿色政治思想》，郇庆治译，山东大学出版社 2005 年版。

[英] 戴维·佩珀：《生态社会主义：从深生态学到社会主义》，刘颖译，山东大学出版社 2005 年版。

[英] 克里斯托弗·卢茨：《西方环境运动：地主、国家和全球向度》，徐凯译，山东大学出版社 2005 年版。

[英] 马克·史密斯、皮亚·庞萨帕：《环境与公民权：整合正义、责任与公民参与》，侯艳芳、杨晓燕译，山东大学出版社 2012 年版。

[英] 汤因比：《人类与大地母亲》，徐波等译，上海人民出版社 2001 年版。

[英] 约瑟夫·绍尔卡（Joseph Szarka）：《法国环境政策的形成》，韩宇译，中国环境科学出版社 2012 年版。

Andrew Hurrell and Benedict Kingsbury eds., *The International Politics of The Environment: Actors, Interests, and Institutions*, Oxford: Clarendon Press, 1992.

A. Hurrell, *International Political Theory and the Global Environment*// Ken Booth and Steve Smith eds., *International Relations Theory Today*. University Park, PA: The Pennsylvania State University Press, 1995.

Daniel Bell, *The Coming of Post-Industrial Society*, New York: Basic Books, 1973.

Denis E. Cosgrove, *Social Formation and Symbolic Landscape*, London:

Croom Helm, 1984.

Jacqueline Vaughn Switzer, *Environmental Politics*, Washington: Wadsworth Press, 2001.

LP Pojman ed., *Environmental Ethics: Reading in theory and application*, Boston: Janes and Bartlett Publishers, 1994.

M. Maniates, *Encountering Global Enviromental Politics*, Oxford: Rowman & Littlefield Publishers, 2003.

Stephone Morse and Michael Stocking, *People and Environment: Development for the Future*, London: University College of London Press, 1995.

Walter A. Rosenbaum, *Enviromental Politics and Policy*, Washington: Congressional Quarterly Inc, 1986.

二　论文

Brian A. Ellison：《美国的环境政治与政策》，郑红、丛日云译，《教学与研究》2002年第7期。

步超：《穷人的环境主义——评〈印度的环境政治〉》，《绿叶》2011年第9期。

曹孟勤：《人与自然关系"深度"辨析——从深层生态学出发谈人与自然的本真关系》，《南京师范大学学报》（社会科学版）2005年第2期。

陈培永、刘怀玉：《生态学马克思主义的生态政治哲学构架》，《南京社会科学》2010年第2期。

陈武：《试析马克思恩格斯生态政治思想的当代价值》，《九江学院学报》2008年第2期。

陈友兴：《论中国古代农耕制度对环境的负面影响》，《历史教学问题》2004年第5期。

陈治桃、李三虎：《生态的政治化与政治的生态化》，《广东社会科学》2002年第1期。

程远娟：《公民社会视角下的环境政治参与》，《中国集体经济》2008 年第 4 期。

崔文奎：《论福斯特"马克思生态学"的生态政治哲学思想》，《科学技术哲学研究》2010 年第 3 期。

杜维明：《儒家人文精神与生态》，《中国哲学史》2003 年第 1 期。

范俊玉：《论科学发展观的生态政治内涵》，《学习论坛》2011 年第 1 期。

方世南：《从生态政治视角把握生态安全的政治意蕴》，《南京社会科学》2012 年第 3 期。

方世南：《恩格斯环境政治思想及其对环境政治学的重大发展》，《鄱阳湖学刊》2010 年第 2 期。

关健英：《生态政治与道德共识——人类困境视角下生态伦理的瓶颈与出路》，《社会科学辑刊》2012 年第 2 期。

郭凤宇：《马克思恩格斯生态政治思想的当代价值》，《内蒙古电大学刊》2011 年第 5 期。

郭瑞雁：《资本主义生态危机探源与救赎——丹尼尔·A. 科尔曼生态政治思想探析》，《山西高等学校社会科学学报》2012 年第 3 期。

郭庭天：《当代中国社会主义生态政治的特征分析》，《中国软科学》2006 年第 1 期。

侯甬坚：《环境营造：中国历史上人类活动对全球变化的贡献》，《中国历史地理论丛》2004 年第 4 期。

郇庆治：《2010 年以来的中国环境政治学研究论评》，《南京工业大学学报》（社会科学版）2018 年第 1 期。

郇庆治：《"碳政治"的生态帝国主义逻辑批判及其超越》，《中国社会科学》2016 年第 3 期。

郇庆治：《发展的"绿化"：中国环境政治的时代主题》，《南风窗》2012 年第 2 期。

郇庆治：《环境政治视角下的生态文明体制改革》，《探索》2015 年第 3 期。

郇庆治：《环境政治学视角的生态文明体制改革与制度建设》，《中共云南省委党校学报》2014 年第 1 期。

郇庆治：《环境政治学视野下的绿色话语研究》，《江西师范大学学报》（哲学社会科学版）2016 年第 4 期。

郇庆治：《环境政治学研究在中国：回顾与展望》，《鄱阳湖学刊》2010 年第 2 期。

郇庆治：《绿色乌托邦：生态自治主义述评》，《政治学研究》1997 年第 4 期。

郇庆治：《欧美生态主义与儒学"生态学"》，《文史哲》2003 年第 6 期。

郇庆治：《欧洲执政绿党：政策与政治影响》，《欧洲研究》2004 年第 4 期。

郇庆治：《前苏联地区环境政治的兴起与发展》，《山东大学学报》（社会科学版）1996 年第 2 期。

郇庆治：《生态社会主义述评》，《马克思主义研究》2000 年第 4 期。

郇庆治：《西方生态女性主义论评》，《江汉论坛》2011 年第 1 期。

郇庆治：《选举向度下的美国绿党：以马萨诸塞州绿党为例》，《当代世界社会主义问题》2005 年第 3 期。

郇庆治：《中国的全球气候治理参与及其演进：一种理论阐释》，《河南师范大学学报》（哲学社会科学版）2017 年第 4 期。

郇庆治、李萍：《国际环境安全：现实困境与理论思考》，《现代国际关系》2004 年第 2 期。

郇庆治、刘长飞：《绿色思维：欧洲绿党的新政治观》，《山东大学学报》（哲学社会科学版）2000 年第 3 期。

郇庆治、杨晓燕：《公众环境政治参与：公民社会的视角》，《当代世界社会主义问题》2004 年第 2 期。

黄爱宝：《全球环境治理与生态型政府构建》，《南京农业大学学报》（社会科学版）2008 年第 3 期。

黄爱宝：《政府绿色管理能力建设：内涵、动因与任务剖析》，《云南社会科学》2008 年第 4 期。

黄爱宝：《走向社会环境自治：内涵、价值与政府责任》，《理论探讨》2009 年第 1 期。

黄华均、齐玉屏：《从古代蒙古法中蠡测游牧民族对生态的保护》，《黑龙江民族丛刊》2005 年第 1 期。

黄英娜、叶平：《20 世纪末西方生态现代化思想述评》，《国外社会科学》2001 年第 4 期。

姜建设：《古代中国的环境法：从朴素的法理到严格的实践》，《郑州大学学报》（哲学社会科学版）1996 年第 6 期。

姜太平：《战后日本环境政策演变初探》，《华中理工大学学报》（社会科学版）1999 年第 2 期。

蒋俊明：《和谐社会视野中的生态政治建设》，《江苏大学学报》（社会科学版）2007 年第 3 期。

蒋俊明：《生态政治文明析论》，《学理论》2011 年第 12 期。

蒋佩华、谢世友、熊平生：《人类活动影响我国地理环境变迁的历史回顾》，《重庆工商大学学报》（自然科学版）2006 年第 4 期。

孔凡义：《国外环境政治研究：现状及其评价》，《国外社会科学》2010 年第 4 期。

雷俊：《国家—社会—生态的互动：当代中国的环境政治过程》，《理论探索》2015 年第 6 期。

李峰：《论英国环境政治的产生和发展》，《云梦学刊》2000 年第 1 期。

李峰：《英国环境政治的产生及其特点》，《衡阳师范学院学报》1999 年第 5 期。

李峰：《英国环境政治的演进》，《上海城市管理职业技术学院学报》2001 年第 3 期。

李会钦、郭长华：《先秦儒家生态伦理思想浅探》，《洛阳工学院学报》（社会科学版）2000 年第 2 期。

李良玉：《当代文化建构中的传统问题》，《长白学刊》1996 年第 3 期。

李伟：《从新现实主义和新自由主义视角看全球环境政治》，《知识经济》2009 年第 2 期。

李阳：《论当前我国生态政治建设的必要性及基本途径》，《保定学院学报》2009 年第 5 期。

李异平等：《环境政治学视角下的"邻避运动"：以茂名 PX 事件为例》，《世界环境》2014 年第 4 期。

梁海峰、周建标：《环境政治视角下的环境全球治理探析》，《山西农业大学学报》（社会科学版）2010 年第 2 期。

刘京希：《孟德斯鸠政治学说的生态政治旨趣》，《齐鲁学刊》2002 年第 2 期。

刘京希：《生态政治论》，《学习与探索》1995 年第 3 期。

刘京希：《生态政治新论》，《政治学研究》1997 年第 4 期。

刘京希：《再论生态政治》，《东岳论丛》1998 年第 6 期。

刘绍云：《戒律、家规、国法与中国古代社会的秩序调控》，《理论学刊》2005 年第 10 期。

刘胜祥、胡秀云：《我国古代森林自然保护区管理制度初探》，《武汉植物学研究》1998 年第 4 期。

刘希刚、徐民华：《全球生态政治视阈中的中国生态政治建设》，《科学社会主义》2010 年第 6 期。

刘京希：《生态政治理论的方法论原则》，《江海学刊》2001 年第 4 期。

刘湘溶、任俊华：《论董仲舒的生态伦理思想》，《湖湘论坛》2004 年第 1 期。

刘向阳：《环境、权力与政治——论塞缪尔·黑斯的环境政治史思想》，《郑州大学学报》（哲学社会科学版）2010 年第 3 期。

刘向阳：《环境政治史理论初探》，*Academic Research*，2006 年第 9 期。

刘向阳：《论环境政治史的合法性》，《史学月刊》2009 年第 12 期。

刘小青、任丙强：《"怒江"建坝决策中的公众环境政治参与个案研究》，《北京航空航天大学学报》（社会科学版）2008 年第 1 期。

卢风：《两种科学观：本质主义与非本质主义》，《哲学动态》2008 年第 10 期。

陆聂海：《生态政治和政治生态化刍议》，《福州党校学报》2007 年第 6 期。

吕平顺：《论地理环境对早期人类社会政治体制的影响》，《社会科学家》2001 年第 5 期。

梅雪芹：《中国近现代环境史研究刍议》，《郑州大学学报》（哲学社会科学版）2010 年第 3 期。

蒙培元：《中国哲学生态观论纲》，《中国哲学史》2003 年第 1 期。

冉冉：《环境议题的政治建构与中国环境政治的集权—分权悖论》，《马克思主义与现实》2014 年第 4 期。

冉冉：《政体类型与环境治理绩效：环境政治学的比较研究》，《国外理论动态》2014 年第 5 期。

任丙强：《生态文明建设视角下的环境治理：问题、挑战与对策》，《政治学研究》2013 年第 5 期。

萨拉·萨卡：《生态社会主义还是野蛮堕落？——一种对资本主义的新批判》，《马克思主义与现实》2011 年第 3 期。

施奕任：《气候治理、政治体制与民众意向》，《国外理论动态》2015 年第 3 期。

孙凯：《国际环境政治中的"认知共同体"理论评述》，《华中科技大学学报》（社会科学版）2010 年第 2 期。

覃冰玉：《中国式生态政治：基于近年来环境群体性事件的分析》，《东北大学学报》（社会科学版）2015 年第 5 期。

滕海键：《美国环境政治史研究的兴起和发展》，《史学理论研究》2011 年第 3 期。

田龄:《试论〈周礼〉的环境保护意识》,《青岛大学师范学院学报》2000年第3期。

万艳华:《古代中国虞衡官制与风水术环境保护的互补性》,《武汉城市建设学院学报》1996年第1期。

王彬彬等:《生态补偿的制度建构:政府和市场有效融合》,《政治学研究》2015年第5期。

王国聘:《论自然价值的冲突与协调》,《学术交流》2010年第7期。

王国聘:《生态文明建设及其路径选择》,《南京林业大学报》(人文社会科学版)2008年第2期。

王国聘:《现代生态思维的价值视域》,《清华大学学报》(哲学社会科学版)2006年第4期。

王鸿铭、黄云卿、杨光斌:《中国环境政治考察:从权威管控到有效治理》,《江汉论坛》2017年第3期。

王建明:《"红"与"绿":展现新全球化时代生态政治哲学新思维》,《自然辩证法研究》2008年第12期。

王建明:《当代西方生态政治运动的踪迹与走向》,《苏州科技学院学报》(社会科学版)2003年第4期。

王献溥:《自然保护区发展史略》,《植物杂志》1987年第6期。

王逸舟:《生态环境政治与当代国际关系》,《浙江社会科学》1998年第3期。

王永平:《曹操倡俭及其原则考议》,《江苏社会科学》1999年第1期。

王雨辰:《文化、自然与生态政治哲学概论——评詹姆斯·奥康纳的生态学马克思主义理论》,《国外社会科学》2005年第6期。

王子坤、李国防:《生态政治的系统分析及其现实意义》,《兰州学刊》2003年第2期。

吴枫、贾丽华:《生态政治的产生与发展》,《边疆经济与文化》2006年第9期。

吴海金、朱磊：《环境政治问题的深层思考——评丹尼尔·A. 科尔曼的环境政治观》，Theory Monthly 2006 年第 10 期。

吴海晶：《生态政治·生态政治学·生态政治学研究》，《广播电视大学学报》（哲学社会科学版）2002 年第 2 期。

萧正洪：《历史时期关中地区农田灌溉中的水权问题》，《中国经济史研究》1999 年第 1 期。

肖显静：《生态政治何以可能》，《科学技术与辩证法》2000 年第 6 期。

熊超：《我国政府环境政治责任简析》，《广西教育学院学报》2011 年第 2 期。

徐凯：《环境政治专题研讨会概述》，《文史哲》2001 年第 2 期。

徐少锦：《管仲及其学派的科技伦理思想》，《伦理学研究》2002 年第 1 期。

徐祥民：《荀子的"分"与环境法的本位》，《当代法学》2002 年第 12 期。

尹连忠、杨文强：《我国先秦时代的自然生态保护述论》，《乐山师范学院学报》2005 年第 6 期。

于希贤、黄建军：《近四千年来中国地理环境的渐变和突变（上）》，《环境教育》2005 年第 11 期。

余谋昌：《公平与补偿：环境政治与环境伦理的结合点》，《文史哲》2005 年第 6 期。

俞可平：《中国政治学的主要趋势（1978—2018）》，《北京大学学报》（哲学社会科学版）2018 年第 5 期。

张虎彪：《环境维权的合法性困境及其超越——以厦门 PX 事件为例》，《兰州学刊》2010 年第 9 期。

张健：《帝王农本思想对西汉盛世形成的影响》，《北京理工大学学报》（社会科学版）2007 年第 6 期。

张忠明：《明代洪武永乐年间的民屯》，《中国史研究》1985 年第 1 期。

张梓太:《中国古代立法中的环境意识浅析》,《南京大学学报》(哲学·人文·社会科学)1998年第4期。

赵闯、宋晓曦:《生态政治对传统政治实践与理论的绿色挑战》,《辽宁大学学报》(哲学社会科学版)2009年第2期。

朱乃斌:《中国新石器时代早期文化遗存的新发现和新思考》,《东南文化》1999年第3期。

朱许洪:《中国特色生态政治发展之路》,《华南理工大学学报》(社会科学版)2010年第5期。

竺可桢:《中国近五千年来气候变迁的初步研究》,《中国科学(B辑)》1973年第7期。

[美] 黄宗智:《略论华北近数百年的小农经济与社会变迁》,《中国社会经济史研究》1986年第2期。

[日] 丸山正次:《环境政治理论的基本视角——对日本几种主要环境政治理论的分析与批判》,韩立新译,《文史哲》2005年第6期。

[英] 托尼·麦克格鲁:《走向真正的全球治理》,陈家刚编译,《马克思主义与现实》2002年第1期。

Divid A. Hodell, Mark Brenner, Jason H. Curtis, "Solar Forcing of Drought Frequency in the Maya Lowlands", *Science*, 2001 (292).

Henry Shue, "Ethics, the environment and the changing international order", *International Affairs*, 1995 (71).

Homas Poguntke, "New Politics and Party System: The Emergence of a New Type of Party", *West European Politics*, 1987 (10).

M G Wallace, H J Cortner etc., "Moving toward ecosystem management: Examining a change in philosophy for resource managerment", *Journal of Political Ecology*, 1996 (3).

Vaclav Smil, "The Shadow of Droughts' Deaths", *Science*, 2001 (292).

后 记

　　本书是在博士论文的基础上，经过反复修订而成。虽然历经资料收集、整理、分析、研究和写作，终于行将完稿，然而我却丝毫不敢有搁笔而享受轻松的念头。学然后知不足，著作的不完备之处在所难免。只有以此为起点，加倍努力，坚持学习和研究，才能不负导师的栽培，并将导师及学院、学校的优秀学术传统发扬光大。在此，我要至深至诚地感谢多年来支持我的亲朋挚友！

　　首先万分感谢我的导师王国聘教授，是恩师对博士论文写作给予了大到选题、立意、提纲、谋篇布局乃至观点提炼的悉心指导，小到字斟句酌乃至标点、注解的错漏或格式规范的精心修改和指正，才使得我有今天这份收获。恩师在学术上的高屋建瓴、敏锐严谨始终令我钦佩，您在教学中对弟子的尽心、尽责和关怀备至始终让我感动，恩师师德的高尚和对弟子的宽严有度始终是我学习的榜样！无论是现在，还是将来，我会努力将恩师的教诲贯彻到行动中，鞭策自己不断在学术之路上探索前行。除了学业之外，恩师和师母在工作、生活和其他诸多方面同样给予了深切关怀，你们的关爱之情令我感怀至深，你们的人格魅力将令我终身受益。值此，我至深至诚地感谢恩师和师母，并深深地祝福恩师与师母健康、幸福、快乐！万事如意！

　　真诚地感谢薛建辉、张金池、阮宏华、曹孟勤、黄爱宝、王全权、胡海波、张银龙等诸位教授在开题、答辩、教学、交流中的精当点拨和不吝赐教，感谢他们平日里用崇高的品格、勤勉的敬业精神、严谨的学术态度、高度的责任感、踏实的工作作风、渊博的学识、雄厚的专业功底沐浴和熏陶了我的学术品性，让在学习中增长了知识，增进了学问，完善了人性！向恩师们学习和感戴之心将终身保持！为此，我要祈愿各位恩师及家人吉祥如意，快乐一生！

至深至诚地感谢人文学院和马克思主义学院的各位领导、同事、同门以及我的研究生陈国敏、李青、张劲松等，感谢你们多年来对我的鼓励、关心、支持和爱护，感谢你们对我工作、学习和生活的诸多帮助与理解！我以赤诚之心衷心祝福你们工作顺利，家庭幸福！

万分感谢我的爱人蒋建军和儿子蒋超斌，你们的理解和支持始终是我前行的动力。你们的亲情温暖着我，鼓舞着我！让我可以没有后顾之忧地做我自己！我也祈愿儿子事业有成，媳妇和孙子平安幸福！诚挚祝福爱人快乐健康！

大爱无疆！至诚地把祝福送给所有人，特别是正在遭受生态环境灾难的人们！

本书的写作是一种挑战，由于个人学识粗浅，不当和错误之处在所难免，真诚欢迎专家学者批评指正。

曹顺仙
2019年3月于南京林业大学